U0893768

Logic and Route

Research on Platformization Publishing

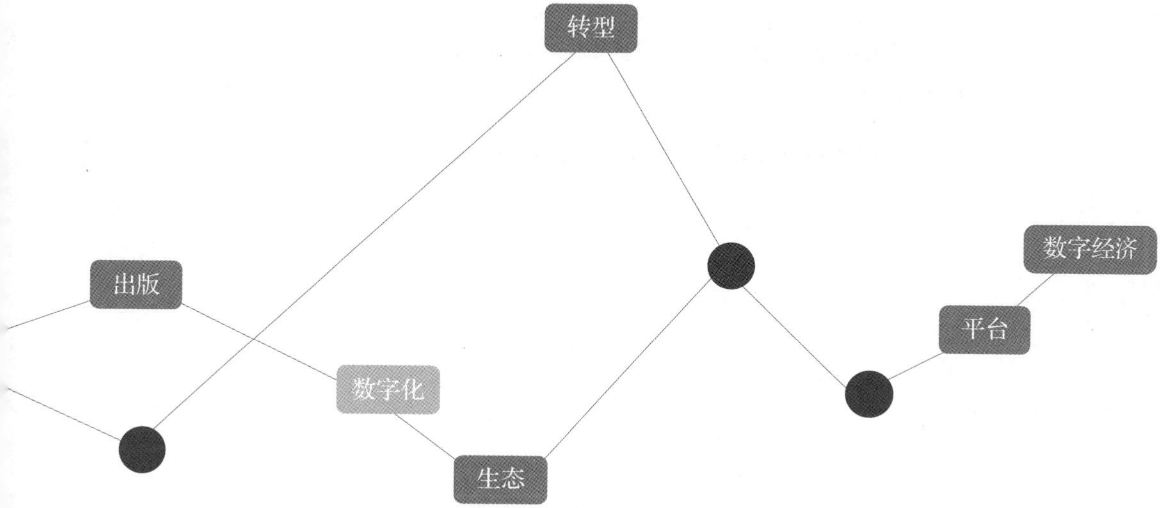

逻辑与进路

平台化出版研究

刘广东　著

中国国际广播出版社

图书在版编目（CIP）数据

逻辑与进路：平台化出版研究 / 刘广东著. 北京：中国国际广播出版社，2025.4. --ISBN 978-7-5078-5776-4

Ⅰ. G239.2

中国国家版本馆CIP数据核字第2025EC0709号

逻辑与进路：平台化出版研究

著　　者	刘广东
策划编辑	杜春梅
责任编辑	张　玥
校　　对	张　娜
版式设计	陈学兰
封面设计	郭立丹

出版发行	中国国际广播出版社有限公司［010-89508207（传真）］
社　　址	北京市丰台区榴乡路88号石榴中心1号楼2001 邮编：100079
印　　刷	北京汇瑞嘉合文化发展有限公司

开　　本	710×1000　1/16
字　　数	240千字
印　　张	16
版　　次	2025 年 4 月　北京第一版
印　　次	2025 年 4 月　第一次印刷
定　　价	68.00 元

版权所有　盗版必究

前　言

我们正生活在平台社会—— 一个越来越多地受到由数据和算法驱动的平台生态系统调节的社会。平台逐渐演变出一种具备基础性支撑功能的架构体系，通过辐射状的拓展模式与节点化的布局方式，深度嵌入各个行业领域，推动千行百业向平台化范式转变，引发了广泛而深刻的变革。以平台为载体的纷繁复杂的新出版模式，可以纳入平台化出版的框架内进行统一考察。平台化出版不是传统出版的对立面，更不存在颠覆与完全重构的关系。

平台化明显透露出的过程性和趋势性意涵，更多说明了这是一个需要广泛基于出版实践的实证研究领域。在这个数据与算法重构知识生产秩序的时代，平台化出版研究恰似一块观察数字文明进程的棱镜。当我们将出版活动置于平台社会的坐标系中审视，既需要直面技术架构对知识传播范式的重塑，更应保持对文化生产本质的终极追问。平台化出版至少在社会、文化和产业三个维度具有阐发的价值和空间。在社会维度，平台化出版关涉网络公共空间与社会治理，勾连平台资本主义与数字劳动；在文化维度，作品互构与产消者的出现，知识生产的民主化与算法干预，制造了复杂的文化思想系统；在产业维度，平台创造了新的出版商业模式，构建了新的出版生态系统，产业效率得到了提升。为让研究更加聚焦，本书主要从产业维度展开讨论，对其社会和文化维度有所观照但不做深入和全面的阐释。

本书将平台化出版置入社会媒介化、知识网络化与媒体平台化的总体脉络之中进行考察，主要通过产业经济学观照出版实践，厘清平台化出版的逻辑与进路。绪论部分引入议题；第一章在媒介—知识—传播的三维框架中分析平台化出版的背景，提出平台化出版的概念与本质；第二章基于嵌入性理论框架，从平台与出版的关系入手，在结构互嵌与规则互嵌两个层面具体探讨平台化出版的逻辑；第三章和第四章分别从平台化出版的两条实践路径——平台出版化与出版平台化出发，以组织视角探讨互联网平台型企业与出版机构参与平台化出版的实践模式，结合具体案例，剖析其动因与问题，以及其对于解决或者部分解决当下出版危机的意义；第五章关注中国语境的独特性，在中西比较视野下，以价值论为基础分析产业政策导向，在理论上探索一种相对理想的产业格局；结语部分除了集中回应研究问题，还指出了不足及未来的研究方向。

本书框架主要观照现象、逻辑、机构、制度四个维度。总的来说，第一章和第二章在认识论层面展开，要解决的是平台化出版的动因、本体与逻辑问题；第三章、第四章、第五章在方法论层面展开，要解决的是平台化出版如何做的问题，其中第三章和第四章聚焦产业层面的共性问题，试图基于现实情况，从两条实践路径出发回应当下出版平台大量涌现及快速发展的动因，并分析其运营中的具体情况和问题，第五章聚焦本土化的个性问题，讨论中国语境下平台化出版的产业格局问题。

本书内容既非宏大的理论推演，也无意于对繁复的出版实践做出具体指引，而是意图以一种中观视野兼顾理论思辨与实证分析，即以平台化为核心的出版转型研究，以求避免陷入用宏大理论解释宏观现象的大而不当，以及过分讨论某种具体模式而缺乏对现实的总体把握，甚至陷入这样一种逻辑陷阱：以微观分析结论跳跃到对总体的阐释，而其间往往缺乏对一般性与特殊性的审慎考量。

本书完稿时，人工智能尚未在大众面前显示出其惊人的能力；而以今日眼光，未来的研究疆域应向三个方向延展：其一，平台化出版如何平衡算法效率与人文价值，在数据主义的浪潮中守护知识传播的公共性；其二，跨文化语境下平台生态的在地化调适，如何在全球化技术架构与本土文化基因之间建立创造性张力；其三，人机耦合的知识生产机制将导向何种认知革命，出版平台如何应对大量的人工智能生成内容，这既关乎出版业的形态演进，更触及人类文明传承与创新的深层逻辑。这些问题如同悬浮在数字穹顶之上的星群，既照亮前路，也提示着未被照亮的认知盲区。当平台化进程仍在加速度推进时，我们的思考或许更需要保持必要的克制与审慎——在拥抱技术可能性的同时，始终为人的主体性与文化的多样性保留不可让渡的阐释空间。

出版产业持续变革，平台研究不断出新，本书对平台化出版的探索只是一个开端。本书不可避免地受到当下研究视野与作者能力的局限，唯望本书能成为一块基石，激发学界与业界对平台化出版更广泛、更深入的思考。

目　录

绪　论

一、问题的提出

（一）当前出版业面临多重挑战

让我们从历史发展的角度，对出版趋势做一个简单但可能并不准确的判断：在抄本时代，因为技术手段的限制，书籍仍不能被认为是严格意义上的标准化产品。印刷术的发明快速改写了这一状态，工业社会中的出版物成为标准化极高的产品，这既有利于降低书籍的单位成本，促进知识传播，也在某种程度上关联带动了社会变革，至少在观念层面上促使人们做出了有益的准备。顺延技术发展这条逻辑主线，可以发现，数字技术尤其是互联网技术的发明和发展，似乎又为人类社会带来了一场“古登堡革命”。根据它蔓延到出版领域短短几十年间的情况，我们试图将它的作用机制和影响做一个框架式的初步判断：第一个层面在于复制技术及与之高度关联的载体形态，即从磁盘、光盘等物质实体发展到网络云端存储；第二个层面在于传播渠道，即从亚马逊的网络在线图书销售发展到以Kindle、手机等为代表的移动终端数字化阅读；第三个层面在于内容的组织和生产方式，即从以出版单位为中心的专业化生产到用户影响内容、用户直接产出内容的社会化生产的多种生产方式并行。当然，上述划分并不是泾渭分明的取代关系，而是渐进的、共存的、各有面向的。

出版的主体正在多元化，工业时代以来以出版社为中心的知识生产模式出现了事实上的松动。文学、社交、游戏、视频等互联网平台开始自制内容，传统媒体也在加强渠道尤其是以网络技术为基础的新媒体渠道的建设。数字技术还影响了出版思维。出版领域内自工业时代以来逐渐形成的以产业链为代表的线性思维，正在逐渐过渡到网络时代的生态思维，内容的生产者、加工者、传播者、消费者真正形成价值共同体和利益共同体。平台化出版是内容产业生产要素进一步自由流动的现实体现，网络技术的发展则为这种流动要求扫除了基础障碍，在此过程中，资本成为重要的推动力量。当复制与传播技术、载体样态等从实物走向数字化以后，短期内革命性技术突破的空间正在逐渐变小，出版的下一场革命在技术方面得以实现的可能性似乎正在降低。媒介领域表现出以媒介融合为标志的内向发展趋势，社会文化研究范式而非媒介（技术）研究范式更可能成为未来出版研究的主流。

有学者提出，如果主流媒体在未来内容供给侧的总体格局中只占万分之一甚至十万分之一的份额，有谁还能说主流媒体的角色功能与价值担当是靠着为社会、为用户直接提供内容生产与传播来实现的呢？[①]出版同主流媒体有诸多相似性，这个问题在出版领域同样适用。如果规模不断地萎缩，意味着出版的价值与功能同样在相对萎缩。此外，我们还应清醒认知这样一个事实：出版业引以为傲的版权资源，可能并没有想象中那样坚实和牢靠，尤其对于增量版权而言。版权资源本质上是作者资源，而作为理性经济人的作者，他们中的绝大多数对传统出版单位的忠诚度并不高，不仅会在不同出版单位间跳转，也会在出版单位与出价更高的网络平

---

① 喻国明．新型主流媒体：不做平台型媒体做什么？——关于媒体融合实践中一个顶级问题的探讨［J］．编辑之友，2021（5）：5-11.

台间跳转。“一旦新的媒介足以替代传统媒体，并且新的媒介提供的报偿更大之时，传统所谓的人才等智力资源也会随着媒介搬迁，这才是真正的困境。”[①]有学者就认为，不能有效整合编辑生产要素而形成大规模生产是出版产业的一大缺陷。[②]此外，出版业的问题还在于价值链过长；过于强调标准化，缺少个性与特点；独善其身，各自为政。[③]与之伴生的是，近年来，出版转型无论在政策、产业还是学术等方面，都成为高频词。姑且不论“转型”的“型”究竟何指，至少我们能够感知到这样一个基本共识——出版业按照原有模式继续走下去，发展空间可能越来越小。

（二）平台化作为出版转型的新路径

近年来，“互联网+传统产业”和“传统产业+互联网”正在深刻改变传统产业的格局，使传统产业融入数字经济体系，提升了产业效率和市场竞争力，促进产业转型升级。在此过程中，平台正在成为越发重要的数字经济组织形式。作为传统产业的出版业与平台的融合，为解决当下出版业面临的多重挑战、实现出版业的转型升级，提供了一条新的充满想象空间的路径。

平台为整合各种内容产品形态提供了可能，为超越长期以来对技术中心主义相关议题的讨论提供了可能。从产业角度来看，虽然“市场是天生的平等派”（马克思语），但在微观视野下，信息流通不充分依然成为机会主义者们的温床。平台则可以在生产、交换、分配、消费等各环节有效改善市场机制的不足。美国著名经济学家理查德·纳尔森提出，从一个角度来看，技术进步在过去的200年里一直是推动经济增长的关键力量，组织

---

① 刘枫 . 5G 出版业的革新路径：从知识传播中介到智能匹配平台［J］. 编辑之友，2019（7）：28-33.

② 耿相新 . 论平台型出版［J］. 出版科学，2018，26（1）：9-13.

③ 陈威如，王诗一 . 平台转型：企业再创巅峰的自我革命［M］. 北京：中信出版社，2016：4-16.

变迁处于附属地位；但从另一个角度来看，如果没有能引导和支持制度变革并使企业能从这些投资中获利的新组织的发展，我们就不可能取得技术进步。[①]社交、短视频、出行、零售等互联网平台的发展，已经显示出极强的马太效应，即在同一有效市场中的同质性平台之间激烈竞争，最终或者出现“赢家通吃”的局面，或者走向差异化。

从求索当下出版业如何走出发展困境的逻辑起点出发，以数字经济背景下的平台化转型为视角展开讨论，可以发现仍有一系列理论的和实践的问题亟待解决：平台化出版的实践超前于理论研究，如何理解和定义平台化出版？平台化出版之于出版的地位、意义和影响如何？平台化出版的逻辑是怎样的？有哪些实践主体参与其中，各自的实践路径、运营模式和发展问题如何？在此基础上，平台化能否成为出版业实现转型发展的可行路径？根源于出版业高度语境化的特性，中国应如何引导、如何构建平台化出版的生态格局？对这些问题开展研究，有助于在理论层面拓展出版研究空间，在实践层面为出版业转型提供一定参照。

二、选题意义

出版平台继承了出版的意识形态功能，同时借助互联网平台媒介产生了更强的传播力和影响力，引发了一系列新的实践现象和理论问题，具有广泛的研究价值。

（一）理论意义

一是有助于重思出版本体论问题。本书所关注的研究问题，深度涉及以平台为中心的关系结构、要素流动、作用机制，这就有别于传统的以媒介形态为中心的研究。我们对出版的认知来源于传统媒介经验及其建构的

① 纳尔森．经济增长的源泉［M］．汤光华，译．北京：中国经济出版社，2001：135.

时空关系，而平台化带来了新的流程、结构和关系，这有助于我们更好地理解出版、理解内容生产与传播的新生态。

二是为出版学学科体系建构引入跨学科理论资源。本书以平台作为研究对象和分析单元，而平台作为典型的“技术杂交”场域，是一个整合性与包容性极强的框架性概念，能够借鉴和整合相关学科关于生产、交换、分配、消费的理论与方法，将相关的传播学、经济学、管理学、社会学、计算机科学等的视野、方法与理论引入出版研究领域，能够刺激出版学科新的增长点，拓宽出版研究的学术边界和意义边界，有助于进一步完善出版学科体系建构。

三是作为网络时代理解知识生产议题的关键抓手。本书关注出版平台中的知识的组织机制（在平台中，传播过程与组织过程往往是交叉的），以传统出版为代表的精英阶层为主的知识生产，在技术赋权的背景下出现松动，逐渐开始向大众化、社会化的知识生产拓展，对知识生产机制的讨论将在一定程度上得到丰富。作为知识生产领域内的“新质生产力”，出版平台是技术革命在生产关系层面的延续性影响，知识生产的系统性机制调整将是未来一定时期内知识生产的主要议题，成为理解知识生产的阶段性框架体系。

（二）现实意义

一是对出版业转型升级的参考价值。数字经济时代基本的生产组织单位之一是平台，平台模式取得了商业层面的发展优势，本书对出版业转型升级具有一定参考意义，有助于引导出版业由“小散弱”和“内卷化”的产业格局走向范围经济和规模经济，为出版业探索和拓展产业边界、与相关产业实现“桥接”提供了可能。“不应用传统出版来‘规范’数字出版，相反，要用数字出版引领传统出版”[①]，在这层意义上，平台化出版为传统出版模式改革向纵深方向发展开拓了更为广阔的想象空间。

① 陈香．杨耕：复盘“京师系”变革时刻［N］．中华读书报，2015-03-04（6）．

二是平台治理价值。本书借由对出版平台生态多元主体互动的探索，尝试为缓解具有公共基础设施属性的大型平台之间长期存在的“围墙花园”问题，以及其他平台治理相关议题提供参考。此外，由于出版平台与社交媒体平台、新闻平台、短视频平台等具有内在一致性，本书能够在一定程度上为相关类型内容平台的治理提供借鉴。

三是政策参考价值。本书对以平台为对象的跨资本所有制主体之间、跨语言和文化系统之间的业务合作具有一定的案例借鉴意义，或可为数字经济背景下其他领域内的产业政策制定提供参考。

三、文献综述

本书以“平台”为建构“平台化出版”概念的核心起点，依据“平台与平台经济”“平台型媒体”“平台化出版”的逻辑顺序渐次推进，根据国内外相关研究成果尽可能厘清理论资源，并尝试确定在纵深方向上的研究起点。

（一）平台与平台经济研究

近年来，平台与平台经济研究成为学术热点，许多学术刊物都组织了专题或专栏展开讨论①，一些重要的学术会议也设置了相关议题②。荷兰学者何塞·范·迪克（José van Dijck）提出了其对“平台”的理解：平台是一种可编程的数字架构，旨在组织用户之间的交互——不仅仅是个体用

① 以新闻传播学领域为例，2021 年学术刊物组织的以平台与平台经济为主题的专题和专栏主要包括：《全球传媒学刊》2021 年第 4 期组织了“平台经济”专栏；《新闻与写作》2021 年第 12 期组织了“多元互动视角下的平台治理”专题；《新闻与传播研究》2021 年末出版了“‘平台、技术与传播’专题研讨”增刊；等等。

② 例如：2021 中国智能媒体传播论坛将主题设置为“智能传播与数字平台”；ICA（国际传播学会）2022 年会前会，主题为“Sovereignty and the Return of Governance for Digital Platforms”（数字平台的主权和治理回归）；等等。

户，还包括企业实体和公共机构。就一般性的内部结构而言，互联网平台都以数据为支撑，经由算法与界面进行自动运转与组织（automated and organized by algorisms and interfaces），通过商业模式驱动的所有权关系得以确立（formalized by ownership relationship），并由用户服务条款进行规制。这些要素构成了平台要素的技术、经济、社会与法律层面。平台不能彼此分离，而是在由自身逻辑构建的在线环境中发展。由算法驱动、数据推动的全球化在线平台生态系统越来越多地调节着社会和经济的运行。[①]伦敦国王学院数字人文系数字经济讲师尼克·斯尔尼切克（Nick Srnicek）认为，从商业模式的角度来看，平台是共享经济的载体，本质上是将不同的群体聚集、连接在一起，虹吸、汇总和处理数据。[②]平台的发展经历了三个主要阶段，即以门户平台为主的信息分享、以双边平台为核心的组织演进和以移动互联带动的平台协同演化。[③]技术支持是平台演进的先导，供需匹配是平台演进的核心，商业模式创新是平台演进的原动力，规制与治理是平台演进过程中的关键点。[④]

相当一部分学者尝试从社会和政治层面认识平台。在2020年席卷全球的新冠疫情期间，互联网公司股价的异常快速增长，反映出这样一种基本共识：某种意义上，互联网平台正在替代一些传统的社会公共基础设施。平台所引发的权力结构变迁，不论是在宏观层面的社会—国家（当前主要表现为超级平台的影响），还是在微观层面的个体—平台—个体，都值得关注。很难想象人们在新冠疫情期间仍要到线下商超购买商品的景象，从这一层面来讲，互联网平台在社会治理层面有其难以替代的价值。互联

① VAN DIJCK J，POELL T，DE WAAL M. The platform society：public values in a connective world［M］. Oxford：Oxford University Press，2018：2.

② SRNICEK N. Platform capitalism［M］. Cambridge：Polity Press，2016.

③ 彭正银，等. 中国网络平台治理研究报告 2018［M］. 北京：经济科学出版社，2019：11-13.

④ 彭正银，等. 中国网络平台治理研究报告 2018［M］. 北京：经济科学出版社，2019：14-16.

网平台尤其是那些超级平台在国家治理体系和治理能力方面扮演着重要角色，反过来讲，一旦平台失范，其负面影响可能是难以承受的。福山等人提出，互联网平台造成的政治危害，远比它们造成的任何经济损害都更令人担忧。它们真正的危险，不是扭曲了市场，而是威胁到了民主。[①]因此，很多学者尤其是西方学者将目光更多地投向平台治理，关注其对舆论和民主制度的影响。在此背景下，2020年年末，中国、美国和欧洲各国同期掀起了平台治理的浪潮。

平台价值的生成方式在于，传统模式下无法建立联系、无法实现互动的用户，能够通过平台实现连接进而创造价值；或者是将过去完全交由市场来调节的高度分散的双边（多边）用户的互动，转变为通过平台创造的相关基础设施来加以聚合，通过平台构建的统一规则或（技术）标准实现互动，减少双边用户为发现对方、实现互动而需要进行的冗余投资，提升双边用户的互动效率，同时也意味着社会经济组织方式的重构。[②]平台在构建双边市场中发挥着基础性作用，围绕平台，逐渐形成了“平台经济”。

2018年3月5日，国务院《政府工作报告》中提出“发展平台经济”；其后2019年和2020年的《政府工作报告》中都有相关表述。平台经济已然成为国内学术界和产业界关注的热点。在国际上，平台经济研究方兴未艾，其首次正式见诸文献是在2016年，加州大学伯克利分校的Martin Kenney与戴维斯分校的John Zysman提出“数字平台经济”（digital platform economy），认为平台泛指基于互联网的，用算法来构建经济结构与促进社会活动的组织，平台为一套社会与经济交流的数字框架，云计算和算法等关键技术是平台经济的基础，同时认为平台可能取代19世纪以

① 福山，里奇曼，戈尔．福山 | 如何从大型科技公司手中拯救民主［EB/OL］.（2020-12-02）［2021-03-20］. https://mp.weixin.qq.com/s/Nx1Z9_cBINM9qCgSSm1sCw.

② 刘学．重构平台与生态：谁能掌控未来［M］. 北京：北京大学出版社，2017：11.

来协调经济并维护市场的公司机制。[①]清华大学公共管理学院原院长、国务院原副秘书长江小涓在一次公开演讲[②]中也表达了类似的观点，她从罗纳德·哈里·科斯（Ronald H. Coase）的相关理论出发，认为公司机制将会被交易成本更低的平台机制取代。德国图宾根大学教授米歇尔·芬克（Michèle Finck）认为平台经济一般指共享经济，并把平台经济归为数据驱动的数字平台。[③]国内对平台经济的理解也未统一，其中较有代表性和权威性的是国务院发展研究中心提供的观点：以智能技术为支撑，以数据化的数字平台为基石，以聚合器为利器，通过聚合数量众多且零散的资源，连接具有相互依赖的多方，促进彼此互动与交易就能够形成健壮的、多样化的数字平台生态系统，而所有这些有着内在联系与互动的数字平台生态系统的集合与整体就构成了平台经济。[④]平台经济既是一种商业模式的创新，也是一种产业范式的变迁，更是新工业革命背景下的一种新经济形态。[⑤]有学者对平台机制的重要性做出了界定，认为“在互联网平台上采用市场机制进行交易或交换，比采用企业机制在企业内部交易成本更低，……过去企业机制出现正是因为在很多情况下它的交易成本低于市场机制。但是，现在出现的情况不是市场机制重新取代企业机制，而是平台机制取代企业机制，从而形成市场、企业、平台三种机制并存的状态”[⑥]。平台经济的现实价值在于，借由平台可以衔接供需，发展新流通方式，协力供给侧结构深化改革；促进生产消费融合，协同新生产、新商业范式成长；外部性催生平台经济生态圈网络化发展，成长为新的经济增长点；

① KENNEY M，ZYSMAN J. The rise of the platform economy［J］. Issues in science and technology，2016（3）：61-69.

② 这次演讲发生于 2020 年 11 月 20 日，主题为“数字经济——解构与链接”，系清华大学人文清华讲坛系列讲座。

③ FINCK M. Digital co-regulation：designing a supranational legal framework for the platform economy［J］. European law review，2018，43（1）：47-68.

④ 赵昌文，等 . 平台经济的发展与规制研究［M］. 北京：中国发展出版社，2019：1.

⑤ 赵昌文，等 . 平台经济的发展与规制研究［M］. 北京：中国发展出版社，2019：1.

⑥ 方军，程明霞，徐思彦 . 平台时代［M］. 北京：机械工业出版社，2018：25-26.

等等。[①]

相比于对概念的探索和对理论的研究，实践的发展则要快得多，相应地对与实践紧密相关的平台战略[②]、平台运营[③]、平台垄断[④]、商业模式[⑤]、定价机制[⑥]、用户策略[⑦]等的研究，在经济学、管理学、信息科学、新闻传播学等领域内都已成为热点。

（二）平台型媒体研究

平台型媒体即platisher，是platform（平台）与publisher（出版商）的组合，2014年由美国学者乔纳森·格里克（Jonathan Glick）在《平台型媒

---

① 芮明杰，等．平台经济：趋势与战略［M］．上海：上海财经大学出版社，2018：13-18.

② 吴义爽，王节祥．平台组织、战略与产业发展［M］．北京：经济管理出版社，2017；CUSUMANO M A，GAWER A，YOFFIE D B. The business of platforms：strategy in the age of digital competition，innovation，and power［M］. New York：Harper Business，2019；等等。

③ 刘邦凡，栗俊杰，陈朋伟，等．全流时代的共享经济平台运营模式构建［J］．中国人民大学学报，2020，34（5）：79-88. 国秋华，武艳婷．平台化生存：微博用户可持续运营的未来——以"微博搞笑排行榜"为例［J］．新闻知识，2020（8）：49-54.

④ 苑言博．平台垄断下的网络文学作家权益保护［J］．中州大学学报，2020，37（4）：47-51. 李勇坚，夏杰长，刘悦欣．数字经济平台垄断问题：表现与对策［J］．企业经济，2020，39（7）：20-26. 荆文君．互联网平台企业的"垄断"现象与福利效应［M］．北京：中国财政经济出版社，2020.

⑤ 邓华，等．平台型企业商业模式创新研究［M］．成都：四川大学出版社，2019. 帕克，范·埃尔斯泰恩，邱达利．平台革命：改变世界的商业模式［M］．志鹏，译．北京：机械工业出版社，2017. GAWER A，CUSUMANO M A. Industry platforms and ecosystem innovation［J］. Journal of product innovation management，2014，31（3）：417-433. TUCCI C L，CHESBROUGH H，PILLER F，et al.When do firms undertake open，collaborative activities? Introduction to the special section on open innovation and open business models［J］. Industrial and corporate change，2016，25（2）：283-288. VANHAVERBEKE W，CHESBROUGH H，WEST J. Surfing the new wave of open innovation research［M］//New frontiers in open innovation. Oxford：Oxford University Press，2014：281-294.

⑥ 刘佳昊．互联网平台企业定价问题研究［D］．北京：中国社会科学院大学，2020. 金鑫．知识付费平台用户采纳意愿影响因素实证分析［J］．中国出版，2020（20）：50-54. 朱晗．O2O 背景下的共享经济研究［J］．系统工程理论与实践，2021，41（2）：411-420.

⑦ 李武，艾鹏亚，黄昱凯．信源特征、社会线索与知识付费中的感知信任［J］．现代出版，2019（5）：46-52. 金鑫．知识付费平台用户采纳意愿影响因素实证分析［J］．中国出版，2020（20）：50-54.

体的崛起》一文中首次提出。得到更广泛传播的则是杰罗姆的看法，他认为平台型媒体的实质是技术平台公司把恰当的算法技术与专业的编辑运作结合起来，从而引发内容生产与分发的新变革；新一代互联网媒体公司学习那些UGC（用户生产内容）模式的内容平台，向外界开放内容管理系统（CMS），以获取更多的用户生成的内容，吸引更多的网络流量。[①]简言之，平台型媒体是出版商与平台双向转化的结果。也有学者提出了高度概括的总结，认为平台型媒体是一个复杂适应性自组织在线社会信息传播系统。[②]然而，就是这样一个试图客观反映实践的概念，在引起短暂讨论后，就遭到了业界的批判。并且，从谷歌学术的检索结果来看，Platisher的提出几乎没有引起西方学界的关注，其学术性引用均指向中国学者。对此，谭小荷曾有专文讨论。[③] 2020年后，国内的相关研究又迎来了热潮，新型主流媒体的平台化转型成为讨论的焦点。

从实践层面看，基于互联网的平台型媒体扰动了知识生产与传播的秩序。近年来，作为新闻内容聚合平台的"今日头条"，先后被《广州日报》《新京报》《楚天都市报》《现代快报》等媒体送上被告席，理由无非是"今日头条"未经许可转载其原创内容，侵犯了其信息网络传播权。当"今日头条"经过了野蛮发展期后，传统媒体则从"群起而攻之"变为"群起而附之"，讨伐声似乎渐渐消失了。国外流行的Buzzfeed也有类似情况。当前，平台对媒体的影响已经深入渠道、受众、资本甚至内容等各层面。例如，在内容层面，平台逻辑深刻影响了媒体内容生产逻辑，典型的表现就是，大多数媒体开始将互联网平台的量化指标，如PV（page view，页面浏览量）、UV（unique visitor，独立访客）等作为主要绩效考核指标，按照算法的优先、分类、

① 杰罗姆．平台型新媒体（Platisher）是有效的商业模式吗？［J］．钛媒体，译．中国传媒科技，2014（Z1）：71-75.

② 权玺．平台媒体：构建平台化的自组织在线社会信息传播系统［J］．当代传播，2017（6）：90-93.

③ 谭小荷．从Platisher到"平台型媒体"：一个概念的溯源与省思［J］．新闻记者，2019（4）：28-37.

标签、联想、过滤等机制进行“控制性”生产，一定程度上刺激了“标题党”和花边新闻等满足受众猎奇心理的低格调内容的产生。

在中国，“平台型媒体”得到译介后，伴随着实践的发展，概念本身发生了意义流变，以此为理论灵感的“平台新闻业”①成为较有现实意义的实践概念，其产生的背景在于，“主流媒体的内容分发渠道逐渐被互联网平台媒体所主导，依托人工编辑进行的新闻把关模式也被算法推荐等精准分发模式所取代”②，其以“可测量新闻业”的物质硬件、专业实践、职业理念、经济效应、用户消费、公共政策等为研究的切入视角③。

平台型媒体在中国经历了完全不同的理论旅行和再概念化，其与媒体融合、媒介生态、互联网产业等具有天然的实践勾连，处于相同或相近的本土话语网络和意义体系之中。谭小荷认为，当“平台型媒体”被嵌入“媒体融合”这一主流意识形态话语体系，作为对政策层面战略规划的追随和响应，就获得了某种正当性加持，进而成为宏观战略、社会管理乃至顶层设计的一部分。④

媒体融合大抵是从传统媒体的角度出发的，是传统媒体以内容资本拥抱新媒体的转型路径，平台型媒体则是媒体融合的实现样态。王枢、徐建勋认为，平台化转型是传统媒体在互联网时代融合发展的最佳路径。⑤喻国明等人认为，平台型媒体具有开放、激活、整合、服务的特征，它是在

① 白红义 . 重构传播的权力：平台新闻业的崛起、挑战与省思［J］. 南京社会科学，2018（2）：95-104. 张志安，曾励 . 媒体融合再观察：媒体平台化和平台媒体化［J］. 新闻与写作，2018（8）：86-89.

② 张志安，冉桢 . 互联网平台的运作机制及其对新闻业的影响［J］. 新闻与写作，2020（3）：66-74.

③ CARLSON M. Confronting measurable journalism［J］. Digital journalism，2018（6）：4，406-417.

④ 谭小荷 . 从 Platisher 到“平台型媒体”：一个概念的溯源与省思［J］. 新闻记者，2019（4）：28-37.

⑤ 王枢，徐建勋 . 论传统媒体的平台化转型［J］. 新闻爱好者，2019（7）：51-55.

互联网逻辑轨道上构建的媒体，是媒介融合纵深推进过程中的主流模式。[①]其他学者亦有程度不同但实质相似的表述。[②]也有人从权力视角对平台型媒体提出了批判，认为平台成为控制新闻生产全链条的新型“媒介权力”，其结构性矛盾存在于平台为求盈利的商业结构与媒体公共责任间的恒久冲突上，并对技术、资本与政治的联姻提出了担忧。[③]

除了理论层面的讨论，关于平台型媒体的对策性研究成果更为丰富。研究者们从战略、运营、规制等不同角度，对平台型媒体的发展提出了专业见解。张志安等人基于宏观维度的2018年中国新闻业年度变化，以及中观维度的新闻业行动者、内容、分发、受众等，提出媒体平台化与平台媒体化是新闻业的重要变化，新闻业发展的年度特点主要包括：（1）新闻行动者方面，专业媒体、机构媒体、自媒体和平台媒体共生于新新闻生态中；（2）新闻内容方面，短视频在严格监管下发展迅猛；（3）新闻分发方面，平台化和智能化分发机制逐渐占据主导地位；（4）新闻受众方面，用户呈现参与主动性和表达情绪化特点。[④]金雪涛等人提出，传统媒体应与新兴媒体平台交互合作，从单平台（子平台）领导者逐步过渡到混合平台领导者，不断创新研发并扩展子平台，调动各类连接群体的积极性，以构建优化的新型平台组织与商业机制。[⑤]王君超等人认为，人民日报社“中央厨房”的探索是建设生态级平台型媒体的有效路径之一，并提出坚持新

① 喻国明，张珂嘉．论作为关系表达的传播内容范式［J］．武汉大学学报（哲学社会科学版），2020，73（4）：66-73. 喻国明．互联网是一种“高维”媒介：兼论“平台型媒体”是未来媒介发展的主流模式［J］．新闻与写作，2015（2）：41-44.

② 张智伟．平台型媒体崛起：国际传播的机遇与挑战［J］．青年记者，2019（17）：106-107.

③ 张耀钟．作为媒介权力的平台：一种批判的视角［J］．传媒观察，2018（10）：91-97.

④ 张志安，李霭莹．变迁与挑战：媒体平台化与平台媒体化——2018 中国新闻业年度观察报告［J］．新闻界，2019（1）：4-13.

⑤ 金雪涛，刘家璐．平台化战略：传统媒体融合之路［C］// 中国传媒大学广播电视研究中心．2015 中国传播论坛：“现代传播体系建设：融合与秩序”论文汇编．重庆：中国传媒大学广播电视研究中心，2015：48-55.

闻内容上的核心竞争力、发挥主流舆论场的优势等具体建议。① 王安雅关注平台型媒体的把关机制问题，发现平台型媒体的把关难点在于茧房效应、极化现象、标题党等，并提出平台型媒体把关人是以计算机过滤算法为核心，通过用户培养算法、算法认识受众的方式螺旋上升迭代的，人工编辑摆脱了单纯信息筛选的功能定位，未来应以对话的思维开展新闻传播活动，从鉴定、释义、调查、聚合等更高阶的角度来传递新闻价值观。② 常江等人认为，从“内容型媒体”到“平台型媒体”的发展导致了专业新闻机构所独有的内容生产权被分散，进而从当下内容生产方式的开放性特性出发，提出了细分新闻生产的主体等价值引导策略。③ 此外，对县级融媒体平台（中心）的讨论是近年来的一波研究热潮，尤以案例研究为主，尝试为国家政策的有效落地提供必要的专业引导。④

（三）平台化出版研究

早在2016年9月召开的欧洲政治研究联合会（The European Consortium for Political Research）年会上，来自牛津大学的两位学者拉斯穆斯·克莱斯·尼尔森（Rasmus Kleis Nielsen）和莎拉·甘特（Sarah Ganter）就提出了“platformed publishing”的概念，他们的报告针对新闻业，“platformed

① 王君超，刘婧婷．平台型媒体、“中央厨房”与深度融合：兼论《赫芬顿邮报》的衰变［J］．新闻界，2019（12）：17-26.

② 王安雅．平台型媒体的把关机制研究：以脸谱公司为例［D］．上海：上海交通大学，2019.

③ 常江，刘璇．平台型媒体与数字新闻的价值引领［J］．青年记者，2021（3）：12-15.

④ 杜颜．县区级融媒体建设实践研究：以大连金普新区融媒体中心为例［D］．沈阳：辽宁大学，2020. 沙垚．重建基层：县级融媒体中心实践的平台化和组织化［J］．当代传播，2020（1）：30-33. 李彪．县级融媒体中心建设：发展模式、关键环节与路径选择［J］．编辑之友，2019（3）：44-49. 宋微微．濉溪县融媒体中心建设研究［D］．中国矿业大学，2020. 王艳．全媒体协同生产的县级融媒体平台建设［J］．广播与电视技术，2018，45（11）：12-18.

publishing”指向搜索引擎、社交媒体等数字媒介与在线新闻业的互动，[1]这与我国通常将新闻与出版区别并列的传统有别，因此也与本书的研究对象“平台化出版”有着不同的内涵和规律，限定了该研究成果对本书的参考价值。

平台化出版的概念本身，反映出其仍未形成成熟的范式，其商业模式、技术路线等仍处于不断发展变化之中。事实上，过去的实践说明，互联网始终在不断激活信息、人甚至物，新的主体或者对象的加入使得互联网经济不断自我革新，商业模式和技术路线等似乎很难以稳态存在。同时，平台在形式上的多样性和新颖性，从更长的历史时期来看，也内蕴长期趋势的持久性。平台、平台经济、平台型媒体，都是建构“平台化出版”概念的重要基础或者参照系，某种层面上甚至具备作为其上位概念的属性。而要进一步确定“平台化出版”的种差，有必要在泛用的“数字出版平台”，如“全媒体出版平台”“网络文学平台”“知识问答平台”等概念中进一步挖掘理论资源。

数字出版是考察平台化出版的重要基础，相关研究成果也十分丰富。电子出版[2]、网络出版[3]等概念曾与数字出版存在交叉、叠加甚至替代的情况，而现在已较少使用。在有关数字出版的理论研究方面，关于概念本身

---

① NIELSEN R K，GANTER S. Platformed publishing? The rise of digital intermediaries and the transformation of online journalism［Z/OL］.［2020-12-09］. https://ecpr.eu/Events/Event/PaperDetails/30583.

② 谢新洲．我国电子出版物：现状、问题与对策［J］．北京大学学报（哲学社会科学版），1997（5）：89-90，158-195. 谢新洲．电子出版物的发展及其影响［J］．北京大学学报（哲学社会科学版），1993（6）：111-118，130. 林穗芳．电子编辑和电子出版物：概念、起源和早期发展（上）［J］．出版科学，2005（3）：6-16. 仍然，倪波．电子出版物为何成为社会发展趋势［J］．现代图书情报技术，1998（4）：2-5，36. 徐海波，刘晓融，郭志安，等．国内外电子出版物现状与发展趋势概述［J］．新闻与传播研究，1996（1）：30-35.

③ 周蔚华．网络出版的兴起与出版的范式转换［J］．中国人民大学学报，2002（5）：112-118. 张志强，唐舸．网络出版研究综述［J］．出版科学，2002（S1）：66-73，65. 金兼斌．博客：个人网络出版的理想、现实与未来［J］．新闻与传播研究，2004（4）：53-61，96. 姜天赟．网络出版研究［D］．济南：山东大学，2007. 罗丁瑞．网络出版新形态研究［D］．武汉：武汉理工大学，2008. 许驰．网络出版的运行机理研究及其运行流程设计［D］．哈尔滨：哈尔滨工程大学，2008. 严琼．起点中文网网络出版商业模式研究［D］．长沙：湖南大学，2011.

的讨论占据了主流。有人认为，数字出版是利用数字技术进行的制度化的知识和信息的生产与传播的社会活动。[①]但也有人认为数字出版同主题出版一样，是一个政策概念而非学术概念。在实证研究方面，围绕研究的视角、工具、方法、数量等的研究，成果显然更加丰富，其中聚焦传统出版转型的研究又是主流。许志强等人认为，全媒体出版可真正实现科技、文化与互联网的创新融合，并通过打破三者的边界产生全新的元素和价值，出版机构则需以先进的信息技术为驱动力，建立模块化整合的集“内容+渠道+终端+用户”于一体、具有开放闭环和完整生态的全媒体出版平台，融合目标用户群体对出版消费的多维需求，逐步迈向知识服务新领域，实现“一种内容、多种媒体、复合出版”的目标。[②]崔恒勇认为，实现用户互动与价值延伸的平台目标是全媒体出版平台建构的主要依据，其在结构功能上主要分为数据入口、角色媒体、内容创作、内容类媒体出版品、服务类媒体出版品等。[③]一些研究从案例角度出发，关注数字出版平台的现状、模式与路径。[④]一些研究注意到发展过程中的问题，如朱江丽提出，数字出版平台采取要素参与分配是重新认识平台生产中知识、非物质劳动以及数据等要素价值的结果，是引导平台资本在社会主义市场经济环境下健康规范发展的保障，并提出我国数字出版平台完善要素参与分配的路径。[⑤]李明霞等人从平台经济视角出发，关注网络文学出版平台由连接上游作者和下游读者的中介变为内容生产者（作者）选拔平台的异化现象，

---

① 高坚．数字出版生态系统演化与构建研究［D］．北京：中国传媒大学，2020.

② 许志强，哈宏疆．全媒体出版平台建构与创新服务模式研究［J］．中国出版，2016（24）：26-31.

③ 崔恒勇．全媒体出版平台的理想型建构［J］．中国出版，2014（21）：34-36.

④ 郭妍．网络文学全媒体版权运营发展模式研究：以盛大文字为例［D］．上海：复旦大学，2014. 赵庆文．数字出版平台发展特征与趋势研究：以盛大文字为例［D］．昆明：云南大学，2016. 黄亚妮．消费时代的网络文学研究：以“腾讯文学”为中心的考察［D］．兰州：兰州大学，2015.

⑤ 朱江丽．数字出版平台完善要素参与分配机制：现实性与实施路径［J］．出版科学，2020，28（4）：88-94.

并提出了对策。[①]谢珺探讨了我国传统出版业应如何顺应内容行业的平台化发展趋势，借力或造力建构出版业的生态平台，并以“互联网 +”和“+互联网”两种思路建构转型路径。[②]张美娟等人结合实践案例，对以互联网、IT技术企业和大型传统出版集团为搭建主体的第三方数字出版平台的内涵、模式开展研究，提出了其现存问题与改进策略，认为政府、行业协会、出版社、平台方等主体应开放协作，重构商业思维和产业价值链，用好第三方数字出版平台，为深化出版业改革贡献力量。[③]

与之相比，来自产业一线的思考显然更具现实意义。江苏凤凰出版传媒股份有限公司原党委书记、总经理佘江涛认为，“出版工业设计的垂直化、专业化、市场化，出版新的生产方式的内容多元化、营销矩阵化、销售网格化、内容产品化和标准化，最后可能都指向平台化”[④]，对于出版单位特别是出版集团而言，“建设旗舰性质的自有平台和统分结合的平台体系是一条既艰难又绕不开的出路”[⑤]。

总体而言，我国出版业数字转型研究既缺乏对新技术的深刻认知和对出版实践的深入调研，也缺乏建立数字知识生态的理论框架。[⑥]关于平台化出版，产业实践是超前于学术研究的，这也是当前出版研究乃至社会科学研究中一个较为普遍的现象。在一些关于数字出版的理论著作中，或未能涉及出版平台，或对出版平台本质的认知还不够深入[⑦]。

由出版是连接作者与读者的中介性质所决定，相较于工业文明的大规

① 李明霞，段嘉乐 . 平台经济视角下网络文学出版平台“异化”现象研究［J］. 中国编辑，2020（11）：85-89.

② 谢珺 . 国内传统出版业的平台化转型研究［J］. 编辑之友，2018（2）：37-43.

③ 张美娟，于千雯，李昂 . 第三方数字出版平台：内涵、模式与优化［J］. 出版科学，2020，28（6）：12-18.

④ 佘江涛 . 走向未来的出版［M］. 南京：南京大学出版社，2021：143.

⑤ 佘江涛 . 走向未来的出版［M］. 南京：南京大学出版社，2021：140.

⑥ 张大伟，张涛甫 . 数字时代中国出版业“生存战略”的双重误区［J］. 编辑学刊，2018（2）：6-11.

⑦ 例如《数字出版学概论》（四川大学出版社 2017 年版）中为出版平台设置了专章进行讨论，遗憾的是，其只是具体介绍了网站与 App 建设的相关知识。

模生产与销售，传统图书出版与互联网平台具有较强的契合性。[①]以技术公司为主导的数字出版已经证明其商业模式是成功的，基于互联网的平台化出版传播已经成为信息文明初级阶段的象征。互联网平台能够有效连接两个或两个以上的群体在同一个虚拟场景里互动交流交易，从而让传统出版机构从传统出版平台稳健地转型过渡到互联网新平台。[②]与“数字出版”相比，平台化出版更加强调出版的互联网要素，突出组织过程。在出版业平台化的实践下，知识的生产不仅限于生产者的内部框架中，而是受到平台、商家、用户等多边关系的影响。[③]

不论是出版业界还是学界，大多已认识到以网络为基础的新兴媒体技术的巨大影响，并积极寻求“如何应对外部平台的覆盖，如何自觉转型为平台型出版，如何建立平台型出版商业模式”[④]的路径。然而，这种或多或少带有立场与价值观先行倾向的出版机构本位主义思想，反映出出版机构仍然未能从更为整体的、历史的视角审视当下知识生产的发展趋势，虽然这并不一定影响对路径发展的“正确”选择，但缺少对出版机构在此变革中的主体地位合法性与合理性的必要论证，显然是不可取的。刘影就认为，“现代性语境的转型”的症结恰恰在于，作为主体的出版机构把作者、书稿、读者都视为它发生作用的客体，作者、读者长期沦为被媒介组织规训的对象；面对新技术的冲击，照样想把互联网作为改造征服的客体，为我所用。[⑤]事实上，互联网平台型企业正在以不同形式介入出版业，传统出版机构并非平台化出版的唯一主体。出版生态中的出版商、用户、渠道商等以基础设施化的平台为核心，借由某些共享性的技术支持形成了更为紧密的依存关系；同时，平台本身也参与到数字出版生态之中，成为重要的行动者，其文化选择和价值

① 耿相新．论平台型出版［J］．出版科学，2018，26（1）：9-13.

② 耿相新．论平台型出版［J］．出版科学，2018，26（1）：9-13.

③ 常江，朱思垒．架构、生态与普惠：一个数字出版的阐释框架［J］．现代出版，2022（1）：30-38.

④ 耿相新．论平台型出版［J］．出版科学，2018，26（1）：9-13.

⑤ 刘影．转型和转场：范式转换视角下传统出版社数字化发展策略［J］．现代出版，2019（6）：41-46.

偏向深刻地影响着出版业的发展路径。[①]开展平台化出版研究，不能忽视互联网平台型企业的参与及其与出版业之间的互构性影响。

四、理论工具与研究方法

（一）相关理论

本书主要涉及以下理论：

双边市场理论（two-sided market theory）。双边市场又称多边市场、双边网络，是指两个互相提供网络收益的独立用户群体的经济网络。双边市场理论在平台经济研究中得到了广泛应用，并在实践中不断得到发展，为我们认识平台并以恰当方式做出分类提供了一种有益的思路。戴维·S.埃文斯依据平台功能，将其分为市场制造者、受众制造者、需求协调者三类，哈佛商学院的哈吉犹在此基础上做了推进，将平台分为中介市场、受众制造者市场、分享输入市场和基于交易的市场。在有关平台化出版的商业模式、运营策略、生态网络等讨论中，双边市场理论都是一种主要的理论工具。

共享经济理论（sharing economy theory）。在传统的市场竞争环境下，各市场主体大多在存量利益中做零和博弈，在残酷的竞争中逐渐产生朴素的共享经济理念。共享经济的核心问题是所有权。在工业时代，资产具有独占性，这是建立所有权制度的基础；在互联网时代，信息资本具有可复制性，这就导致了支配权和使用权的分离，而共享经济的核心问题就是“买与租”的问题，其生产资料共享、按使用收费的方式，使平台方承担所有权的成本风险，用户方通过使用权进行创新。

价值共创理论（value co-production theory）。价值共创的理论视角起

① 常江，朱思垒 . 架构、生态与普惠：一个数字出版的阐释框架［J］. 现代出版，2022（1）：30-38.

源于服务主导逻辑，该理论关注关系的价值和建立在关系之上的互动活动的价值，将价值创造的过程视为连续的而非生产的结束，生产商、客户及其他相关主体共同创造价值。在具体情境中，企业不是价值的创造者和传播者，而是价值的主张者，引导相关主体共同进行价值创造。在此理论观照下，阿尔文·托夫勒（Alvin Toffler）在《第三次浪潮》中提出了产消者（Prosumer）的概念。

利益相关者理论（stakeholder theory）。利益相关者理论最早由爱德华·弗里曼（R. Edward Freeman）在其著作《战略管理：利益相关者管理的分析方法》（1984年）中提出。他将利益相关者定义为“能够影响组织目标的实现或受其影响的任何团体或个人”。股东是企业的重要利益相关者群体，而员工、客户、社区、供应商、政府甚至环境也是。一个组织的利益相关者因其使命和活动而异。本书汲取利益相关者理论提供的思维模式，并对理论进行适应性调整，一方面聚焦其细分主体，例如在大多数情况下将企业的股东、债权人、管理者、雇员等具有共同利益诉求的主体相对笼统地视为平台；另一方面收缩其外延，将利益相关者限定在由平台、内容消费者（用户、内容生产者）等构成的核心圈层。

嵌入性理论（embeddedness theory）。“嵌入性”最初由经济史学家卡尔·波兰尼（Karl Polanyi）提出。他认为，经济的运行不能脱离其所处的外部环境，意味着行动者的偏好只能在关系、制度和文化背景下被理解和解释。如果站在平台化出版的两类主要实践主体，即互联网平台型企业和传统出版机构的角度，嵌入性理论有助于更好地描述和解释平台化出版的逻辑——将平台和出版分别作为外部环境，不同主体所遵循的不同的逻辑与规则就有了相对聚焦的分析条件。

（二）研究方法

本书总体上以思辨与实证相结合的思路展开，并贯穿系统论的思维方法，涉及的具体研究方法包括：

（1）参与式观察法。近年来笔者一直未离开出版产业一线，在研期间进一步涉足平台化出版领域，参与笔者所在单位的数字出版实践，掌握一手数据，提升感性认知水平。

（2）案例分析法。案例分析法是借由个案来探讨一般性的规律，对特定个案的讨论有助于获取专门性的研究结论。本书对具有典型代表意义的平台化出版案例展开深入分析，以求使理论发掘与理论验证实现有机互动。

（3）走读法。由于App通常不会公布源代码，研究人员无法像检查网页那样轻易地检查其底层结构和操作代码。在此背景下，走读法（the walkthrough method）作为一种被迫变通的研究方法出现了。走读法是一种直接接触App界面的方法，用于检查其技术机制和嵌入的文化，以了解它如何引导用户并塑造他们的体验，进而延展到社会和文化层面的讨论。因此，其被视为一种“数字质化”（digital-qualitative）的研究方法，使得数据不会脱离相应的社会文化背景。①这种方法的核心是逐步观察和记录App的界面、功能和活动流程：研究人员注册并登录作为研究对象的App，尽可能模仿日常使用，关注技术数据，例如图标的位置或数量，以及图片和文本等符号元素。这一过程类似于研究用户体验设计和技术评论等场景，但走读法是在审查App的愿景、运营和治理模式的背景下进行的。走读法用途广泛，其提供了App的基础分析，可以与内容分析或访谈相结合，加深对用户和App的理解。②

① 蔡雯，葛书润．协同与博弈：媒体型平台上的外部内容创作者——基于澎湃号、新京号与南方号的考察［J］．新闻记者，2021（2）：3-13.

② LIGHT B，BURGESS J，DUGUAY S. The walkthrough method：an approach to the study of Apps［J］. New media & society，2018，20（3）：881-900.

五、难点与创新性

（一）研究难点

第一，作为研究对象的平台化出版，由于其现实的不稳定与未来发展的不确定，在数据获取与更新方面始终处于追赶的状态。尤其是，如何在乱花渐欲迷人眼的实践中梳理出明晰的线索，借此构建分析框架，辨章平台类型，是研究持续深入的基础，也是绕不开的难点。当前，出版业在平台化过程中呈现出实践主体、价值追求多元化的特点，相应地，导致其逻辑理路、细分领域、产品样态、商业模式等的复杂多样。如何有机整合宏观的发展趋势与具体的实践案例，并且以小见大，透过对具体平台毛细血管的观察和研判来分析产业，对研究者而言是一大挑战。此外，平台化出版建构的生态系统主体多样、利益多元，主体之间或叠加、或嵌入、或交叉、或相斥的复杂关系，也对思考平台化出版生态体系提出了挑战。

第二，平台化出版是一个综合性很强的话题，强综合性在一定程度上意味着强复杂性，需要研究者具备宽广的跨学科视野。平台化出版可以从产业经济、法人治理、公共管理、媒介技术、知识生产、社会网络等诸多视角切入，理论资源的丰富换句话说就是研究线索的千头万绪，需要研究者在深刻洞察现象的基础上，找到更具有解释力的理论工具，并进一步理解、内化以供灵活调用。平台化出版这一研究对象本身，规定了无论从什么视角切入，研究过程都无法跳脱出“平台”与“出版”各自的话语体系（这里将之视为概念体系、研究范式等的综合），在这两个话语体系之间，需要做大量的理论整合，才至少能达到逻辑自洽。

（二）研究创新性

一是对出版转型研究视角的革新。互联网平台的逻辑、路径、模式，源头上都由其技术特征做出了根本性的规定；也因此，基于互联网的平台化出版天然地笼罩着一层或深或浅的技术决定论阴霾。在出版研究中，关于出版转型的讨论主要集中于“融合”论域，微观上则聚焦于做技术偏向的媒介整合。本书尝试以平台概念包容进而超越技术论视角，亦即超越一般的对内容生产、编辑加工、复本制作、封装载体、传播媒介等的讨论，而以平台作为引入多元视角的切入口。

二是跳出了单一的出版专业视角，引入了互联网平台型企业的第三方视角。出版机构是构成出版业的重要主体，但在数字经济背景下，互联网平台型企业也以不同形式、不同程度参与出版业，并成为具有重要影响力的新型出版主体。考察互联网平台型企业介入出版业的动机、逻辑、模式等，有助于更好地理解出版业内生性的平台化转型。将两种主体纳入统一的研究视野之中，一方面是对实践情况的客观反映，另一方面也有助于形成更为全面的分析框架。

三是跨学科研究框架的整合。随着理论视角的转移与丰富，研究框架可以在更多维度上进行整合。针对同一研究对象，不同学科之间因关注焦点、理论基础、研究路径的不同，往往缺乏学科对话，这对统一的分析框架的搭建与共识的形成构成了一层无形的屏障。例如，在经济学视野下，其对平台的关注点往往在于交易机制、价格结构、市场均衡、社会福利等方面；在管理学视野下，其对平台的关注点则往往在于组织架构、内部治理、市场竞争等方面。即使探讨相同的方面，各自的分析重心也大抵不同。由是，跨学科的整合视野对于平台研究显得十分必要。本书尝试打破学科分野，引入产业经济学中关于平台经济研究的丰富成果，以及管理学尤其是企业战略管理理论，拓宽出版研究的学术视野，同时本书也关注平台化出版的社会文化属性。对于出版研究而言，这种综合出版学、传播学、产业经济学、管理学等学科的视角与理论的复合型研究框架，应该是一种有益的尝试。

四是理论观照的进一步放大。本书不仅将平台化出版视为一种商业模式，同时也将其视为一种全新的知识生产模式和价值创造机制，考察其文化功能和社会意义。互联网与传媒是当代社会重要的基础设施。以此为逻辑起点，平台化出版就具备了介入对相关社会运行机制的讨论体系之中的可能，既思考平台内部要素，又兼顾外部的社会要素，从文化研究的角度展开探索。此外，中外不同的政治经济文化环境，直接或间接地作用于平台化出版的形态、机制、模式等，有必要以跨文化的视野做好中外比较研究。在此，平台化出版的价值阐释力度将得到深化，它的存在将不只关涉一场经济活动，同时也具有深刻影响科学与文化发展的可能性，以及关乎每个个体的认知体系与心灵世界——正如传统出版在历史上所发挥的价值那样。

第一章　平台化出版的提出：背景、概念与本质

出版的数字化转型经历了电子化、数字化和网络化阶段，在经济社会发展较好的国家，电子化的数字出版早已式微，数字化和网络化则交织共存，而非简单的彼此取代。“从历史背景看，一些看似特别新奇的现象，也许表现出它们与过去的简单连续性。”①在数字出版的网络化阶段，产业实践中涌现了一批出版平台，激活了更多的出版主体，进一步整合了出版要素，提升了出版产业效率，逐渐形成了一股平台化转型的趋势。在此背景下，有必要对这一现象展开专题研究，从产业自发迈向学术自觉，以求更好地引导实践发展。

第一节　平台化出版的背景：媒介、知识与传播

美国学者阿姆瑞特·蒂瓦纳（Amrit Tiwana）认为，各种技术和非技术行业，诸如智能手机、家电、快餐、工艺机械、汽车、医学、专业服务等，向软件平台迁移存在五大驱动因素：（1）因需提供日益复杂的产品和服务而引致的专业化加深；（2）产品、服务、业务流程和活动的分包；

① 斯尔尼塞克．平台资本主义［M］．程水英，译．广州：广东人民出版社，2018：12.

（3）在众多行业中，将日常业务活动软件化；（4）“物联网”的涌现；（5）日益普及的廉价、快速的无线数字网络。[①]虽然其观点并不针对内容行业，对平台的理解也主要指向“软件平台”，但其基于内部因素与外部环境的系统性认知思维，依然对理解平台化出版具有启发意义。出版与平台是结构“平台化出版”概念的两个核心关键词，进一步地，媒介、知识与传播又成为认知出版与平台的切入口。在“媒介—知识—传播”结构的三维框架下，理解平台化出版的背景具有了一条明晰的路径。

一、媒介数字化

口语、书写、印刷引领了历史上三次重要的传播革命；而当比特成为信息编码方式后，传播革命就超越了单纯的物理技术范畴，这一方面彻底颠覆了信息的存在方式，另一方面也因其兼容性而为媒介融合奠定了技术基础，引发了又一场“古登堡革命”。“数字媒介不仅提供了我们社会生活的基础设施，而且提供了我们社会生活的结构”[②]，现代人生活在数字媒介构建的规则体系之内，表现在文化和社会越来越多地依赖于媒介及其逻辑的过程，即所谓“媒介化”。这一过程进而体现着二元性，即媒介在社会中获得半独立机构地位的同时，也被整合进其他社会机构和文化领域的社会生活中。[③]同样的，数字媒介与出版的勾连不断深化，所产生的影响正在出版的不同方面展现出来。

（一）“时空压缩”与媒介融合

1.“时空压缩”

哈罗德·伊尼斯（Harold Innis）将媒介分为“压缩空间”的媒介与

① 蒂瓦纳．平台生态系统：架构策划、治理与策略［M］．侯赟慧，赵驰，译．北京：北京大学出版社，2018：4-5.

② 霍华德．卡斯特论媒介［M］．殷晓蓉，译．北京：中国传媒大学出版社，2019：113.

③ 夏瓦．文化与社会的媒介化［M］．刘君，等译．上海：复旦大学出版社，2020：157.

“压缩时间”的媒介。例如，相比于甲骨、泥板、竹帛等，纸张更加便于携带，容易克服空间障碍，进行远距离传播，因此是空间偏向的、“压缩空间”的媒介；碑刻、雕塑、建筑等，更容易克服时间障碍，能够保存更久远的时间，因此是时间偏向的、“压缩时间”的媒介。照此逻辑，数字媒介属于“压缩空间”的媒介的范畴，一条短信、一封邮件，甚至一个数字图书馆（这早已超越了古人“学富五车”的想象极限），都可以借由网络传播到世界的任何角落；同时，数字媒介也意味着对时间的压缩：数字媒介在5G网络的支持下能够实现近乎瞬时传播，即便必须依附于某种物质载体，例如光盘、优盘等，也在小型化的优势下便于寄送，因此可以将数字媒介视为时间偏向的媒介，媒介数字化就是数字媒介压缩时间的过程。

媒介数字化导致的“时空压缩”，意味着对社交局限的冲破与人类视界的拓展：数字媒介制造了运输与传播的分离，制造了“另一个平行时空”，彼此距离遥远的两个人，他们的连接不再必须依托于物质性媒介，当然也就克服了物质性媒介在时空两个维度上的天然局限；数字媒介冲破了传统的时空观念，放大了人性欲望，拓展了人们探索未知领域的能力。其中的一个典型是虚拟现实技术创造的新型的身体在场方式——虚拟在场，使得身体正在回归、正在被激活。虚拟现实媒介允许人们超越身份——在虚拟现实世界里，他者的经验将可以全息地复制给你，甚至为此套用了“元宇宙”的概念来适配其未来的发展空间。

2. 媒介融合

媒介数字化意味着，“传统的书写失去其垄断地位，不再能独享其对时间和智慧的记录；这时，记忆仿佛不仅从人体的囚笼中解放出来，也（突然）从文字这种对人类感知能力有着特定要求的媒介束缚中胜利逃亡”[①]。数字媒介综合了以往媒介的诸多优点，例如除了压缩空间，还能同

① 彼得斯．对空言说：传播的观念史［M］．邓建国，译．上海：上海译文出版社，2017：202.

时传播不同形态的信息内容，调动听觉、视觉等多重感官。例如，印刷媒介就无法“真实”地还原出一个人的表情、音调，而只能把这些信息融入文字、留给想象，但这对于电视一类的影音媒介而言，则完全不存在表现障碍。当前，Web 2.0带来的互动性、参与性的网络媒介，更是重新定义了个性化的概念。“个性化的癖性和意义都能被记录和传输了，这折射出克尔凯郭尔话中的真理：偶然像必然一样必然。”[①]在这种对比之下，传统媒介在很多领域快速地失去了竞争优势。

媒介数字化使得信息和意义的生产进入了一个爆发式增长的历史时期，这一方面得益于数字媒介对于知识的记录与传播有着更强的成本优势——包括时间成本和经济成本，从而极大地释放了个体的表达欲望；另一方面也在于数字媒介席卷了传统媒介，表现为工业社会向信息社会过渡期间的独特事件——媒介融合。媒介融合是对不同媒介之间在介质和技术层面不断走向融合的质性描述。媒介融合构成了我们理解当代传媒生态，甚至是进行社会分析时不容忽视的重要背景和作用因素。在媒介融合的基础之上发生的管理和组织层面的融合被称为媒体融合，其本质是“媒介与社会的一体同构”[②]。考察媒介融合和媒体融合，要回归到媒介数字化这一起点上。

（二）媒介数字化之于出版的影响

媒介对出版的影响主要表现在知识载体、知识记录方式和复制技术三个方面，呈现出以技术为核心的外延式结构特征。师曾志认为，出版概念主要受到三个方面的制约：一是信息知识载体的不断变化，二是信息知识记录方式的不断丰富，三是信息知识复制技术的不断发展。[③]可以

① 彼得斯 . 对空言说：传播的观念史［M］. 邓建国，译 . 上海：上海译文出版社，2017：205.
② 龙小农，陈林茜 . 媒体融合的本质与驱动范式的选择［J］. 现代出版，2021（4）：39-47.
③ 师曾志 . 现代出版学［M］. 北京：北京大学出版社，2006：25，28-30.

看出，出版是始终围绕媒介技术展开的，或者说媒介技术深度影响着出版演化的底层逻辑。现代意义上的出版建立在纸媒之上，纸媒的特性制造了出版的规范和我们经验出版的方式，或者更确切地说，纸张形塑了人们自以为是的出版专业逻辑。例如，纸媒一旦经过印刷与发行就难以更改，这成为知识审查的重要原因之一；较高的印刷成本促使信息分层，并不是所有信息都能够成为被固化和传承的知识。“以经审查的著作作为实体的知识财产的特性直接地与纸的特性相关。传统的知识是纸的意外产物。”①

媒介融合的直接影响在于，其重新定义了出版的媒介起点。一方面，纸张只能承载图文符号，并且曾长期以文字符号为绝对主流，其直接影响是，图书在某种意义上标志着思想传播的终结。在数字媒介兴起后，纸张的垄断时代成为过去式，人们受到某种印刷惯习的操纵，或者只是想通过来自更为成熟的市场和受众的反馈来降低商业风险，开始以图书为起点进行跨媒介的衍生品创造。出版机构以图书为IP开发的起点，试图以此改善经营状况，即在一定程度上印证了这一点。另一方面，人们对数字媒介，比如在线课程、短视频等的偏好越发强烈，开始扭转出版机构的设想：图书不再是IP开发的起点，至少不再仅是IP开发的起点，而逐渐成为IP开发的终点，这种趋势正在得到越来越多案例的支撑。很多的内容作品，为了在一开始就能够快速吸引粉丝，选择了生产周期更短、更受欢迎的音视频、动画等形态，即使是图文形态的内容产品，也主要选择在网络社区发布，而非直接与出版机构合作，当然其中也存在传统出版门槛高的因素。在操作层面，出版机构开始转向知乎、微信公众平台、喜马拉雅FM等互联网平台，以寻找他们理想型的作者。媒介学在讨论“如何认识技术和/或文化”时，曾提出过一个类比：“对计算机工程师来说，参观法国工业技术展览馆也不是一件必要的事情。但是，一位艺术家总能从过往的艺术

① 温伯格．知识的边界［M］．胡泳，高美，译．太原：山西人民出版社，2014：72.

作品中学到新的东西。”①在纸质媒介和数字媒介共存的时代，两者之间出现了一种相互作用、互相转化的趋势。

用不同的出版媒介满足不同受众对象的诉求，在媒介确立人类主体地位、解放人类个性的时代，已经成为市场经济环境下的一条准则。德布雷认为，“符号要进入行动（符号的可操作性）取决于符号的存储，或者取决于符号的记录手段：代码没有垄断意义的权力”②。世界上不存在“没有载体、没有矢量的绝对讯息”，字体、开本、版式都能够配合内容传达出某些信息和思想，“这些对形态的安排是讯息本身的组成单位”③。正如麦克卢汉的名言，“媒介即讯息”。与之一脉相承的是，迈克尔·巴斯卡尔（Michael Bhaskar）用“框架”来解释出版。不同于海德格尔将技术理解为“框架”（也译“座架”），巴斯卡尔的“框架”既是内容的容器，也是内容的呈现，是“发行机制、渠道以及媒介”④。由此，我们看到的出版物，就应该被视为“框架—内容”，例如纸书就是纸张、油墨、印刷方式、文本、经济价值、社会身份等的结合；换到数字出版物上，理解模式并不会发生变化。在此意义上，“出版商不仅仅是图书的制造者，更是框架的打造者”⑤。这种思维提示出版业，在媒介极大丰富并走向融合的今天，出版并不只是无差别地推出产品，而是要有针对性地选择一种甚至几种媒介推出产品，因为这将影响到读者的阅读体验继而关系他们的购买决策。

在出版领域，容易被读者感知的媒介技术创新一般表现为载体创新和格式创新。当代出版载体创新的显著标志就是从纸读向屏读的转向。“屏”既有智能设备上的电子液晶屏，也有单色的电子墨水屏，现在一些色彩表

① 德布雷．媒介学引论［M］．李文玲，译．北京：中国传媒大学出版社，2014：60.
② 德布雷．媒介学宣言［M］．黄春柳，译．南京：南京大学出版社，2016：70.
③ 德布雷．媒介学宣言［M］．黄春柳，译．南京：南京大学出版社，2016：71.
④ 巴斯卡尔．内容之王：出版业的颠覆与重生［M］．赵丹，梁嘉馨，译．北京：机械工业出版社，2017：99.
⑤ 巴斯卡尔．内容之王：出版业的颠覆与重生［M］．赵丹，梁嘉馨，译．北京：机械工业出版社，2017：99.

现力不太强的彩色墨水屏也已经商业化。关于纸读和屏读的争论始终不息，至少表明目前两者都有广泛的应用场景和各自偏好的用户群体。现在给两者下结论为时尚早，甚至它们根本就是彼此互补而非相互取代的关系。但有一点是明确的：只有屏读才能实现即时的互动和更新，表现形式也更加立体和丰富。此外，虚拟现实技术将在教育（比如，呈现复杂的地理，复刻物理、化学实验）、技能培训（比如操作特种设备）、旅游观光等方面展现它的特殊重要价值。格式创新（事实上，用一种泛媒介的视角来看，格式创新也在媒介创新的范畴之内）则是出版能否在更为宽泛的内容产业中获得竞争优势的关键。"'书'只是一个复杂的基础设施的端点，越来越容易进入。即使端点顽固地保持不变，……那些生产和支持图书、为之注入生命的外部环境也正在以积极、包容的方式逐年变化。资金、印刷、交付、社区营造——所有生发和支持一本书的东西都在发生有意义的变化，即使容器本身没有变化。"[①]出版产品的多格式化是有其现实意义的。从内容视角看，要超越原有纸质书、电子书、数字产品的简单模式，拓展融合出版的产品体系，同时构建基于内容的图书、播客、音视频课程、短视频、纪录片、沙龙、论坛、展览、报纸、图书等的全媒体出版，建立以内容为核心能力的策划、开发、重组及有效的运营，形成核心产品和服务。从用户视角看，消费越来越个性化，如何满足个性化需求成为出版业面临的问题。因此，采用新的内容生产体系、新的内容挖掘机制，对内容进行数字式生产、主题式生产、分布式生产并以不同格式加以封装，是出版业的发展趋势。

值得注意的是，媒介数字化创造的极大丰富的产品类型和生产模式，同时向供需双方提出了一种"聚合性需求"。而目前的解决方案，正在越来越明朗地指向互联网平台。例如，微信公众号平台就可理解为一种媒介聚合型方案，对供给端而言，其提供了支持不同内容形态、互动方式的媒

① 胡泳．书的未来：重定义与再想象［J］．现代出版，2021（3）：26-35.

介功能，以及全流程的内容生产与传播的辅助工具、价值转化的对象和渠道；对需求端而言，通过其可接收平台原创内容，也可以接收由外部媒介渠道转载而来的内容。

二、知识网络化

媒介数字化的直接影响之一，就是使得之前只能以原子化形式存在的知识，转而大规模地以比特化为其存在形式。比特化是网络化的基础。如同我们要对出版进行数字化转型，不论转型的具体路径如何，第一步都绕不开要将知识比特化。电子书是传统出版媒体融合转型的出发点，就目前的市场境况而言，电子书并不是主要的销售形式或销售收入的主要来源，甚至单纯开发电子书无法收回成本，但电子书是出发点，它将知识比特化，缺少这个比特化的过程就无法推动高级形态的知识生产。[①]由迈克尔·哈特（Michael Hart）发起的古登堡计划（Project Gutenberg）试图校对、验证和格式化那些“美国版权已经过期的老作品”，主要是西方文化传统中的文学作品，也收录食谱、书目以及期刊，还包括一些如音频文件、乐谱文件等的非文本内容，至今已经形成了一个拥有超过6万种免费电子书的在线图书馆。[②]这一事实反映出媒介数字化之于知识网络化的前提性作用。

法国后现代思潮的领军人物之一弗朗索瓦·利奥塔（Jean-Francois Lyotard）认为，知识是外延最大的属概念，包括“求真”的科学知识、形成“好”的规范的伦理知识、关涉声音与视觉的感知的审美判断，以及被称为“叙事”的知识，其中叙事知识不仅拥有收集、整理、传递故事的能

① 于殿利．论媒体融合与出版的关系［J］．现代出版，2020（2）：59-65.

② 参见：古登堡计划官方网站 https://www.gutenberg.org，访问日期为 2022 年 1 月 6 日。

力，还有规定、评价和表达感情的内在功能。[①]美国组织理论家罗素·艾可夫（Russell Ackoff）在1988年提出了一个金字塔结构，其中的最底层是数据，向上依次是信息、知识、理解和智慧。在这种结构中，知识是信息的产出，信息是理解知识的必要过程。知识是“人们在改造世界的实践中所获得的认识和经验的总和”。彼得·伯克（Peter Burke）对“信息”和“知识”加以区分，认为“知识”是“经过‘深思熟虑’的、处理过的或系统化的”[②]信息。梳理这些知识理念能够发现，作为概念的“知识”至少存在两个特征：（1）不同学科视野下，知识的具体内涵存在差异；（2）知识是对信息进行某种形式处理后的产物，对人而言，其价值属性较一般信息而言更为突出。当知识遭遇网络并以网络化的形式存在和发展时，知识又被赋予了新的结构性特征。

（一）网络化与知识秩序的重构

网络化主要指向知识载体的变迁。“当发展、保存以及交流知识的媒介发生了改变，知识也随之发生了改变”[③]，新的媒介——网络，使得知识之间相互链接，理论上一切知识都凝结为一个有机整体，并且只增不灭。个人、机构、印刷品在面对网络的海量存储和快速检索能力时，都只能不断地进行自我调适——但不一定是被迫为之。知识的网络化（the networking of the knowledge）已经成为人类社会的基本背景。“当知识变得网络化之后，房间里最聪明的那个，已经不是站在屋子前头给我们上课的那个，也不是房间里所有人的群体智慧。房间里最聪明的人，是房间本身：是容纳了其中所有的人与思想，并把他们与外界相连的这个网。”[④]知识的网络

① 陈嘉明．现代性与后现代性十五讲［M］．北京：北京大学出版社，2006：216-220.
② 伯克．知识社会史（上卷）：从古登堡到狄德罗［M］．陈志宏，王婉旎，译．杭州：浙江大学出版社，2016：12.
③ 温伯格．知识的边界［M］．胡泳，高美，译．太原：山西人民出版社，2014：序言．
④ 温伯格．知识的边界［M］．胡泳，高美，译．太原：山西人民出版社：2014：序言．

化提升了知识的可获得性，人们不再必须进入大学、图书馆这样的特定机构才能获得专业和集中的知识，从这方面来看，网络成为知识新的基础设施。

知识的网络化并不简单表征网络对机构的破坏，现实中机构也在大规模地深度嵌入网络之中：一方面将现实世界中的模式及关系映射到网络世界之中，另一方面也在网络世界拓展新的模式与关系。此外，书报刊及其承载的知识，都在网络中被重新组织和定义了：图书中的篇章、报纸中的单条新闻、期刊中的文章，都普遍地被以一种碎片化的形式解构与再组织，成为颗粒度更为细密的知识传播单位，或者通过新的拼接方式而构成不同于之前的意义组合。社交媒体中的新闻、用于学术研究的专题文献数据库等，都是其中的典型。

印刷时代的知识的一大特点是，知识与其来源相互分离，这是令读者信任的重要机制。此外，信任还来源于链接：创办于1665年的《哲学汇刊》，一开始就在正文中提及相关研究，后来其引注形式不断走向规范。普赖斯认为："公开发表的每一篇论文都是在前人论文基础上建立起来的，又反过来成为后人论文的出发点。这种学术上一砖一瓦的积累，其最明显的表现形式莫过于对别人论文的参考引证了。"① 在网络时代，超链接的出现使得知识的信任机制得到了进一步强化和细化——任何知识皆可链接。"超链接的科学不仅将知识链接到它最初的来源，还将知识链接到知识被生产、使用、讨论、产生意义的语境和过程中。网络化科学的最终产物，不再是独立出版物所代表的知识。"② 超链接打破了作为知识载体的纸质出版物的框架，使得其独立性不复存在——知识之间相互跳转，互相证实或证伪，形成了一张漫无边界的知识之网。这引出了知识的结构性转变，即从树状结构转型为网状结构。纸媒的物质性客观上要求其必须被合理归

① 普赖斯．小科学，大科学［M］．宋剑耕，戴振飞，译．北京：世界科学社，1982：54.
② 温伯格．知识的边界［M］．胡泳，高美，译．太原：山西人民出版社，2014：244.

类，以方便读者检索，在近代公共图书馆诞生以后，这一点尤显重要。传统的图书分类法，例如在我国广泛使用的中国图书馆分类法、在国际上较为流行的杜威十进制分类法和美国国会图书馆分类法等，本质上都试图以一种主次分层的逻辑关系来组织知识的结构化。哈佛大学伯克曼互联网与社会中心资深研究员戴维·温伯格（David Weinberger）用“三阶秩序”来描述知识网络化的这种场景：一阶秩序是实体秩序，代表着知识本身，表现为承载知识的物质载体，比如图书，它必须被按照特定逻辑安排在特定位置，否则随着数量的增加将难以定位；二阶秩序是理性秩序，是通过元数据定位知识，是“信息的信息”，比如通过图书卡片上的基本信息在大量的馆藏中索引和定位你的需求；三阶秩序是数字秩序，是基于超链接的信息团块，因为知识被比特化，使得其可以按需同时存在于不同的体系之中。[①]知识网络化彻底打乱了原子时代逐级检索知识的模式，“属于参考书的时代”终结了。

（二）知识网络化之于出版的影响

许多学科，如哲学、人类学、（知识）社会学、传播学等，都将知识作为一个核心或近核心的概念。知识社会学领域的许多学者，都将出版史作为考察知识史的主要工具，其中既有研究对象和研究方法层面的考量，也不排除他们将出版、阅读与知识生产、传播等而视之的可能。反过来讲，考察知识，在某种意义上就是考察出版。在社会学家布尔迪厄、拉图尔等人的研究中，知识被主要规定在由传统的知识生产机构所产出的正式知识的框架之内加以考察。知识与一般信息的区别，主要表现为其对于人具有更高的价值属性，这与信息的存在方式本身并无必然联系。一般而言，我们并不质疑作为传统出版对象的知识，其前置的判断依据在于，在传统出版模式的高成本模式下，人的理性驱使人精心选择和加工信息，并

① 温伯格．万物皆无序［M］．李燕鸣，译．太原：山西人民出版社，2016.

确认这样的信息对一些人必然具有价值。然而，作为公共基础设施的网络，其信息的生产与传播的边际成本趋近于零，这在解放人的表达天性的同时，也滋生了大量相对无价值的信息。由此，出版在历史上形成的一些特定规则，在遭遇网络时产生了观念和操作层面的撕裂，也即传统出版的“网络化危机”。

在知识网络化背景下，作为权力表征的出版，其以选择、审查、修改、认证等为核心的规制权被极大地消解，“网络赋权”创造了一片广阔而“自由”的知识生产场域。一个相当明显的证据在于，由个人和商业机构广泛参与的自媒体成为广泛存在的新的知识生产主体。古登堡以降，传统出版经历了漫长的发育期和相对短暂的成熟期，而其所导致的主要结果之一，就是形成了以出版机构为核心的出版产业链条。即使在几乎所有出版人都意识到不得不转型的当下，出版产业链条的惯性依然将出版禁锢在印刷出版范式里。站在出版机构的视角来看，它自身很自然地继续作为出版的主体，以图书为核心产品，仅仅把互联网和数字化视作纸质书出版的“延长线”，即只会提高印刷出版的效率，却不会动摇印刷出版的范式。[①]然而，事实上出版早已不再是出版机构的独角戏，更加多元的主体正在涌入出版业，并带来了新的模式、逻辑、规则，扰动了传统出版原有的稳定场域。

第一，图书馆、大学、科研机构等在学术出版领域影响日盛。以高校图书馆为例，其在国外已发展出一套较为成熟的学术出版模式，被定义为“以图书馆为主体，借助其自主搭建的出版平台，以数字化的产品完成知识资源的传播和交流的一种服务模式”[②]，具体包括与出版社合作、与专家学者合作、成立独立的出版社、图书馆与出版社一体化等。很多图书馆设

① 刘影．转型和转场：范式转换视角下传统出版社数字化发展策略［J］．现代出版，2019（6）：41-46.

② 范家巧．高校图书馆学术出版服务研究［J］．现代出版，2019（1）：34-37.

有交流办公室、出版办公室等，一些高校也成立了自己的学术办公室，承担学术出版以及相关的学术联系、传播、评价等职能。

第二，自出版在西方世界快速发展。自出版是指在没有出版商参与的情况下，由作者出版图书的新兴出版业态，2008年，美国历史上首次出现了自出版图书品种数量超越传统图书品种数量的现象。[①]作者通过以Amazon Kindle Direct Publishing、Lulu.com等为代表的自出版平台，可以绕开传统出版商，而直接进行内容创作、编辑加工、版式设计、书号申请、定价、发布等。自出版这场有关出版的媒介赋权运动，向传统出版提出了严峻的挑战。与此逻辑一脉相承的，是近年来影子图书馆（shadow library）和网络百科全书的兴起。前者以Sci-Hub为代表，以全学科（knowledge to all）、无版权（no copyright）和开放获取（open access）的原则收录8000多万篇论文并免费提供给全球科研人员，致力于打破出版机构的付费墙限制，“消除科学道路上的障碍”；后者以维基百科为代表，目前收录超过5300万个条目，这些条目大部分由网民贡献，并接受基于社区规则的公共编辑。这些非官方的出版主体，同样代表了知识生产的一种取向。

第三，MCN成为优质内容产出的重要主体。MCN（Multi-Channel Network，多频道网络）最初是YouTube（优兔）平台和视频创作者之间的中介机构，其通过连接作者和平台，保障内容的持续稳定产出，沟通了内容的生产和传播环节，扮演了新型出版机构的角色。作为一种内容筛选、制造、包装机制，MCN整合了UGC（用户生产内容）、OGC（职业内容生产）两种模式，在垂直领域深度拓展，具有显著的信息价值和效率价值。在社交媒体崛起的当下，从市场反馈来看，MCN正在获得受众和广告主的认可，将成为垂直化账号的矩阵聚合体。MCN在重构内容产业生产逻辑的同时，也因其与出版近似的“经纪人”属性而在客观上给出版带来了新的

① 刘蒙之 . 美国图书出版业“自出版”现象初探［J］. 编辑之友，2012（7）：123-125.

市场启示。

以上列举的三种主体，都是知识网络化背景下的新型、典型知识生产主体的代表。站在传统出版的角度，它们似乎正在侵蚀传统出版的护城河，扰动原有稳定的产业秩序，制造新的市场不确定性。但如果基于出版发展宏观的、历时性的视角，传统出版机构是否依然能够如昨日那样代表社会生产力发展的方向，作为一种积极因素促进生产关系的转型与升级，进而获得其存在的法理性基础，以及如何锚定其在知识生产和社会进步的总体框架下的历史方位，都是值得关注的重要议题。

知识的价值属性从根本上规定着知识网络化将指向平台化。广义上的信息与作为纯化信息、效用信息、价值信息的知识，始终是出版活动的作用对象。网络制造和储存信息，作为信息中介机制的平台则基于某种规则或规则的集合，一般通过自组织的模式筛选和清洗信息，以超链接的形式在信息之间建立关系、生产意义，改变信息的混乱与无序状态，“制造知识”。从这一层面上讲，其已经接近于出版活动中编辑加工的功能性意义。

三、传播社会化

在15世纪的欧洲，掌握了印刷技术的印刷商们通常都会在整个欧洲漫游，以寻找赚钱的机会。他们的足迹和事迹构成了一种“书籍地理学”，属于很容易在讨论知识传播者时所忽略的部分之一，但这一群体之于知识的传播厥功至伟。17世纪晚期至19世纪初叶，地处闽西群山中的一个偏僻村落——四堡，成为持续繁荣300年的雕版印刷之乡。其中原因，不只在于其书籍之实用与价廉，还在于走遍山川的流动书贩和四堡人经营的大小书店。[①]传播之于出版的价值，由此可见一斑。

① 刘广东，刘大年．论传统出版转型的三维动因［J］．现代出版，2022（1）：92-101.

当前，传播环境的关键变量是传播的社会化。传播社会化意味着传播的主体、对象和方式的泛在化，“不只限于社交媒体，还包括每个互联网上的人，他们都在传播的节点上”[①]。在互联网时代，大众传播范式式微，以社交关系为纽带的社会化传播的效果和影响力不断增强，市场认可度、资本集聚度从侧面对此做出了注解。作为一种知识生产与知识传播活动，出版必然受到传播环境的影响与制约，这是基于传播社会化审视平台化出版的逻辑前提。

（一）传播主体的多样化与再部落化

当前，传播领域出现了一些新的现象和趋势：“传播者从专业媒体机构扩展到非媒体机构和个人，内容生产模式从组织化到社会化，传播模式从单向大众传播到以社交关系为纽带的互动式群体传播，传播渠道从互相分隔到跨界融合，传播对象从被动接受到参与信息生产，传播范围从地方化到全球化，传播效果从传者基本可控到传受双方共同发挥作用。”[②]这表明，传者、受者、媒介与方式，都正在与传统模式割裂。其中，作为新媒介的互联网成为一个最大的变量，其传播可供性被视为“网络赋权”，各类机构、组织和个人都被激活为新的传播主体，传播场域极大丰富，同时也意味着传播复杂性的极大增加。

人们通过互联网获取信息的两种主要方式，一种是通过搜索引擎，另一种是通过社交媒体。前者的优劣都十分明显：一方面，它让信息更为精准、快捷地为用户所获取；另一方面，它也在缺乏监管的情况下带来了一系列安全隐忧。例如，2015年一项关于搜索引擎操纵效应的研究显示，谷歌带有偏向的搜索算法可以很容易地改变摇摆选民超过20%的投票偏好，在某些群体中这一改变甚至可以达到80%，但几乎没有人知道他们正在被

① 谭天，张子俊．我国社交媒体的现状、发展与趋势［J］．编辑之友，2017（1）：20-25.

② 李凌凌．社会化传播背景下舆论场的重构［J］．中州学刊，2016（9）：160-163.

操纵。[①]后者则呈现出明显的圈层化特征，基于地缘、业缘、趣缘等将人们联系在一起，由于互联网的覆盖力和连接力，原本散落的“小众”也能聚合成具有一定规模的虚拟社群，亚文化由此获得了新的生存空间。麦克卢汉基于媒介视角，将人类社会划分为部落化、去部落化、再部落化三个阶段。电子媒介时代，“再部落化”的趋势打破了过去时间、空间、地域甚至国界等带来的传播交流的限制，各部落可以借助电子媒介，以兴趣爱好、年龄职业、城市社区或共同的文化价值观、政治倾向等作为聚集的纽带，形成通过媒介联系起来的跨越时空的部落群体。[②]在网络时代，电子时代的这种趋势被进一步加强了。

网络时代的“再部落化”集中表现为大量网络社群的存在，其正在使传播模式发生结构性变化。网络社群“可以视作网络中的狭义的‘群体’，是具有群体意识、群体归属感和一定的集体行动能力的利益、文化、生产等方面的‘共同体’”[③]，是在网络传播环境下需要给予重点关注的共同体。网络社群反映了互联网的自由精神，网络用户自由组合、结社，百度贴吧、微信群、豆瓣小组等，都可视为运营逻辑不同的网络社群。就网络社群的构建动机和人的社交天性而言，窄众化、圈层化和认知固化的特征正在网络社群中不断凸显。在此背景下，借由关系认同与情感共振等非理性因素建构圈层、群落之间的交流机制，实现“破圈”，正在成为新的社会课题。“破圈”的社会价值在于避免社会偏见和撕裂的发生，形成社会共识和协同等社会层面。有学者提出了两条路径：一是学会利用“非理性”的逻辑和要素去实现沟通和“破圈”；二是学会利用作为关系表达的内容去激活和形成圈层、社群和社区，为社会沟通与协同提供最为关键性的基

① 方诗诗 . 关于互联网，你需要知道的事［M］// 帕里泽 . 过滤泡：互联网对我们的隐秘操纵 . 方诗诗，杨媛，译 . 北京：中国人民大学出版社，2020：导读 .

② 宋常云 .“再部落化”时代基于感知的广播价值回归［J］. 编辑之友，2021（9）：41-46.

③ 彭兰 .“液态”“半液态”“气态”：网络共同体的“三态”［J］. 国际新闻界，2020，42（10）：37-47.

础关系资源。[①]

（二）传播社会化之于出版的影响

出版是知识公开化的方式[②]，公开化即知识的发布与传播，它使知识从私人领域进入大众领域，公开化为知识赋予了社会意义。知识曾经作为目的本身而存在，行会、手工作坊等对技术知识的垄断也是一类典型，这导致的后果是，知识无法累积，就难以实现“站在巨人肩膀上”的创新。1844年，也就是跟随“小猎犬号”航行归来的第八年，达尔文完成了有关进化论的手稿，但他决定要在去世后再出版。直到1857年，一名年轻的博物学家华莱士（Alfred Russel Wallace）致信达尔文，提出了和达尔文进化论基本相似的理论。此时，达尔文感到了压力，他依然希望成为该理论的首创者。次年，伦敦林奈学会安排宣读了华莱士的一篇文章和达尔文的两篇文章，但未引起太大反响，直到林奈学会在自己的刊物上出版了它们，达尔文的观点才在科学圈引发关注。这段历史恰恰说明，知识价值的实现关键在于传播，进一步讲，出版要重视传播环节，要合理利用技术、环境等要素促进传播。

传播社会化为出版传播带来了新的发展契机。出版业主动或被动地融入了互联网传播环境，一方面发掘优质的传播主体，充实、扩展作者资源。社会化传播促使UGC模式广泛流行，极大地释放了大众表达欲望，网络空间中得以涌现出大量优质内容创作者，成为等待出版业深入挖掘的“作者资源宝库”。另一方面，出版业利用社会化方式放大了传播效果，发现用户之间的相似属性，融入或者创造用户社群，提供有温度的、有价值的社群服务，做好日常运营。公共“流量池”的价值正在衰减，“私域流

① 喻国明．“破圈”：未来社会发展中至为关键的重大命题［J］．新闻与写作，2021（6）：1.

② 孙玮，李梦颖．数字出版：超文本与交互性的知识生产新形态［J］．现代出版，2021（3）：11-16.

量”逐渐体现出其巨大的商业价值，出版业的“私域流量”不只为本行业创造了新的价值空间，也可以通过适当方式实现跨行业、跨领域的价值转化。

当传统出版模式逐步固化为大众传播范式后，这种以出版机构为本位的精英化的机制在网络时代遭遇了危机。由此，网络成为导致传统出版转型的最大变量，同时也意味着网络作为传统出版转型的关键，这奠定了出版平台化转型的外部基础，平台成为结构和组织出版活动的新型中介。①

传播社会化将出版传播引向互联网，但其影响则不只涉及出版传播环节，由于网络传播情境下内容供给者与内容消费者边界的模糊，两者的相互影响、相互转化非常频繁，因此这种影响还关联到出版生产环节。“在内容生产环节，社会化媒体通过自身机制让用户创造的内容价值化，从而逐渐成为内容生产的基础性平台。”②网络环境给出版提供了同时勾连内容生产与传播的新场景，创造了出版新的想象空间，从产业角度来看，独占渠道的动机客观上具有促成平台化转向的可能性。

第二节　平台化出版的概念

媒介、知识与传播是结构出版的核心要素。媒介数字化、知识网络化与传播社会化，都以各自的发展逻辑导向平台。本节尝试从以上宏观背景出发，探求出版与平台之间走向融合的趋势与路径，进而提出本书的核心议题——平台化出版。

---

① 刘广东，刘大年 . 论传统出版转型的三维动因［J］. 现代出版，2022（1）：92-101.

② 武云 . 简论社会化媒体对出版价值链的重构［J］. 出版参考，2016（6）：24-25.

一、理解平台：多重视角下的综合

本书中的“平台”专指互联网平台。平台是“建立在一系列通信技术（硬件）和连接规则（软件）基础上的网络通用服务”[①]，即平台必须依赖于信息传输装置及相关电信协议来维持其运转。随着平台不断渗透进不同产业门类与社会生活，“平台”一词也衍生出“不同层次的逻辑含义，例如计算层面（computational）、架构层面（architectural）、政治层面（political）、抽象比喻（figurative）等多个维度”[②]。本书从四个层面——数字技术、信息中介、关系整合、商业模式——拆解平台概念，以进一步了解平台化出版。

（一）作为数字技术的平台

数字技术是指将信息比特化后进行运算、加工、存储、传送、传播、还原的技术，是现代信息技术的基础。平台是数字技术架构起的应用产物，平台上的一切信息存在及其流动，本质上都是数字技术的运行结果。平台一般被认为由基础架构层和逻辑层作为支撑（见图1-1）。基础架构层和逻辑层共同构成电信层，作为传播（连接）的基础技术架构，保障了整个社会相互连接与传播的技术可供性。平台层是传播（连接）的基础功能架构，实现了社会连接与传播的功能可供性。[③]

① 喻国明，李彪．互联网平台的特性、本质、价值与“越界”的社会治理［J］．全球传媒学刊，2021，8（4）：3-18.

② 范·迪克．平台化逻辑与平台社会：对话前荷兰皇家艺术和科学院主席何塞·范·迪克［J］．孙少晶，陶禹舟，译．国际新闻界，2021，43（9）：49-59.

③ 喻国明，李彪．互联网平台的特性、本质、价值与“越界”的社会治理［J］．全球传媒学刊，2021，8（4）：3-18.

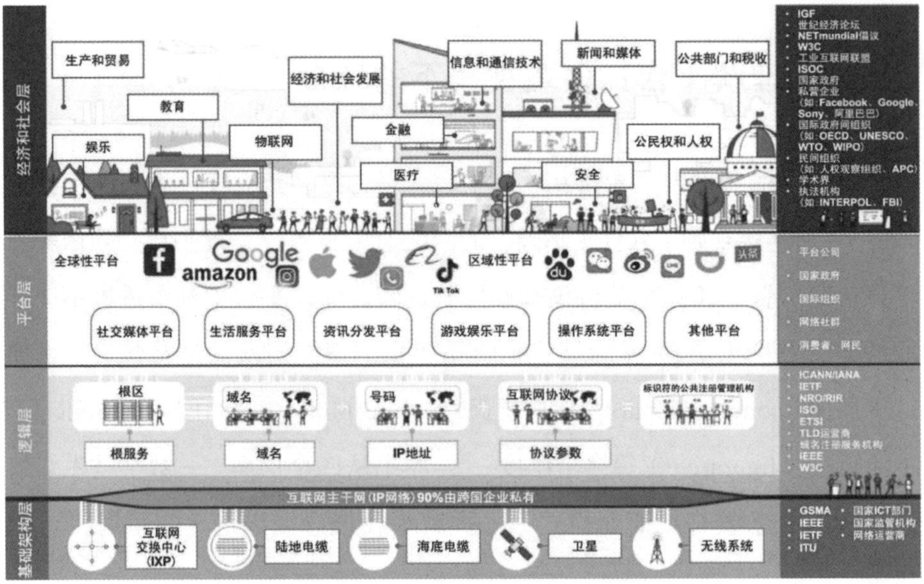

图 1-1　网络空间全球治理体系结构图[①]

数字技术是一个集合概念，当前，面向社会大众的应用型平台所涉及的数字技术，主要包括“ABC技术”，即AI（人工智能）、Big Data（大数据）、Cloud（云计算），以及区块链技术等。其中，人工智能主要包括图像识别、语言识别、自然语言处理、自动规划、专家系统等；大数据最初有明确的量化指标，指数据量EB（ExaByte，260比特）级、处理时间毫秒级，后来泛指对较大数据量的处理与应用技术，根据麦肯锡的定义，大数据具有海量的数据规模（volume）、快速的数据流转（velocity）、多样的数据类型（variety）、价值密度低（value）、数据真实性（veracity）的“5V”特征；云计算基于计算机网络的分布式特征，是分布式计算、效用计算、负载均衡、并行计算、网络存储、热备份冗杂和虚拟化等计算机技术混合演进并跃升的结果[②]；区块链是一个分布式的共享账本和数据库，能够标记数据的唯一性，是建立可信网络的重要技术基础，2019年10月24日，在

① 崔保国，刘金河．论网络空间中的平台治理［J］．全球传媒学刊，2020，7（1）：86-101.

② 许子明，田杨锋．云计算的发展历史及其应用［J］．信息记录材料，2018，19（8）：66-67.

中共中央政治局第十八次集体学习时，习近平总书记强调，“把区块链作为核心技术自主创新重要突破口”“加快推动区块链技术和产业创新发展”。

（二）作为信息中介的平台

在物理层面，互联网上的信息事实上存储于服务器，但其载体和终端则表现为软件化的平台。平台是互联网上重要的信息聚合与分发的节点。这意味着，平台既作为储存信息的仓房，又作为传输信息的管道，还作为表达信息的界面。根据价值属性的不同，大多数平台都存在一定的信息偏好，平台的重要目的之一就是促进相同或相近类属的信息在本平台上的流动，平台就在信息流动之中完成其价值的创造与积累。

平台是人本主义的技术反映。一般而言，连接意味着信息的自由流动，这意味着表达与交流的民主化。以门户网站为典型代表的Web 1.0时代，其信息传播机制相对静态、单向，建立的是人与信息的关系，满足用户对信息搜索和聚合的需求。进入Web 2.0时代，人与人的关系得以建立，用户之间实现了双向交互，用户参与到互联网价值创造的过程中，极大地降低了交易成本，提升了社会效率。特别是移动互联网的普及，使得互联网的应用场景日常化、生活化，这为Web 2.0带来了新一轮发展高潮。2004年，首届Web 2.0峰会（Web 2.0 Conference）在美国召开，出版商O’ Reilly Media的创始人兼CEO蒂姆·奥莱利（Tim O’Reilly）在主持开幕式时首次提出了“网络平台”（web as platform）的概念。平台成为Web 2.0时代互联网重构社会关系网络的组织方式。有学者提出，作为广泛的参与式社交网络，Web 2.0是以“平台化”为基本媒介逻辑的：无论机构还是个体，首先都要接入平台，然后再以平台为场景开始新的竞争。①

作为信息中介的平台在生产与传播两端，都体现出范式转换的取向。

① 常江，朱思垒．作为知识生产的数字出版：媒介逻辑与文化生态［J］．现代出版，2021（5）：19-24.

由Web 1.0到Web 2.0，从生产的视角看，信息机制从专业化生产转向以社会化生产为主的模式；从传播的视角看，信息机制经历了从“撒播式”的大众传播到“对话式”的人际传播模式的转变。门户网站与社交媒体分别作为两个时代的典型代表而存在：对于用户而言，门户网站的信息机制倾向于被动推荐，而社交媒体的信息机制则赋予了用户更大的主动选择空间。

（三）作为关系整合的平台

平台即关系的整合，这是平台作为信息中介的逻辑延伸。信息中介意味着平台至少勾连了两个对象，对象之间借由平台建立起新的关系。众多对象在平台之上的聚合，进一步造成了关系的复杂化，不同对象之间的连接构成了关系网络。

历史经验表明，媒介为社会关系的存在和发展服务，媒介的每一次进步都会带来一场社会关系的震荡和重构。[①]作为一种信息机制的平台映射了用户的社会关系网络，使得平台成为“另一个平行时空”。随着线上与线下产生越来越多的互动与融合，社会关系网络得以在一种新的整合式的规则体系内运行和演化，线下关系在线上得到不同程度、不同形式的转型，而不再是简单的映射与搬迁的关系。例如，现实世界中个体的社会地位、生活境遇等，在网络世界中可能有完全不同的状态，同一个体在不同平台之间也可能呈现出完全不同的状态。

从传播的关系范式或传播的仪式观来看，媒介是关系的居间者——为我们建立与呈现空间，并构成我们的观念和意义。[②]从微观层面来看，平台正在成为关系得以建立的主要入口，以及关系长期维系的主要载体。在社交媒体平台上，阅读、点赞、收藏、打赏、转发、评论等，都表现为一

① 孟盈．论媒介与社会关系在发展中的交互促进［J］．复旦学报（社会科学版），2010（4）：136-140.

② 喻国明，耿晓梦．算法即媒介：算法范式对媒介逻辑的重构［J］．编辑之友，2020（7）：45-51.

种关系，并且隐喻着关系连接的强度。在因地缘、业缘、趣缘等各种因素建构的虚拟社群中，用户之间可能素未谋面，但依然能够建立起稳定的关系，进而开展社交，这完全超越了真实世界中权力体系下的科层关系，以及情感体系下的亲友关系。这种泛在化的虚拟人际关系，构成了存在于平台之上的网络社会。平台在建立连接、沟通关系的同时，还附加特定的信任机制，过滤和筛选信息，以在更大程度上赋予平台用户以信任。用户之间的信任，一定程度上是以对平台的信任为基础的。除了人际关系，人与物的关系同样体现在平台上，表现出主体与客体的二元性。在此，物即符号，是信息化了的物；既可以是现实映射物，也可以是纯粹虚拟物。

（四）作为商业模式的平台

关于商业模式，目前为管理学界所普遍接受的解释，是由来自瑞士洛桑大学的两位研究人员 Alexander Osterwalder（亚历山大·奥斯特瓦德）和 Yves Pigneur（伊夫·皮尼厄），以及洛桑联邦理工学院副教授Christopher L. Tucci共同提出的。他们认为，商业模式是包含一组元素及其关系，并允许表达特定公司的业务逻辑的一种概念工具。它描述了一家公司向一个或多个客户细分市场提供的价值，以及该公司的架构及其合作伙伴网络，用于创造、营销和交付该价值和关系资本，以产生盈利和可持续的收入流。[①] 据此，商业模式的创新即指向商业模式要素的改变，以及商业模式要素之间关系的改变，目的是更好地进行资源配置，有效提高企业与外部环境进行价值交换的能力。[②]

平台是商业模式创新的典型标志。一般而言，传统商业模式仅面向单

① OSTERWALDER A，PIGNEUR Y，TUCCI C L. Clarifying business models：origins，present，and future of the concept［J］. Communications of the association for information systems，2005（16）：1-25.

② 邓华，等 . 平台型企业商业模式创新研究［M］. 成都：四川大学出版社，2019：2.

边市场，企业想实现盈利需要尽可能地压低成本、提高价格，生产和创新都发生在企业内部，并且由企业自主承担成本与风险。在平台模式下，平台将生产和创新外包给外部合作伙伴，平台所有者共享收益，这就使得平台处于一种轻资产化的运营模式之下，极大地分散了自身风险。蒂瓦纳认为："平台模式将成千上万个小公司的脑力及其对成功的渴求融合，让市场来决定成败。具有市场约束力的专业知识的强力组合，将能以超越常规商业模式数量级的速度孵化创新。"[①]因此，平台模式的成功不只依赖于平台所有者，还需要依赖于平台生态中的各利益相关方，关键在于平台能否构建各方统一的价值和目标。

在产业界，按照所涉及的行业和领域，互联网平台可简单划分为7大类共21种原型（见表1-1）。[②]这也是目前较为通用的平台分类方法。

表 1-1　互联网平台原型一览

领域	原型
电商	C2C 电商平台、B2C 商城平台、B2B 交易平台
服务	固定服务交易平台、流动服务交易平台、专业服务交易平台
社交	即时通信、社交网络、社交开放平台
信息	门户式内容资讯平台、内容社区、搜索引擎作为平台
金融	电子支付与在线支付平台、资金交易平台、资产交易平台
技术	操作系统 + 应用商店、云服务平台、大数据应用与人工智能平台
其他	知识协作与软件开源平台、公益慈善平台、标准与核心组件作为平台

随着技术的发展以及技术对生产生活各领域的渗透与改造，这些平台原型将无法完整概括所有的平台类型。即便是在当下，我们也能发现，现实中应用层面的平台，往往不再是单一功能或单一面向的，而是集成了多个功能、多个领域的大型平台（集群），例如以即时通信为核心功能的微

① 蒂瓦纳．平台生态系统：架构策划、治理与策略［M］．侯赟慧，赵驰，译．北京：北京大学出版社，2018：6.

② 方军，程明霞，徐思彦．平台时代［M］．北京：机械工业出版社，2018：188.

信，就集成了内容社区（微信公众平台）、B2C商城（微店）、电子支付（微信支付）、（类）应用商店（微信小程序）等诸多原型平台的功能。围绕核心平台构成的平台集群，能够实现流量互引，对于用户而言具有更好的交互性和统一性，降低了用户在不同平台之间不断跳转的使用成本，在商业层面提升了各相关平台的整体竞争力和盈利能力，成为一种普遍的平台组织架构模式。

二、平台化出版的概念与特征

理解平台的四重视角构成了理解平台化出版的基础，同时在宏观尺度上反映出平台化出版的运作方式与意义空间。厘清平台化出版的概念有助于明晰研究的内涵、外延和边界，是展开研究的基本前提。

（一）平台化出版的概念

知识的生产与传播，以及对知识的阅读和接受，都在大规模地转移到平台上。平台作为数字技术、信息中介、关系整合与商业模式的四重属性，以及平台对社会各领域，甚至是作为行为主体的个人的渗透、改造的范围的延展与程度的加深，使得平台普遍向基础设施的方向发展，并使得知识与平台之间形成了一种稳定的依赖关系。平台化被理解为具体社会语境中各方力量围绕平台展开的不断连接、协商、断裂的一组动态关系，[①]同时体现出过程性与趋势性的意涵，即在特定历史时空中的过程化（proceduralization）和语境化（contextualization），[②]以及一种去概念化的价值追求。

① 管泽旭，张琳．阿里巴巴的进化史与小资本主义的平台化：对本土语境平台化的考察［J］．国际新闻界，2020，42（2）：28-49.

② 姬德强，朱泓宇．传播与媒体研究的平台化转向：概念基础、理论路径与动力机制［J］．现代传播（中国传媒大学学报），2021，43（11）：33-38.

平台化出版以互联网平台为技术基础和组织形态。平台化出版即以互联网平台为基础，由硬件、软件、交互界面等构成的，用于出版生产及传播的一套基础架构及相应的规则体系。平台化出版是数字出版发展到相对成熟阶段的产物，是对出版发展方向的表征，是出版要素与平台模式实现有机融合的过程，“化”体现了其作为一种出版已然（不论是否承认）身处其中的过程和一种未来的发展趋势。平台化出版的结果或可称为“平台出版”，可能不仅是一种出版模式，更是一个出版阶段，但这有待实践的进一步发展，以提供更多现实例证。

需要说明的是，本书所谓平台化，并不具体针对出版的某个或某几个流程，例如只是针对发行环节建构的网络图书购销平台；而是指向出版的全流程、全领域、全媒介，实现出版的信息流、资金流、物流的平台化。由于商业模式显而易见的不稳定性，以及不同内容类别和表现形式的差异，当下的平台化出版总体呈现出一派“生机勃勃的混乱景观”。

本书将出版解构为生产和传播两个环节，分别表征内容产品的价值凝结与价值发散过程。前者涵括筛选、加工、封装过程；后者涵括推介、购销、基于传播目的的二次创作，以及更为宽泛的受众阅读与接受，及其具有强因果联系或其他强相关性的社会影响过程。在此观念指导下，平台化出版已然不是一种当下刚刚生发的新事物。我们可以将出版生产过程中，诸如企业流程化管理的ERP系统，以及出版传播过程中，诸如独立的第三方图书电子商务平台视为平台化出版的初级表现形式。其往往只关涉出版的某一流程，或是某几个流程的组合，而非一种全流程、全领域、全媒介的贯通，故可称为平台化出版的预备形态。由此，我们将这种贯通全流程、全领域、全媒介的出版平台视为真正的平台化出版形态。从使用对象这一最为宽泛的角度来看，平台既可以是企业内部生产、管理、后勤等各环节和流程的数字化办公系统，也可以是面向市场、主要解决供需双方连接问题的开放平台。本书讨论的平台化出版，无意于过多关注缺乏出版行业属性的前者。

（二）平台化出版的特征

对平台化出版这一指称的描述，尽量回避将其拆解为一些特定要素，进而将其简单理解为某些要素的集合，而应该依托于整体特性进行把握，正如美国最高法院原大法官波特·斯图尔特（Potter Stewart）对“色情资料”的理解：“我并不想试图去定义色情资料到底该包含哪些要素，甚至可能我也根本做不到这一点，但我明白，一旦我看到它（指色情资料），我就知道它是。”[①] 本书所谓平台化出版，具有如下具体特征：

1. 双边性

双边性是指平台化出版应具有显著的双边市场特征。双边市场应满足以下条件：（1）存在一个运作平台的企业和两组性质不同的双边用户，他们通过平台互动；（2）双边用户之间存在显著的、他们自己无法内部化的跨边网络外部性；（3）平台企业对双边用户的价格结构是非中性的，在保持价格总水平不变的情况下，两边价格的再分配将影响整体经济产出（总量、利润和/或福利）。[②] 例如，中国知网与中央党校（国家行政学院）合作推出的，服务于党政领导干部及广大党员群众终身学习的专业理论支撑平台——中共党史新型学习平台，该平台以视频课程为核心，按视频知识点汇聚相关理论成果，用户点击视频目录文字直接跳转到对应播放位置，本质上只实现了数字化知识的单向输出，并没有实质性地降低供需双方的交易（并不限于经济价值交换的单一维度）成本，虽冠以“平台”之名，也是平台的一种典型形态，却未能构建、连接起双边市场，因此本质上仍属于一个出版产品，本书并不将其纳入研究视野，即本书所谓平台具体是

① 米勒，佩奇 . 复杂适应系统：社会生活计算模型导论［M］. 隆云滔，译 . 上海：上海人民出版社，2020：4.

② 陈应龙 . 双边市场中平台企业的商业模式研究［M］. 杭州：浙江大学出版社，2016：62.

在双边市场情境下展开的。值得指出的是，这类产品在聚合起大量的单边用户之后，具有转化为平台的较大可能性。在一些具体的平台模式中，平台不只涉及双边，有时也会涉及多边，例如外卖平台至少沟通了饭店、食客和配送员三方，但双边理论的解释力一般能够覆盖多边情形，因此本书在具体行文中并不对二者做严格区分。

2. 外部性

当一个人从事一种影响旁观者福利但对这种影响既不付报酬又得不到报酬的活动时，就产生了外部性（externality）。①对旁观者不利的影响为负外部性，对旁观者有利的影响即为正外部性。互联网平台表现出较强的外部性内在化特征，即改变激励以使人们考虑到自己行为的外部效应。任何活动都具有产生外部性的可能，本书所谓外部性是指与互联网平台外部性具有内在一致性的一类。总体来看，现阶段互联网平台的正外部性更为突出。在大多数情况下，互联网平台上的内容型产品近乎无边际成本的可复制性，使得用户之间的合作关系远超竞争关系。网络外部性存在两种主要表现形式：第一种，在双边市场情况下，对平台上的生产者与消费者而言，一方的效益和价值在很大程度上取决于另一方的数量。经济学家吴敬琏认为，“从经济学角度看，平台经济的一个特征就在于规模形成正反馈状态，而一般的产业规模达到一定程度就变为规模经济。其中，不但有生产方的规模经济，而且有消费方的规模经济”②。第二种，当平台跨界进入新的市场领域后，双边市场变成多边市场，意味着原始用户可以对接到数量更多、类型更为丰富的新用户，实现跨领域的资源匹配。

3. 生态性

平台的本质是连接，以低成本建立关系，从而降低信息流通成本，加

① 曼昆．经济学原理：微观经济学分册［M］．梁小民，梁砾，译．8 版．北京：北京大学出版社，2020：203.

② 叶秀敏．平台经济理论与实践［M］．北京：中国社会科学出版社，2018：42-43.

速社会资源的合理匹配。互联网去中心化的技术本质，根本上规定了平台抱持价值共创、利益共享的理念，这种理念进一步决定了只有关联并赋能各利益主体，构建以平台为核心的开放式生态系统，平台才能够实现价值循环和自我生长。例如，阿里巴巴旗下的网购零售平台淘宝网，通过构建连接卖家和买家的可信交易机制，创造了围绕平台，包括卖家、买家、职业推手、虚拟店铺装修、支付、物流、售后服务等在内的生态系统，极大地降低了社会交易成本，逐渐成长为全球知名的电子商务平台。此外，值得一提的是，生态性一般表现出不断向外拓展的趋势，即吸收和融入新的生态主体、扩大生态系统范畴的趋势；不同生态系统之间也可能经由特定生态主体或某种连接方式，而逐渐走向融合，最终形成一个规模更大、包容性更强的新的生态系统。基于平台赋能的生态性成为平台价值的重要标志之一。

第三节　平台化出版的本质

印刷商构成了早期专业出版机构的主体。为了降低经营风险、扩大收入，一方面必须了解读者的偏好，另一方面图书必须被销售到距离印刷地更远的地方。例如在18世纪的英国，借由小商贩的长途跋涉，图书得以销往广大乡村地区。但他们除了贩书，也同时兼营药品，“书商和出版商的兴起，在很大程度上要归功于药品销售的利润”①。出版商和书商成为图书业专业分工中的重要角色。而随着印刷技术和交通条件的改善，印刷商和书商都退居次要位置，出版商最终成为整个产业链的主导。这种格局的重要影响在于，出版商在事实和观念层面都从“中介”成为“中心”，于是更多的精力被投放到专业分工赋予的知识生产环节，对其他产业链中的环

① 伊尼斯．传播的偏向［M］．何道宽，译．北京：中国传媒大学出版社，2015：193-194.

节，如销售环节的应有关注则付之阙如。即便是在当下，大多数出版机构对编辑的考核机制依然围绕出版物的品种数量展开。然而，传播环境已被互联网重新组织，新的内容生产与传播生态展示出越来越强的竞争力，以旧媒介事实上对新媒介的“投靠”为特征的媒介融合同样影响到出版业，信息的极大丰富导致“人找信息”逆转为“信息找人”，对受众的关注被提到前所未有的高度。将出版从内容的生产环节延伸到（或者说恢复到）传播环节，逐渐成为一种基本的行业共识。内容市场的极大丰富，买方市场格局的稳定发展，都在这种共识的凝结过程中发挥了作用。同时，受到日常生活节奏加快、媒介革命、阅读偏好转移等因素的综合影响，内容产品在形式上逐渐多样化、短篇化甚至碎片化，基于实体化产品的传统发行观念也必将过渡到更为宽泛的传播观念。

本书从内容的生产与传播两个维度来理解平台化出版的本质，在肯定平台作为新型出版基础设施的前提下，进一步提出，平台化出版的本质是新型内容生产中介和新型内容交易/传播市集。以下对这两点本质的阐释更多关注产业层面，关于其社会层面的价值和意义，将在结语部分作简单讨论。

一、新型内容生产中介

平台化出版的第一个本质是新型内容生产中介。“互联网不是去中介化，而是互联网完全重构价值链，把领域格局变成‘生产者—平台—消费者’的格局，自己成为全新的、更高效的中介者。”[①] 平台化出版是对出版活动组织形式的变革，对于市场而言，平台扮演了连接者、匹配者和市场规则设计者的角色，使得组织效率相比传统出版有了极大提升。这种更高的组织效率主要依托于三个方面：数据、自组织与关系绑定。

① 方军，程明霞，徐思彦.平台时代［M］.北京：机械工业出版社，2018：8.

互联网时代，数据被视为重要的资产和生产力。传统出版难以有效获取和整合数据，数据的结构化和准确性也难以保证，同时单一机构的数据样本小，也为数据的推广应用设置了障碍。但对于平台化出版而言，借由大数据分析工具，平台在保证用户隐私的前提下展开行为追踪、分析和预测，将用户数据转化为决策依据。这意味着，传统出版模式下基于编辑个体经验展开的选题规划活动，将被更为科学的“数据+算力+算法”取代，既降低了市场风险，也降低了为制定决策而耗费的沟通与协调成本。

自组织即“自行、自我组织起来的过程”[①]，在当代自组织科学的理论群中，存在耗散结构理论、超循环论、协同学、突变论等主要学科，在复杂科学领域有广泛研究，并且对自然科学问题和社会科学问题都具有解释力。例如，有学者将自组织协同学理论引入关于媒体融合生态系统的研究中，认为该理论可以作为媒介融合生态化协同治理的内部动力机制。[②]在平台化出版中，自组织主要表现在两个方面：第一，通过“看不见的手”实现供需调节，使得平台内容诸如板块设置、双边激励等具备自组织的特征；第二，对于双边用户以及单边用户内部的互动关系，平台通过虚拟社群实现连接，自然产生意见领袖，并主要以非经济回报的方式激励成员自我管理，进而形成某种特定的文化氛围。围绕平台构成的利益共同体，通过自我导向、自我激励、自我约束、自我发展，朝向总体价值最大化的方向推进。

关系绑定指出版的生产、消费及各相关环节，与平台本身存在强依附关系。作者通过平台创作和发布作品，读者通过平台筛选、阅读和传播作品，双方的互动以及各群体内部的互动也发生在平台之上。此外，平台往往通过社群运营、订阅付费、格式限制等进一步绑定用户。这远远超越了

① 沈小峰，等．自组织的哲学：一种新的自然观和科学观［M］．北京：中共中央党校出版社，1993：18.

② 权玺．生态化协同治理：媒体深度融合发展的逻辑取向与创新应变［J］．编辑之友，2021（10）：43-48.

传统出版对读者的把握能力。

二、新型内容交易/传播市集

平台化出版的第二个本质是新型内容交易/传播“市集”。

经济可以分为两个相互关联的层面：一个是通过有形资本、劳动力和其他投入，进行生产、雇用、买卖、投资等活动的有形的层面；另一个是生成并交换信息和知识，建立关系（协调），然后做出各种决定的无形的层面。两个层面的融合构成了维持经济运转的ICD层，即信息（information）、协调（coordination）和决策（decision）层。在当下生产相对过剩的情况下，无形层面的价值进一步凸显出来。依托于传统社会关系网络建立的ICD层，通常对物理距离有要求，表现为经济活动的区域性，但这本质上与经济活动的内在追求相冲突，换句话说，打破空间限制是经济活动的内在追求。

市集是人类社会为实现物质交换而自然形成的贸易场所，按固定周期在特定时间举办，在城镇出现后则逐渐形成固定的贸易街区。市集本质上是小农经济的产物，个体生产者规模较小，自主建立面向广泛市场的销售渠道是规模不经济的，从这一层面上讲，市集是在无法超越时空局限的技术背景下进行信息（价格）和实物交换的经济机制，在特定历史阶段代表着群体效率。随着信息技术的发展，信息交换转移到线上，实物交换通过第三方物流达成，在线化的虚拟市集实现了信息交换与实物交换的分离。销售宽泛商品的线下市集相对衰落，但专门化的线下市集仍然在经济和社会运行中发挥效率价值，比如具有强本地性的菜市场，以及具有区域集群属性的专门化的药材市集、小商品市集等。有学者提出，传统市集受制于空间、管理成本和交易成本，因而其只在特定市场范围内是有效的，一旦交易范围超越一定临界值，其将在效率上落后于大型企业建立的私有销售渠道。因此可以说，互联网经济的发展刺激了市集组织的复兴。[①]在线市集的时空超越性进一步激发了大规模生产，促进了信息社会与工业社会的深度交融。

平台对市集而言扮演了三重角色：其一，平台是市集的构建者，通过特定的网络架构建立起围绕内容生产者与消费者的连接，同时吸引生态化的利益相关方的附着，为各方提供交易场所和可信交易机制；其二，平台是市集的管理者，既监督产品质量，使内容不逾越法律规范和道德约束，又监督生产者和消费者的交易过程，还在特定情况下处理平台外部的盗版侵权行为；其三，平台有时也是市集中的生产者，自主组织内容生产，并在平台内部实现交易，此外平台的规则供给在某种意义上也可以视为一种生产行为。

① 吴义爽，王节祥．平台组织、战略与产业发展［M］．北京：经济管理出版社，2017：42.

第二章 平台化出版的逻辑：平台与出版的结构互嵌与规则互嵌

平台与出版是理解平台化出版的两条基本主线。讨论平台化出版问题，必然无法脱离对平台与出版之间关系的考察，并且这种关系的厘清意味着对平台化出版基本逻辑的追溯。理解平台化出版的逻辑，一方面要基于出版的专业视角，另一方面也要跳出出版看出版。基于一种朴素的普遍联系的观念，本书认为，平台化出版的逻辑不是平台逻辑与出版逻辑的机械组合，也不是所谓出版完全抛弃传统模式转向平台，恰如我们不能将媒体融合理解为不同媒体之间的简单相加，或者传统媒体单方面转向新媒体。当二者以形式上的结合构建出一种全新的内容生产与传播形态时，很大程度上将会同时促发一种全新的内容生产与传播逻辑。厘清平台化出版下平台与出版的关系，对于引导和规范平台化出版的发展——如何构建和优化商业模式，如何确定产业政策导向，如何治理平台化出版的负外部性，等等，都具有底层逻辑层面的意义。换句话说，借由考察平台与出版之间的复杂关系进而探究平台化出版的逻辑，是本书得以深入开展的题中应有之义。

第一节 嵌入性理论的引入与适用性分析

从与学界已有研究进行衔接，或者说融入既有研究体系的角度来讲，关于平台的研究，尤其是关于平台经济和平台治理的研究，已经在全球学术界掀起热潮，但相关研究成果通常是在宏观语境下展开的，一旦脱离了宏观语境，直接套用到作为具体行业的出版上来，其作用机制的特殊性很可能导致理论的失效或者部分失效。这主要在于，至少以现阶段情态来看，出版既不是纯粹的线上经济，也与一般实体产业存在极大差异。因此，平台经济和平台治理的研究成果无法完全作为本书的理论基础，还需要寻求更具针对性和意义阐发空间的理论工具。而厘清平台与出版的关系，是平台化出版研究在何种意义、多大程度上引入平台研究成果的必要逻辑前提。为此，本书尝试以嵌入性理论为分析工具，具体考察平台化出版的逻辑。

一、嵌入性理论梳理

英国著名的匈牙利裔哲学家、政治经济学家卡尔·波兰尼（Karl Polanyi），在第二次世界大战期间完成并出版了《大转型：我们时代的政治与经济起源》。波兰尼在该书中首次提出了“嵌入性”（embeddedness）概念。这一概念的创造可能源于对采矿业的隐喻：在研究英国经济史时，波兰尼广泛阅读了关于英国采矿业的历史和技术材料，采矿的任务就是把嵌入矿井石壁中的煤炭分离出来。[①] 作为新经济社会学研究中的一个核心理论，嵌入性表达了这样一种理念，即“经济并非像在经济理论中那样是

① 波兰尼．大转型：我们时代的政治与经济起源［M］．冯钢，刘阳，译．北京：当代世界出版社，2020：导言．

自主（autonomous）的，而是从属于政治、宗教和社会关系”[①]的。嵌入性是理解波兰尼思想的逻辑起点。他认为，以工业革命为分界线，在之前的非市场经济中，市场交换机制尚未占据统治地位，经济生活以互惠或再分配的方式为主，是嵌入在社会和文化结构之中的；在之后的市场经济中，经济活动仅由市场价格来决定，人们不再受社会和文化结构的影响，而只按照金钱收益最大化的方式行事，呈现出“去嵌入”（disembed）的特征。

之后的学者对嵌入性理论做了新的阐释。著名经济社会学家、斯坦福大学人文与科学学院社会学系前主任马克·格兰诺维特（Mark Granovetter）认为，大部分行为都是嵌入各种社会关系中的；人类的行为经常被过度社会化或低度社会化，这两种极端倾向都应该被批判；社会关系而非组织管理、制度安排或一般的道德规范，是经济生活中产生信任的重要渠道，但这并不意味着社会关系能够完全避免不正当行为和冲突的发生。[②]格兰诺维特对嵌入性理论的创造性发展，推动相关研究进入了一个新的阶段，使得这一理论开始引起学术界的普遍关注，并导致“新经济社会学”的兴起。在格兰诺维特研究的基础上，纽约市立大学布鲁克林学院荣誉教授莎伦·佐金（Sharon Zukin）和普林斯顿大学社会学和公共事务教授保罗·迪马齐奥（Paul J. DiMaggio）将嵌入分为4种类型，分别是认知嵌入（cognitive embeddedness，人类思维受其心智活动的影响）、结构嵌入（structural embeddedness，在当下人际关系形式中经济交换的背景）、文化嵌入（cultural embeddedness，经济行为嵌入价值观之中）、政治嵌入（political embeddedness，经济行为总是在特定的政治体制下进行的）。[③]

嵌入性的本质在于组织经济行为与社会体系间的相互引导、促进和

① 波兰尼．大转型：我们时代的政治与经济起源［M］．冯钢，刘阳，译．北京：当代世界出版社，2020：导言．

② GRANOVETTER M. Economic action and social structure：the problem of embeddedness［J］. The American journal of sociology，1985，91（3）：481-510.

③ ZUKIN S，DIMAGGIO P J. Structures of capital：the social organization of the economy［M］. Cambridge：Cambridge University Press，1990.

限制的复杂联系。[①]因此，对嵌入性理论的应用，也大多发生在经济学与社会学的交叉领域，即经济社会学领域。从嵌入性所关联的实体来看，组织在网络联系上的结构嵌入性和关系嵌入性，表现为多个组织实体间的相互影响与制约；同样，组织所处的政治制度、社会文化以及长期形成的群体认知也会影响其经济行为，表现为政治嵌入性、文化嵌入性和认知嵌入性。在一定意义上，可以认为其是组织实体与政治、文化和认知等“虚”体之间的虚联系。

二、嵌入性理论的适用性分析

波兰尼在提出嵌入性理论时，以其所处的工业时代及前工业时代的经验为基础，主要考察的是经济（市场）与社会的关系；当前网络时代的来临，改变了嵌入性理论最初得以生发的外部环境，这至少带来了两方面的主要影响：其一，嵌入性的理论观照必须随着条件的变化而变化，寻求新的阐释空间；其二，由于网络社会形成了与现实社会的不完全映射关系，线上与线下交相影响，单向嵌入的解释力事实上正暴露出越来越多的问题，“互嵌”作为一种新的解释模型正在得到广泛认可。

在传媒研究领域，近年来，一些较为典型的研究都在不同的专业问题和考察视角上使用了“嵌入”概念，或者至少是使用了嵌入性理论的思想方式、认知观念。例如，麦尚文的《“关系”编织与传媒聚合发展——社会嵌入视野中的传媒产业本质诠释》(《国际新闻界》，2010年第1期)，刘国强、林青的《媒介话语的社会嵌入：“内容为王”的话语模式及其变迁研究》(《现代传播》(中国传媒大学学报)，2019年第5期)，刘学、任奕飞、刘金龙的《虚拟社群何以组织化？——以卡友驿站平台为例》(《新闻

① 杨玉波，李备友，李守伟．嵌入性理论研究综述：基于普遍联系的视角［J］．山东社会科学，2014（3）：172-176.

与传播研究》，2021年增刊），等等。这些学者所做出的努力，使得嵌入性理论本身得到了进一步丰富和发展，同时，他们也为嵌入性理论引入出版研究做了一些基础性工作。但也应注意到，与经济管理领域的相关研究相比，传媒领域在使用“嵌入”概念展开研究时，未能深入嵌入性理论的背景和概念体系之中，这一点值得引起关注。

从前文中对嵌入性理论的梳理来看，严格意义上，似乎仍然缺乏一种能够将平台与出版关系的阐释纳入嵌入性理论体系的有效形式。本章更多是借用嵌入性理论的思维方式，并认为基于某些现实基础——出版与平台的结合显然并不是一种机械的拼接，而是一种有机的融合——可以将作为经济文化活动的出版，与作为网络化社会组织方式的平台，分别视为嵌入性理论视域下的组织经济行为与社会体系，以此考察两者间的复杂关系。

另外，在具体的操作层面，本书意图考察平台与出版之间相互作用、相互影响的关系，因此在具有一定相对性意义的讨论时，更多是将平台与出版作为一种社会文化背景来看待，而非一种具体而实在的行业或者模式。例如，在分析具体某一出版机构转向平台化出版时，将互联网平台视为一种社会文化背景，就构建起了类似于行动者与社会网络之间的结构性关系；在分析具体某一互联网平台的平台化转向时，逻辑亦然。其认知指向在于，将具体某一出版机构或者具体某一互联网平台，作为一个非孤立的行为主体，平台化出版即该出版机构或互联网平台进入对应的平台体系或者出版体系中的一种策略安排。这种理解方式的价值在于，一方面，在充分汲取嵌入性的理论滋养的同时，扩大了理论阐释的意义空间；另一方面，由于介入了新的研究背景，一定意义上丰富了嵌入性理论的内涵。

根据上文中提到的莎伦·佐金和保罗·迪马齐奥的4种嵌入类型，结合平台化出版的实际情况，本书认为：认知嵌入属于一种微观层面的解释范畴，本书第三章及第四章将从平台出版化与出版平台化两条路径展开深入分析；文化嵌入属于一种宏观层面的解释范畴，本质上与前文中对平台化出版的背景的讨论具有共通性，因此本章不再作专题讨论。政治嵌入同样属于宏观层面的解释范畴，国内学者一般以“制度嵌入”进行替换[①]。制度嵌入指的是组织总是嵌入于特定的制度逻辑（institutional logic）当中，后者对组织成员施加要求或需求，限制组织成员的行动选项。[②]在本书中，介入对平台与出版关系的讨论，进一步以意义空间更大的“规则”替换权力体系之下的“制度”，应更为适用。规则嵌入与结构嵌入都属于中观层面的解释范畴，成为主要的阐释工具。本章以此作为结构基础，构建了相应的平台化出版逻辑分析框架（见图2-1）。

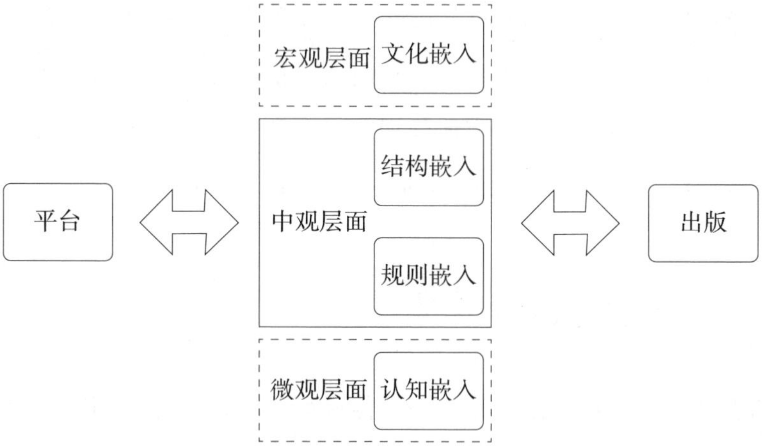

图 2-1　基于嵌入性理论的平台化出版逻辑分析框架

① 例如：张建雷，席莹．基于嵌入性视角的新型农业经营主体发展研究［J］．改革，2018（6）：115-126．谢宗藩，肖媚，王媚．农村集体经济组织嬗变：嵌入性视角下发展动力机制变迁［J］．农业经济问题，2021（12）：92-103；等等。

② 李艳红．生成创新：制度嵌入如何塑造新闻创新差异——对三家媒体数据新闻实践的比较［J］．新闻与传播研究，2021，28（12）：38-57，126-127.

第二节　结构互嵌：资本逻辑与工具逻辑的撕裂与整合

要理解平台化出版，就要站在平台与出版的二元主体视角进行综合考察，以求避免单一视角可能造成的认知偏向。近年来，民族学在探讨民族关系时，也不同程度地引入了嵌入性概念，提出互嵌型民族关系的形成一般要经过“接触与磨合—信任与开放—接纳与认可—互动与嵌入”[①]的过程。与之类似，平台与出版首先在形式层面“遭遇”，之后在实践中不断调整规则设计。在结构层面首先展开，进而深入内在规则层面展开对平台化出版逻辑的考察，表现出视角由外而内的推进性。在结构层面，分别以平台和出版为主体视角，相应地分别以出版和平台为客体和对象，符合当下仍属于相对二元发展路径的平台化出版的实际。

一、平台视角下的出版

基于平台的视角，出版作为一种传统行业，正在经历网络时代大多数传统行业所经历的平台化改造，进入数字经济和平台经济的新体系之中。平台对出版业的改造主要遵从资本逻辑，这在平台化出版的运营取向上得到了集中体现。

（一）作为传统行业的出版嵌入平台经济体系

纵观互联网时代以来的主要内容平台形态，大致可以梳理出一条线索，这条线索沿着博客平台、网络文学平台、新闻聚合平台、自出版平

① 严庆．“互嵌”的机理与路径［J］．民族论坛，2015（11）：10-13.

台、知识付费平台的路径更迭。博客即网络日志，是继MSN、BBS、ICQ之后出现的第4种网络交流方式。博客平台在2000年之后逐渐开始流行，2001年“9·11”事件爆发后，博客成为相关信息的重要来源，从此正式步入主流社会的视野。网络文学平台在我国取得了一系列发展成绩，以中文在线为代表的网络文学平台还在“走出去”方面取得了诸多成果。2004年之后，网络文学市场开始发展壮大，网络文学平台之间的竞争格局确立，技术和资本竞争逐渐被内容竞争取代，政府开始对该行业进行监管。[①]新闻聚合平台的发展大致经历了三个阶段：第一个阶段是简易信息聚合（Really Simple Syndication，简称RSS），第二个阶段是传统门户网站，第三个阶段是媒体客户端和搜索式新闻聚合平台。[②]成立于2004年的BuzzFeed发展迅速，被视为“媒体行业的颠覆者”；中国的“今日头条”作为后起之秀，借助算法推荐，深刻影响了媒体行业规则。自出版平台方面，电商巨头亚马逊在2007年年底推出了自出版平台Kindle Direct Publishing，允许用户自己编辑、出版、发行书稿，在传统出版界引起了极大震动。知识付费平台在2016年迎来爆发式发展期，这一年也被称为“知识付费元年”，得到、喜马拉雅、樊登读书会、知乎等平台快速崛起，深刻影响到传统出版的数字化转型思路，一些传统出版机构尝试自建知识付费平台，更多的传统出版机构则开始定制知识付费产品，并与成熟平台开展广泛合作。

以上梳理并不是一个纯粹线性演化、此消彼长的进程，但就平台渗透到各个领域的深度和规模而言，依然呈现出一种从宽泛的个体表达到专业的公共出版的总体趋势。虽然平台介入出版领域已经不是新近发生的事实，例如存在亚马逊自出版平台的案例，但直到最近几年，出版界基于产

① 夏宜君．平台经济：文学平台行业繁荣的解释［M］．北京：中国财富出版社，2019：52.

② 朱斌．新闻媒体与新闻聚合平台的竞合博弈［J］．中国出版，2020（22）：36-39.

品的融合转型思路才逐渐转向了平台化，这种认知亦有快速转化为行业共识的趋势。

以平台的视角来看，平台化出版是作为一个传统行业的出版被代表先进的生产和传播形式的平台进行改造的过程，是出版嵌入平台经济体系的具体形式。出版如同博客、网络文学、新闻那样，被平台整合进其雄心勃勃的“改造计划”之中，并且从知识、技术、商业等不同方面来看，这似乎是一种必然。从网络时代知识转型的视角出发，平台对出版的“改造”是一个必然过程。Web 2.0时代的网络具有了交互性，因此我们可以将大部分网站、App等笼统地视为平台。平台作为Web 2.0时代的主要网络形态，自然继承了网络同知识之间的关系；同样，出版也要适应平台、嵌入平台。如果说平台的本质属性是建立连接、创造关系，那么平台化出版所要做的就是建立知识之间的连接，通过超链接实现知识之间的自由跳转，以促进新知识的产生。平台在内容生产领域所实现的结构性贯通，进一步支持了平台内容生产的机制，实现了某种意义上的“良性循环”，未来的网络内容生态，可能因此在总体上呈现出一种“无组织的自组织”状态。

（二）平台主体的资本逻辑

资本逻辑的具体表现就是资本支配和使用三种“自然力”——依赖于人类生命体的劳动力、依赖于自然资源的“自然力”和依赖于人们劳动过程中的分工与协作关系形成的生产力——来追逐更多剩余价值。在平台经济中，这三种“自然力”具有新的技术和关系特征：首先，由于劳动形式的复杂化，资本支配和使用的劳动力逐渐演变为“总体工人”的劳动力；其次，资本所支配和使用的依赖于自然资源的“自然力”具有独特性；最后，资本支配和使用的依赖于人们劳动过程中由分工与协作关系形成的生产力得到了巨大发展。[①]

平台对信息流通环节的打通及对流动效率的促进，一定意义上也是对主体关系的重构。信息时代最大的困境之一是两种动力之间的紧张关系：信息自由流动且在移动时不会失去其价值的趋势，以及想要控制信息流以从中获利的趋势。[②]资本逻辑内在地具有一种“去道德化”的趋势，在平台化出版中，“流量主义”就是其典型的现实表征之一。流量主义是对以流量为主要的价值评判标准、过度追求流量效果的观念的泛称。流量反映的是受众对内容的兴趣，与内容的质量存在相关性，却不一定存在因果联系；此外，对于内容的事实真伪、是否符合道德规范和公平正义原则，则更加难以反映，否则谣言和那些披着科学外衣的营销内容也不会获得如此多的关注。流量主义本质上是对经济利益的追求，反映出一种行业失范甚至道德失范的倾向，极大地消解了平台的公共性，可能导致一种结构性失衡的内容生态困境。在这方面，来自新闻业的现实提供了反面例证：在竞争日益加剧的背景下，对利润的追逐倒逼媒体从业者以所谓流量逻辑主导内容生产，最终导致平台越来越倾向于减少资讯内容，转向资讯加娱乐，甚至干脆选择纯粹的娱乐内容，如此不仅降低了内容生产成本，还大大提升了广告收入，但也带来了严重的负面效果——用户的内容品位、知识水平、思维能力都没能得到提升。

当前，互联网企业已经深入社会生产生活的诸多领域，改造甚至是颠覆了人们的认知模式和行为模式：人们习惯于通过Facebook（脸书）、微信等联系朋友维持亲密关系，通过Uber、滴滴等叫出租车实现空间转移，

① 韩文龙．平台经济全球化的资本逻辑及其批判与超越［J］．马克思主义研究，2021（6）：134-145.

② ROGERSON K S. Addressing the negative consequences of the information age lessons from Karl Polanyi and the industrial revolution：a note on the politics of theorizing technology［J］. Information，communication & society，2003，6（1）：105-124.

通过Airbnb、携程预订酒店规划旅行方案，等等。随着平台功能和规模的快速发展，平台逐渐在它们改造的领域内掌握了更大的话语权，甚至掌握了“平台霸权”，成为主导力量，获取巨额利润。平台同样将出版视为其诸多改造对象中的一种，资本逻辑主导着出版嵌入平台的过程、结构和目的。

二、出版视角下的平台

基于出版的视角，平台化是网络时代出版实现融合转型的重要路径，是数字出版迎来的又一次发展契机。当前，出版业主要以工具逻辑看待平台化转型，形成了以出版机构为中心的转型取向。

（一）作为新型模式的平台嵌入出版演化进程

媒体的平台化在起步时间、发展程度、社会影响等方面，均对出版的平台化具有较强的解释力。媒体平台化是互联网进入Web 2.0阶段后的产物。初代互联网以门户网站为主要窗口，以静态和只读为特征，其内容由专门的编辑人员生产、加工，用户单向阅读，既不能编辑也不能擦写网络内容，信息流动缺乏双向互动空间，仍然处于某种程度上的大众传播范畴。与之相比，Web 2.0的最大进步性体现在，其创造了用户直接交互的新型网络，更深层次地解放了用户的交流欲望，BBS、博客、在线社群、社交媒体等是其典型产物。Web 2.0为媒体平台化奠定了技术和传播基础。社会媒介化与知识网络化，构成了媒体平台化的底层逻辑。人与信息的关系网络已经整体映射到网络虚拟空间之中。网络平台已不仅是对传统媒体内容的线上搬迁，而正在逐渐成为主阵地，以适应受众的媒介化日常生活方式。因此，平台化已经被多数学界和业界人士视为媒体融合的发展趋势，主流媒体纷纷加速构建自有平台矩阵，向平台型媒体转型。有学者认为，平台型媒体拥有一套全新的媒体运行模式，主流媒体的平台化转型很大程度上借助互联网的媒介逻辑来实现自身再度“中心化”的目标，以此构建新型主流媒体。[①]关于媒体平台化，还有另外一种解读视角，即其是外部资本介入媒体领域攫取利润或谋取其他利益的触角。《新闻公报》(*Press Gazette*)2020年12月发布了英语世界新闻媒体公司收入排行榜，其中的前三名分别是谷歌母公司Alphabet、脸书和苹果公司，都属于互联网平台型企业，传统新闻机构排名最靠前的福克斯公司仅排在第12位。[②]由大型互联网平台型企业主导的平台型媒体代表大资本利益，甚至在特定历史背景下，如美国大选和一些具有重大影响的社会事件中，影响到政治进程和公共利益。

从媒体平台化的经验来看，技术和商业两个维度对平台化进程发挥了主要作用；对于出版而言，媒体行业的经验在很大程度上是同样适用的。数字出版是采用数字技术对内容作品进行获取、审核、加工和传播的活动[③]，其产品形式主要包括电子书、数字图书馆、数据库、在线教育、在线网络（原创文学）出版、手机书、移动教育、按需出版、在线工具书、多媒体在线电子书、图书搜索、电子杂志订阅等[④]。随着Web 2.0技术的发展和普及，越来越多的内容产业开始融合网络技术，出版也在其数字化转型过程中融入了网络元素，并在近年来更多地表现为通过互联网平台改造传统的内容组织、加工、发布、传播、反馈等过程，全要素、全过程逐渐成为出版利用平台的突出特征。

---

① 刘越飞，曹国东．从媒体到平台：主流媒体平台化的媒介逻辑分析［J］．新闻论坛，2020，34（6）：7-10.

② 陈梁，陈海彬，刘雨彤．别再混用了！到底什么是“平台型媒体”OR“媒体型平台”？［EB/OL］．（2021-10-13）［2021-12-01］．https://mp.weixin.qq.com/s/TWJdes-EA6O69AmtsH_Z-w.

③ 张新华．数字出版商业模式创新研究：以北京地区为例［M］．北京：中国书籍出版社，2021：23.

④ 姚娟．中美数字出版商业模式比较研究：以电子书为例［D］．湘潭：湘潭大学，2011.

数字出版起源于桌面出版。[①]桌面出版在20世纪80年代开始逐步发展，是指将内容输入计算机，经过计算机处理后，将电子版面输出为晒版原版的出版方式，本质上是对传统出版流程的数字化。电子出版的出现使得出版真正迈入了数字出版时代。根据2016年2月6日国家新闻出版广电总局发布的《电子出版物出版管理规定（修订征求意见稿）》，电子出版物是指“以数字代码方式将图文声像等信息编辑后封装存储到磁、光、电等记录介质上，通过内置在计算机、智能终端、电子阅读设备、电子显示设备、数字音／视频播放设备、电子游戏机、导航仪以及其他具有类似功能的设备上读取使用，能够表达思想、普及知识、积累文化的大众传播媒体”。在我国，电子出版在20世纪90年代进入快速发展期：1991年，第一种电子图书（磁盘载体）《国共两党关系通史》发行；1993年，第一种多媒体电子出版物《邮票上的中国——历史与文化》（光盘载体）发行；1993年，第一个数据库（光盘载体）“中国企业、公司及产品数据库”发行；到1994年年底，我国已经有20余家单位制作并出版了近百种光盘出版物。[②]互联网在20世纪90年代同样快速发展，为网络出版奠定了技术基础。从1998年起，英美等国的电子出版技术开始向网络出版技术转型。到21世纪初，纯网络形式的数字出版物已经形成了较大的规模，2002年，新闻出版总署和信息产业部联合颁布《互联网出版管理暂行规定》即为一个侧面印证。随着移动互联网时代的到来，基于手机、平板电脑等各种移动终端的移动出版成为数字出版的重要板块，例如2008年日本的手机阅读市场达到402亿日元，占当年日本全国电子阅读营收总额的86%。在以交互性为主要特征的Web 2.0时代到来后，平台作为一种新型的关系媒介得到了快速发展，数字出版迎来了新的发展契机，电子出版、网络出版、移动出版都越来越

① 万安伦．数字出版研究：运行模式与发展趋势［M］．北京：中国传媒大学出版社，2017：21．

② 材料整理自《数字出版研究——运行模式与发展趋势》，万安伦著，中国传媒大学出版社2017年版。

多地以平台模式重新组织和运营起来。

通过以上基于出版主体视角对数字出版发展的历时性梳理，可以明确平台在出版的数字化转型进路中的结构性方位，即：第一，平台主要是在一种技术演进路线中涌现出的新型数字出版模式；第二，作为关系媒介的平台在重组资源方面的独特价值，使其被既有的数字出版模式利用，以进一步激发和挖掘既有模式的价值。总体来看，平台被嵌入出版数字化转型的不同模式之中，提升了数字出版的价值转化能力，丰富了数字出版的内涵。在互联网尤其是移动互联网环境下，数字出版从生产产品向搭建平台演化，正在成为越来越明晰的产业趋势。

（二）出版主体的工具逻辑

各行业在平台化的初期，一般都以产业链中的某个或某几个环节为切入口，如此既能够降低技术难度，也可以更大限度地减少传统势力的抵制从而降低经济风险；此外，平台化转型在很多时候并不发轫于产业内部，而属于外部侵入型的改造，对于产业内部的全链条缺乏稳固的把控能力，从特定环节入手是商业层面的一种审慎选择。出版的平台化亦然，早期的平台化出版发生于出版物发行环节，同时属于外部侵入型的改造。站在出版的角度，“历史上‘现代性语境’的出版转型捍卫了出版机构的主体性。在出版机构这个强大主体的组织下，借助印刷术和机器化大生产，人类知识生产和文明积累达到前所未有的高度，印刷书成为精通寰宇知识的最有效途径。传统出版面临数字化转型仍然沿袭了‘现代性语境的转型’的历史惯习，把互联网当作印刷出版的‘延长线’”[①]。

从媒体领域的平台化发展来看，工具观念似乎是一以贯之的。在我国，平台型媒体主要有社交媒体平台、新闻聚合平台和智慧政务信息服务

① 刘影．转型和转场：范式转换视角下传统出版社数字化发展策略［J］．现代出版，2019（6）：41-46.

平台三种形式。[①]在主流媒体转型与县级融媒体建设方面，构建媒体平台正在成为一种必然选择。例如，刘越飞、曹国东认为，主流媒体要充分认识平台型媒体的媒介逻辑，并以此展开自身的媒介逻辑转换，实现优势互补，做大做强新型主流媒体。[②]宋石猛认为，县级融媒体中心在完成机构整合和基础设施升级后，平台化建设与运营能够解决长期的可持续发展问题，能够实现用户运营、内容运营、产品运营和活动运营一体化。[③]

与同为传媒产业的新闻业相比，出版的一个突出特征（也有人将其视为缺点）在于其滞后性。这种滞后性由内容的体量和深度所规定，曾经也受到印刷、装订等技术层面因素的影响。平台通常采取分布式、模块化的生产与传播方式，在不考虑政策因素对出版品种数的限制的情况下，极大地提升了出版生产效率和内容产品供给。出版利用平台作为消磨这种"滞后性"印象的工具。以内容生产过程为例：在内容生产过程中，编辑、排版、校对是出版流程中消耗人力和时间成本相当高的三个环节。出版借助平台优化流程，通过社会化生产模式，将相关工作外包给平台生态中的专业人士，平台自身则负责制定标准、组织人员、监督实施、检查质量等。例如，由知识产权出版社开发的"来出书"图书自助出版平台，运用互联网思维进行平台化运营，用户可以通过平台中的"来加盟"模块，申请成为加盟编辑（在其他出版单位任职、有相关经验、利用空余时间为"来出书"提供稿件编辑加工服务的编辑），在认证通过后，就有机会参加平台分配的书稿编辑加工工作。相应图书出版后，平台将根据图书字数、质量支付审稿费。[④]

---

① 丁一玮 . 从有限到无限：平台型媒体界定与信息监管困境［J］. 传媒，2020（16）：94-96.

② 刘越飞，曹国东 . 从媒体到平台：主流媒体平台化的媒介逻辑分析［J］. 新闻论坛，2020，34（6）：7-10.

③ 宋石猛 . 连接、匹配与价值交互：县级融媒体中心的平台化［J］. 青年记者，2021（14）：99-100.

④ 详见"来出书"平台官方网站的相关介绍：http://www.laichushu.com/publish/control/queJoin1。信息的最后更新确认时间为 2022 年 1 月 15 日。

站在出版人的视角，从工具论出发来理解平台，确乎是平台为出版所用，并作为提升出版产业效率的重要推动力量而存在。这种逻辑对现实产生了深刻影响，使得出版业将平台与近几十年来出现的数码印刷等复制技术、光盘磁盘等媒介载体等而视之，将出版流程中适合平台化的环节直接搬迁到平台之上。然而，互联网引发了新的传播范式革命，如果出版业忽视了这个背景和前提，只对传统出版流程做平台化的聚合式改造，而缺乏基于新传播范式的适应性调整，从效果来看，必然事倍而功半。事实上，传统出版机构主导的平台，大多都存在运营方面的问题，这些问题本质上类似，很大程度上都与此相关。

三、平台与出版的结构互嵌

民族学者对我国民族关系的考察，基本上形成了一种共识，即中国的民族关系以空间互嵌为重要基础。在一些快速城市化的地区，如珠三角地区，城市与乡村在空间上交错发展，既可以视为“城中村”现象，又可以视为“村中城”现象。这是现实世界中一个极为典型的互嵌结构。但不可否认的历史趋势是，“城中村”或者“村中城”都将朝着城市化的方向推进，这是不可逆转的。互嵌意味着难以区分主从，难以框定中心和边缘，不能用主体与客体的二元对立观点思考问题。互嵌关系的存在，提示我们必须从结构性角度动态、均衡地调整发展模式，考虑综合影响。在平台化出版中，出版与平台相互嵌入对方的结构和体系之中，以顺应客观环境的变化，并获得新的发展机会。平台与出版的结构互嵌具体表现为功能互嵌与流程互嵌两个层面。

（一）功能互嵌

平台视角下出版的结构嵌入，与出版视角下平台的结构嵌入，总体表现出一种互嵌关系。在实践中，出版机构和网络平台正在彼此学习，甚至朝对方的方向演化。我们既能看到出版机构自己搭建网络平台，比如中信出版集团推出“中信书院”App、上海译文出版社推出“译文”App，或者寄身于大型网络平台，比如把产品上架到Kindle、咪咕、喜马拉雅等平台；又能看到网络平台尝试走传统出版路径，比如亚马逊自出版平台对其作者出版纸质书的支持，以及其实体书店的扩张。

结构互嵌意味着功能的整合与延伸，平台化出版框架下的平台与出版在连接方式、生产方式、存储方式、传播方式、呈现方式等各方面都发生了适应性的互嵌。例如，如果将纸媒环境下的出版链条和网络环境下广义的出版“链条”（暂不讨论网络环境下出版是否仍为链式结构）做一高度简化的比较，可以发现，两者都是在中间媒介的联系下实现了作者和读者的沟通，区别则在于中间媒介从高度专业化的出版机构变成了更为泛在的网络平台。在纸媒环境下，作者和读者很难通过出版机构实现交流，单向的信息反馈到出版机构后往往会戛然而止；读者之间的沟通则只能寻求其他社会化渠道。在这方面，平台化出版有着技术和机制的保障：一方面，技术为作者和读者提供了即时互动的前提条件，一些平台提供虚拟社群等方式供作者、读者直接交流，即便没有开放社群功能，广大读者之间也可以通过公开评论、公共书签/批注等形式分享对作品的评论，读者和作者共同建构了作品的意义；另一方面，出于经济利益的考量，网络平台也通过种种机制建设，引导这种互动，比如设置积分等级，或者运营专业的意见领袖。

（二）流程互嵌

从当下的发展来看，出版在平台所连接和重构的产业生态中，基本保持了其继承自传统出版的规范，但其流程已经被部分地重构了。例如，占有美国自出版市场七成份额的亚马逊Kindle Direct Publishing平台，其自出版流程逐渐向传统出版靠近，例如其官方网站中的“内容指南”部分，就明确规定平台会通过机器学习、自动化和专门的人工评审团队的综合手段，对包括标题、封面和产品描述等在内的全部书籍内容进行审查，其认定的违规内容包括非法或侵权内容、攻击性内容、带来不良用户体验的内容，以及与平台自有的公共领域内容无差别的内容。[①]当前的出版校对环节，已经基本形成了人机结合模式，随着计算机自然语言处理技术的发展，人工校对的价值在稀释，甚至可能被逐渐取代；翻译、编辑、销售等环节，都可以借由平台，以社会化的形式分包出去；即使在选题策划这一核心环节，出版机构所发挥的中介作用也将大幅弱化。这是因为，数字赋能技术使得平台支撑能力加强，可以应对更复杂多样的业态和环节，促进生态扩张。对于中小型出版商而言，依托于大型平台能够在更大程度上降低技术层面、市场层面和商业模式层面的基础投入，而将精力"聚焦行业专属能力培育，占据细分赛道，升维为业务子平台，进而与更多的平台合作，形成'多维平台嵌套'的生态结构"[②]。

同时，一些出版的专业流程也逐渐为平台所吸收，例如平台赋权下的自媒体带来了内容生产的民主化，通常并不会对内容生产者进行筛选，但出版平台则会对作者做出选择。在出版领域，高水平的作者是产出高质量作品的重要保证，高质量的稿件更是生产优秀出版物的必备条件，因此，高水平的作者成为出版界竞相争夺的重要资源。[③]作者资源具有非专属性、专业性、分散性、可塑性与层次性等特征，这对于作者资源开发而言具有两面性。作者资源的开发，一方面需要在大量自由来稿中披沙拣金、发现精品，稿件是作者最好的自我介绍；[④]另一方面也需要出版机构利用自身的社会关系网络进行主动拓展。在激烈的市场竞争中，平台同样需要借鉴

① Content guidelines［EB/OL］.［2021-10-09］. https://kdp.amazon.com/en_US/help/topic/G200672390.

② 陈威如，王节祥 . 依附式升级：平台生态系统中参与者的数字化转型战略［J］. 管理世界，2021，37（10）：195-214.

③ 易图强 . 出版学概论［M］. 长沙：湖南师范大学出版社，2008：118.

④ 昂温 . 出版概论［M］. 谢琬若，吴仁勇，译 . 北京：中国书籍出版社，1989：2.

出版业经验，利用社会关系网络等吸引、留存优质作者，培养KOL（Key Opinion Leader，关键意见领袖），以吸引用户、提升用户黏性。

第三节　规则互嵌：平台规则与出版规则的冲突与妥协

结构互嵌反映了平台化出版在幼稚阶段的总体态势，其完成了形式上的接合，更多偏向于自然状态而非自觉状态。如果将平台抽象为关系媒介，将出版划归意义经济，则平台化出版作为关系媒介与意义经济的整合，要向成熟阶段演化，就必须主动由相对机械的结构互嵌向高效有机的规则互嵌的方向深入，在两个层面互嵌的基础上拓展平台化出版的发展空间。

主体之间的结构互嵌创造了新的组织方式，原主体的规则体系被引入新结构之中，在“冲突—调适—融合”的一般性过程后，产生与新结构相适应的规则体系。新结构以新的规则体系作为协调机制得以运转；如果未能建立新的规则体系，机械拼接的整合体可能因内部各结构之间的激烈冲突而最终走向崩溃。平台化出版在平台与出版进行结构互嵌的基础上，也同时引入了平台规则与出版规则，两套规则体系在经历“冲突—调适—融合”的过程后实现互嵌，平台化出版成为一套有机融合的规则体系下的产物。

一、出版视域下的内容生产与传播

纸媒时代的出版环境造就了当下所谓传统出版的诸多特征，出版视域下的内容生产突出表现出对内容的筛选与约束、中心化和出版机构代持风险的特征，内容传播则表现出撒播式的、一对多的大众传播特征。

（一）出版视域下的内容生产

1.对内容的筛选与约束

一般认为，编辑的职业化要早于现代出版的诞生。在以纸张为主要媒介的传统出版时代，由于社会生产力相对有限，必须对内容进行有效选择，过滤后的内容才能获得公开出版的机会；在前纸张时代，情况则更为糟糕，因为书写材料要么笨重而难以携带，要么昂贵而无法广泛应用，这种状况导致书面语形成凝练的风格，同时对需要传播的内容提出了更为严苛的标准，著书立说成为“圣人之事”。在这种背景下，出版，或者具体地说，编辑作为出版链条中的专业人员，以选择内容并进行加工为职业。

宗教和世俗权力为了维护自身的权威和利益，也对出版内容实行严格的审查，长期、深度参与了对出版内容的筛选与约束。典型的例子是教皇在1475年授予科隆大学特权，让其审查同“有毒书籍”相关的印刷商、出版商、作者甚至读者；神圣罗马帝国皇帝在16世纪设立了专门负责查禁“坏书”的帝国委员会。[①]然而，对商业利益的追求和个人权利意识的觉醒，促使人们开始对抗这种以审查为核心的内容筛选与约束机制。例如在整个西方宗教改革期间，王国边境各通道的大作坊都在专门印刷“异端书籍”，法国的印刷商则在经常性地出售此类书籍；在17世纪和18世纪，“禁书”跟之前一样轻松地在许多地方流通。[②]

出版史上的事实形成了强大的历史惯性，现代出版至今仍然在这种惯性下运转，并保留着历史色彩，甚至选择性地被多数人视为出版的本质属性之一。我们今天对出版的价值追求，是要实现社会效益与经济效益的统一，而这需要以系统性的选题设计为基础才可能实现，要为市场供给优质

① 费弗尔，马丁．书籍的历史：从手抄本到印刷书［M］．和灿欣，译．北京：中国友谊出版公司，2019：304-305.

② 费弗尔，马丁．书籍的历史：从手抄本到印刷书［M］．和灿欣，译．北京：中国友谊出版公司，2019：306.

内容、淘汰低质内容、屏蔽违背道德和法律的内容；选题能力也成为编辑的核心能力之一——无论是传统媒体还是新媒体。

2. 中心化

现代出版业的诞生，在很大程度上要归功于机器印刷引起的出版专业分工，使得读者与作者的区别逐渐分明：一方面，图书生产规模的扩大，确立了新的书籍消费模式，增加的产量改变了个人购书的性质，也改变了读者的品位；另一方面，个人的发明、发现和创造得到了承认，有名有姓的“发现”是印刷术以后才出现的现象①。作者和读者的界限分明，双方围绕出版机构形成了新的价值共同体，读者的阅读需求要得到满足，作者的作品要被公开传播，都必须借助于出版机构才能实现。

值得说明的是，在出版社出现之前，出版这一专业的知识生产活动，处于一种相对无组织的状态，一定意义上，出版可以与复制画等号。在复制技术的发展放弃人作为动力以后，印刷商就逐渐站到了出版史舞台的中央。早期的印刷商掌握着主要话语权，专门的出版机构脱胎于印刷商；但随着印刷业生产力的提升，印刷不再是出版的主要问题，出版机构逐渐成为出版链条的中心。这也是此处避免使用学界和业界更为熟悉的“中介化”概念，而以“中心化”取而代之的原因。具体来说，古登堡机械印刷机发明后，印刷机便成为出版业中最主要的生产资料，最初的印刷商就是出版商。随着专业分工的进一步细化，出版社逐渐独立于印刷商，并最终凌驾于作者、印刷商、销售商之上。这不仅是一种生产力发展的必然，有时也是商业发展的一种成熟的、成功的模式使然，这一点仅从近代中国那些知名的出版机构，如商务印书馆等，就可见一斑。互联网和数字技术出现以前，历史上的出版转型都在不断强化出版机构的主体

① 黄旦．重构“谷登堡星汉”［J］．现代出版，2020（1）：36-40.

地位。[①]

3. 出版机构代持风险

在机器印刷出现之前，出版的物质成本对于个人而言是比较高的，以雕版印刷为例，其基础成本包括购置木材与纸张、延请雕工，在非商业出版中心，成本还会更高。此外，因为私刻往往并无商业利益诉求，通常也无法收回成本。坊刻则是专业化的书商，以商业化为诉求，所出之书以科举用书、农园医卜等实用书籍、小说等通俗文学为主体。由于通俗文学的市场需求很大，书商往往会约请专门的写手进行创作；此外，一些文人也会寻求与书商合作，以降低自己的刻书成本。事实上，对于作为主流的商业化出版而言，专业的出版机构因为提前支付了生产成本，满足了作者的生计需求，承担了市场风险，而在客观上促进了出版的发展。这种趋势在近现代所发挥的作用尤其显著。同时，也恰恰因为出版机构代持风险，其在出版收益分配中才能够占据主导，往往获得高于作者的经济回报。

除经济风险外，出版机构有时还要代持政治风险。这在神权时代和白色恐怖时期有突出表现。作者发表作品可以使用笔名，一定程度上能够避免对本人的审查，在这种情况下，出版机构就要承担更大的风险。例如，18世纪的法国实行严苛的审查制度，导致在政府控制力薄弱的国境线附近出现了许多印刷坊，继续印刷“禁书”。鲁迅一生使用了一百多个笔名，其中减少白色恐怖的影响是原因之一。民国时期，印刷所、出版社、报社等出于民族公义抨击政府而遭查禁的案例亦颇多。

（二）出版视域下的内容传播

在纸媒时代，内容依附于一定的物质媒介，内容传播意味着物理意义上的传输，“书籍地理学”才凸显出其价值。因此，在通常意义上讲，内

---

① 刘影．转型和转场：范式转换视角下传统出版社数字化发展策略［J］．现代出版，2019（6）：41-46.

容与载体深度绑定，出版物发行成为出版活动中的关键流程之一。基于传统发行的视角，销售复本才能为出版机构创造价值。延伸发行网络成为出版业的重要现实需求。这与平台模式依托于内容的广泛传播，进而吸引流量，通过广告实现价值转化的模式相比，存在很大区别。对传统出版而言，内容的广泛传播虽然能够提升品牌价值、促进社会效益的提升，但必须同时追求经济效益，中外的实践均证明，两者的平衡才能支撑出版业实现可持续发展。

出版视域下的内容传播属于一对多的、撒播式的大众传播模式。“撒播”的原型是圣经中“播种者预言”，“凡有耳者，皆可听”，是不预设具体对象的，与当下强调的精准传播相对。印刷术发明的一大意义在于，其规避了口语和手抄书的不确定性，在更大程度上确保了内容的一致性，减少了内容传播过程中的失真现象。不失真恰是对信息的根本追求之一，这能够尽可能地降低误读和误解，避免内容意义的分裂影响现实中的知识发展、共同体稳定等。

二、平台视域下的内容生产与传播

相比于出版，平台视域下的内容生产突出表现出解放表达、去中心化和作者自持风险的特征，内容传播则表现出对话式的、多对多的网络传播特征。

（一）平台视域下的内容生产

1.解放表达

网络的底层架构是分布式结构，这从根本上决定了网络天然的民主化取向。“若干强大的新结构，即网络的出现，支持了社会互动的特殊形式、独一无二的权威模式和特定的权力来源。控制信息的权力不再独属于国家机构，它存在于媒介网络之中，而媒介网络是由社会关系和传播技术构建的。”[①]在网络环境下，理论上任何人都可以平等地公开表达自己的观点，这极大地刺激了内容生产，使得人类社会迅速进入“信息爆炸”时代。因此当下最迫切的问题不再是内容稀缺，而是如何在浩如烟海的内容中发现有价值的那一部分。

平台使出版走出了资源陷阱，内容生产几乎不必再考虑复制、储存和运输一类的问题。理论上讲，平台为内容生产提供了一个无限宽广的空间，任何有价值的内容甚至垃圾内容都有其安放的空间，出版机构对内容的严格筛选已经失去了其价值存在的客观环境。在这层意义上，数字出版正在创造一个“大众业余化”的环境，出版组织的把关实践被成功绕过[②]，审核从注重选择转变为注重信息整合[③]，从一套严肃、严格的体系转变为一个松散的框架。

2. 去中心化

随着20世纪90年代中期互联网的出现和接入，以及公民作者创造和消费他们在网上找到的东西，传统出版商主导的权力正在发生变化。[④]在一个读者期望与内容和作者互动的时代，出版商在提供有价值的质量控制系统方面的作用必须与这种偏好相平衡。为此，适应信息永久民主化的读者的倾向要求出版商也要适应。这意味着后者放弃了“看门人”的思维模式，取而代之的是一种融入了“促进者”范式的更具亲和力的模式。[⑤]

---

① 霍华德 . 卡斯特论媒介［M］. 殷晓蓉，译 . 北京：中国传媒大学出版社，2019：20-21.

② VADDE A. Amateur creativity：contemporary literature and the digital publishing scene［J］. New literary history，2017，48（1）：27-51.

③ 巴斯卡尔 . 内容之王：出版业的颠覆与重生［M］. 赵丹，梁嘉馨，译 . 北京：机械工业出版社，2017：231.

④ JOHNSON M J. The rise of the citizen author：writing within social media［J］. Publishing research quarterly，2017，33（2）：131-146.

⑤ SASIN S. How the functions and roles of publishers are changing in an era of digital ‘disintermediation’［EB/OL］.（2021-10-05）［2021-10-10］. https://samanthasasin.com/2021/10/05/how-the-functions-and-roles-of-publishers-are-changing-in-an-era-of-digital-disintermediation.

平台模式下的内容创作者完全可以自行创作、加工和发行，在遵循平台基本公约的前提下，并不需要得到“中间人许可”，这导致出版业出现了“行业权力结构去中心化、把关机制多样化和产品高度开放性的发展趋势”[①]，出版机构作为连接作者和读者的专业组织、作为凝聚整个产业链条的价值功能被解构了，取而代之的是围绕平台的全新关系网络和价值网络。

去中心化由平台的技术本能驱动，但在复杂的实践场域中，制度环境、文化环境等都会对技术本能形成牵制，去中心化的势能最终能否被释放，以及它释放的程度、引发系统性甚至本质性影响的奇点何在，仍然需要回归到具体语境中做出判断，但目前相对短促的时间尺度可能尚无法为预测提供真正有价值的参考。

值得一提的是，去中心化并不是去中介化，尽管去中心化同样给出版机构带来了极大冲击。去中介化在某种程度上意味着对出版机构价值的否定，然而事实上，至少在现阶段，出版机构并没有表现出任何价值衰退的趋势，它依然是我们这个时代进行规范、严肃、深度知识生产的最好选择。

3. 作者自持风险

电子书尤其是电子书阅读器的出现，极大地促进了作家绕过既定出版协议的能力，从而使他们的作品以及时和具有成本效益的方式分发。[②]当前，无论是电子书还是电子书阅读器，在价值最大化的商业追求下，都已经被融入平台生态之中，而不是孤立的、离线的产品。在一个作者希望参与书籍开发所有阶段的时代，平台必须“认真考虑他们如何对待新作者，

① 常江，朱思垒．作为知识生产的数字出版：媒介逻辑与文化生态［J］．现代出版，2021（5）：19-24.

② HVIID M，IZQUIERDO-SANCHEZ S，JACQUES S. From publishers to self-publishing：disruptive effects in the book industry［J］. International journal of the economics of business，2019，26（3）：355-381.

以及后者在最终创作中的参与程度”[1]。平台中常见的商业模式是，打破出版机构买断著作权的方式，而使作者自持著作权，以保证作者对其作品拥有主动权，刺激他们的创作欲望，并在支付平台一定的服务费用后，依然能够获得大部分收益。

作者自持著作权，意味着作者需要面对自持风险。与传统出版模式下的风险不同的是，因为产品以数字化形式制作复本、以网络化形式进行传播，这些成本所带来的风险可以忽略不计，真正的风险在于作品的市场失败给作者带来的时间和自信的折损。对于平台而言，即便作品本身存在有违法律和道德的情况，平台也可以在“避风港原则”的保护下避免更大的连带责任；作者则难以像传统出版时代那样，通过一个简单的笔名即可能逃过追踪。

（二）平台视域下的内容传播

正如巴斯卡尔所言，网络不仅意味着“大众业余式出版”，更是在媒体控制的全球裂变中存在的一种大众业余式的一对多通信和文化实践活动。[2]“大众业余式出版”意味着作品的极大丰富，借由平台算法有针对性地推荐和分发给目标用户，小众趣味同样能够得到尊重与满足，使得通常情况下只能满足主流需求的、进行一对多大众传播的出版，难以与广泛渗透小众领域、展开网络精准传播的平台展开竞争。此外，平台环境下的裂变式传播能够使作品得到几何级数的曝光，可见性被尽可能地放大，例如微信平台中的很多作品都能够在短时间内实现“10万+”的传播。

以平台为基础的传播，一大特征在于能够实现双向互动，即进行对话式的交流，其具体方式包括公开的批注、引用、评论，以及论坛、交流圈

① BAVERSTOCK A. Why self-publishing needs to be taken seriously［J］. Logos，2012，23（4）：41-46.

② 巴斯卡尔 . 内容之王：出版业的颠覆与重生［M］. 赵丹，梁嘉馨，译 . 北京：机械工业出版社，2017：66.

等不同形式的虚拟社群。其最大的意义在于，能够在一定程度上影响内容生产本身，使得作者与读者共同创作作品成为现实。此外，读者之间同样能够实现对话式的交流，促使阅读成为一种新型的社交行为，并扩大作品的意义再生产空间。

三、规则互嵌下的平台化出版

平台化出版整合了出版与平台各自独立的规则，规则之间的冲突与调适最终融合为一套全新的互嵌规则。平台化出版存在看似矛盾的两面性：一方面，它解放了个人表达，为作者与读者搭建了交流通道；另一方面，它也构建了新的约束机制，这种约束机制既表现为可以直观感知的禁言、删帖等，也表现为深度隐藏的算法推荐，这决定了用户能够看见什么，更重要的是决定了用户看不见什么，可见性、可见范围都在算法黑箱中被以用户无法感知的方式操纵着。总体而言，这种规则互嵌表现为中介属性的颠覆，以及大众传播与网络传播的整合。

（一）中介属性的颠覆

基于产业链条/网络的视角，我们在前文中使用了“中心化”的概念来解释出版与平台在其经济体系中的位置；而对于内部视角下的作者和读者而言，“中介化”则成为阐释作者、读者同出版机构、平台之间关系的更好的理论工具。总体而言，与单纯的出版机构和平台相比，平台化出版意味着它们从主动、主导的出版链条中心，转向了以相对隐性方式提供出版服务（进行出版管理）的出版网络的中介。

在出版与平台两套规则互嵌的作用下，平台化出版的规则成为某种妥协式整合的产物，或者是基于顺应技术潮流、获取市场竞争优势的考虑。平台化出版不只是出版作为内容供给者的延伸，也是平台作为模式供给者的延伸。出版的一些传统习惯被引入平台化出版中。传统的知识被认为是“纸的意外产物”[①]，例如，在印刷媒介上犯了错误，要做出修正，既要面临来自回收和销毁复本的高昂成本（事实上，一旦公开销售就很难完全回收所有复本），也要面临印制新复本的高昂成本，公开召回所产生的负面舆论和品牌受损同样是出版商难以承受的；因为制作复本的成本较高，并不是所有的知识都能得以出版，出版在很多时候就以权力而非权利的逻辑行事。在平台化出版中，对出版质量的要求原则上不会低于传统出版，但在实践过程中，平台化生产导致的内容爆炸使得传统出版的质量把控机制难以承受，以大数据和算法为基础的新型质量把控机制有其天然缺陷，导致平台化出版的质量可能较传统出版稍低，但仍然高于缺乏第三方约束的自媒体。在此过程中，作者个体的认知——从事出版的道德感、崇高感、责任感等非理性因素要强于从事一般的自媒体内容生产——同样发挥了积极效应。

对于作者与读者，平台化出版表现出了不同的中介化取向。

对作者而言，内容生产呈现出分散化趋势，即作者不再必须绑定于出版机构，借由出版机构提供的专业化服务生产内容，而是可以自由选择不同的平台，并借助平台服务自主展开创作。这种类似于自媒体“用户生成内容”的出版形态，符合社会化大生产的生产力发展趋势，正在显示出越发蓬勃的生命力。基于一种总体视角，这种内容的分散化生产方式，亦是社会生产网络进一步分工和协作的印证，创造了一个“共同对等生产”的世界。也因此，出版作为一个严格的“守门人”的角色被不同程度地解构了，读者有更多的渠道接触媒体内容，在这层意义上，出版的“筛选”部分失去了价值。传统出版模式属于辐射型系统，“生产者处于边缘，负责把作品推向中心……而在去中心化结构中每个人都是一个节点，因而权力

① 温伯格．知识的边界［M］．胡泳，高美，译．太原：山西人民出版社，2014：72.

是分散的，并且多重联系都是在双向通信渠道中进行的”[①]，有“网络百科全书”之称的维基百科、依靠志愿者贡献的公益型数字图书馆“古登堡计划”等都是典型代表。因此可以说，平台化出版之于作者而言降低了中介属性，呈现出弱中介状态。

对读者而言，传统出版是人与出版物的连接，出版机构是隐形的，人们很少会甚至并不会通过出版社接触出版物。平台化出版成为一种强中介属性的存在，人们习惯于通过平台发现（检索、定位）、消费（购买、阅读）、传播（评论、交流）内容。同现实中的企业竞争一样，互联网平台之间也存在激烈的竞争关系，同时因为“赢家通吃”的网络特性，在自由发展状态下，平台界始终存在寡头垄断的趋势。“网络的集中化方式是通过自身的能力来提高集中化所带来的价值。”[②]由于人们普遍存在从众心理，大型平台将会进入良性循环：平台的用户越多，越会吸引更多的新用户，而这将会促使平台不断完善和提升自己的功能。与之对应的则是小型平台的艰难运营，用户少，也难以获得利润来支持研发与创新。大型平台正向循环的内容生态，将深度绑定读者，这意味着平台化出版之于读者而言增强了中介属性，呈现出强中介状态。

（二）大众传播与网络传播的整合

网络传播融合了大众传播（单向）和人际传播（双向）的信息传播特征，在总体上形成一种散布型网状传播结构。在这种传播结构中，任何一个网络都能够生产、发布信息，所有网络生产、发布的信息都能够以非线性方式流入网络之中，因此网络节点成为网络传播的关键，个体作为网络节点引起了研究者的关注。相比于传统大众传播，网络传播具有交互性、海量

① 巴斯卡尔．内容之王：出版业的颠覆与重生［M］．赵丹，梁嘉馨，译．北京：机械工业出版社，2017：64.

② 巴斯卡尔．内容之王：出版业的颠覆与重生［M］．赵丹，梁嘉馨，译．北京：机械工业出版社，2017：59.

性、多媒体、即时化、个人化和超文本等特征。相比于平台模式下的网络传播，在当下受众的主体意识普遍觉醒的背景下，传统出版模式下的大众传播显示出其在应对现实情况时的无力感。

线上与线下融合观念的提出与发展，为大众传播与网络传播的整合提供了可能空间。在传统出版时代，一些出版机构会发展自己的书友会、读书沙龙等组织，将一部分读者聚合起来，以在内部相对方便地实现销售转化，同时便于扩大机构自身的影响力。例如，德国的贝塔斯曼书友会利用在欧美地区有着悠久历史的目录邮购模式，在2001—2004年的巅峰时期，在我国一度拥有150万活跃会员。这种粉丝化、社群化、圈层化的模式，在平台中也得到了广泛应用。基于地缘、业缘、趣缘等关系，用户自发或者由平台牵头组织，原本散落的“小众”也能聚合成一个具有一定规模的虚拟社群。麦克卢汉基于媒介视角，将人类社会划分为部落化、去部落化、再部落化三个阶段。基于平台构建的社群传播和圈层化传播使得原子化的个体实现了“再部落化”。

网络传播的特性在一定程度上推动了侵权盗版的泛滥，大众传播则因其信源明确，且经历复杂现实情况的长期规训，而逐渐形成了对著作权的重视。当前，著作权已经成为出版经济的核心。平台化出版模式下的内容版权有着明确的归属，这与缺乏秩序的网络版权环境存在根本性区别。对于平台化出版而言，著作权在严格限制以追求经济回报和促进广泛传播以扩大公共效益之间，不断寻求一种平衡状态。这既有别于著作权线下使用的严肃，同时也有别于网络中的滥用和乱用。这是因为在网络环境下，默许第三方使用著作权可以带来流量，同样可以转化成经济回报。就著作权使用问题而言，平台化出版在两种传播范式下形成了一种相对灵活、平衡的新型原则。

第四节 平台出版化与出版平台化：回归实践主体的考察

讨论平台化出版的逻辑不能脱离对主导、控制出版平台的企业和非企业组织的关注，出版平台作为技术、界面和规则的综合，无法脱离其背后组织的主导作用。组织本身则融入宏大的社会、政治、经济背景之中，勾连权利、权力与资本。组织研究应该被置于平台研究的核心位置甚至是基点。这一点，通过各国政府平台治理的实际对象就可看出。一言以蔽之，理解了出版平台背后的组织，一定意义上就意味着（至少是接近于）理解了出版平台的底层逻辑，当然我们也不能忽视平台本身对组织产生的影响——参与平台运行的各要素，都难以完全避免受到一种新结构的影响。基于“平台—出版”关系探讨平台化出版的逻辑，事实上已经反映出平台化出版的两种基本形式，即平台出版化与出版平台化。平台出版化对应的实践主体为互联网平台型企业，出版平台化对应的实践主体为传统出版机构。通俗地讲，前者属于“平台+出版”范畴，后者属于“出版+平台”范畴。平台化出版的逻辑具体体现在其实践路径中，因此回归实践主体的考察有其必要性。本节仅做引出和基础讨论，具体内容将以专章形式展开。

平台化出版进一步扩大了内容生产的民主化，导致出版生态的结构性转变，引入了更为丰富的实践主体。除了互联网平台型企业与传统出版机构，还存在其他类型的实践主体，例如公共图书馆、大学、行业组织等，但总体而言，这些主体的影响力不大，在实践规模、主体数量等方面并不构成主流，且其在不同程度上与互联网平台型企业与传统出版机构具有相似性，因此本书不再做具体探讨。

本书主要关注互联网平台型企业和传统出版机构。这意味着，本书不会将主要精力投向以独立或群体用户为观察与分析角度的研究路径，也不会沿此路径展开相关研究。事实上，与用户——无论是作为内容供应者的用户，还是作为内容消费者的用户——有关的研究已经取得了丰硕成果，颗粒度亦细密，包括质化与量化以及各种综合研究方法被广泛运用。当然，由于用户与平台背后的组织之间难以忽视的价值网络的存在及其发挥的关键影响，完全避免对用户的观照是不现实的。

一、互联网平台型企业

互联网对于传统产业的转型升级具有极大的推动作用，互联网对传统产业进行改造，以使其快速融入现代化经济体系之中。互联网融合了大数据、云计算等一系列创新技术，共同构成了“互联网技术组群”。突破性的创新技术组群能够引发产业革命，但并非一切产业革命都源于技术革命，基于管理角度的组织方式变革同样能够极大地提升产业效率，进而引发不同程度的产业革命。就创新技术组群而言，其能否最终引发产业革命，关键在于其能否坚实地“嵌入”现实经济生活的市场运行系统之中，能否被市场肌体吸纳，并被市场机制融合。也就是说，技术创新能否演化为产业革命，取决于创新技术自身的市场吸融力。①

对于企业而言，“互联网+”的意义在于降低新技术和新兴产业的门槛，通过使市场更加透明和公平来促进竞争。腾讯创始人兼首席执行官马化腾认为：“互联网开辟了新的领域，包括以前不存在的互联网金融、医疗服务和教育。它还应该扩展到制造业、能源和农业等传统行业。”百度前副总裁李明远指出，本地化服务将成为互联网公司的新战场：“线上到线下服务是一个很有前景的领域，因为它们专注于人们的日常需求，可以帮助人们节省时间。中国主要城市的工作人口可能是当今世界上最忙碌的人。

① 周蔚华，等. 数字传播与出版转型［M］. 北京：北京大学出版社，2011：8.

因此，在家里就可以轻松访问的服务有很大的发展机会。”①2015年，《政府工作报告》中首次提出了“互联网+”概念，此后具体的政策扶持措施相继出台，中国的“互联网+”计划逐渐成形，大量的互联网企业加速进入传统行业，同时引发了一波创业浪潮。自2020年新冠疫情以来的实践雄辩地说明，“互联网+”不仅在促进经济发展方面具有推动作用，同时在社会治理方面也发挥了积极作用。

互联网主要以产品和平台两种形式参与传统产业，其中以平台为经济模式的互联网企业可称为互联网平台型企业。对于出版业而言，互联网平台型企业的介入可认为是“平台+出版”，是“互联网+出版”的一种具体形态或具体阶段。平台具有管道、基础设施与协调员的三重角色，这与出版在社会内容生产与传播活动中的定位具有共通性。当前，互联网平台型企业已经成为一种新型出版商，广泛进入新闻、出版、娱乐等行业之中，形成了平台型媒体，其具体的商业模式涵盖自出版平台、自媒体平台、内容聚合平台（包括数据库平台和RSS平台等）、社交网络平台等。随着技术、观念、行业壁垒等不断被突破，互联网平台型企业促成的文化产业新业态，将会模糊出版业、影视业、广电业、游戏业等诸多产业的边界，形成以版权为核心的“大出版”产业。

二、传统出版机构

内容生产技术的数字化和网络化、内容消费者从线下向线上转移，诸多内外部因素都昭示着出版业转型的必然性和迫切性。在当前的出版环境下，进行数字出版和融合出版转型已经成为传统出版机构的共识。搭建自有平台，正在成为越来越多的大型出版机构的转型选择；对于中小型出版

① PASQUIER M. Internet plus：China’s official strategy for the uberisation of the economy [EB/OL].(2015-05-05)[2021-05-09]. https://innovationiseverywhere.com/internet-plus-chinas-official-strategy-for-the-uberisation-of-the-economy/.

机构而言，依托于大型成熟平台构建自己的数字产品体系，也是一种主流的市场选择。

传统出版机构采用的平台模式可认为是“出版+平台”，是对在“互联网+”理念基础上提出的“+互联网”的实践。“+互联网”是指传统产业利用互联网技术和理念进行以我为主的内部改造，以提高产业效率。“互联网+”与“+互联网”本质上是相互贯通的，根本区别在于以谁为主体，在产业实践中各有优劣；同理，“平台+出版”与“出版+平台”的根本区别也在于两者分别以互联网平台型企业和传统出版机构为主体，两种主体在商业模式方面亦相互借鉴，并不存在泾渭分明的界线，但在具体的运营过程中依然存在不同的尺度、规范和标准，在未来的发展过程中亦可能不断趋同。

值得说明的是，在平台化过程中，传统出版机构对平台价值的认知普遍不足。在推进数字化转型过程中，作为参与者的传统企业，如果只单纯接受平台企业推出的产品服务（用户分析、技术方案等），那么与传统价值链上下游买卖关系或服务外包模式并没有本质差异。[①]“‘来自优势地位的束缚’和麻木，使出版社把转型面对的新出版领域想象成自己居于绝对统治地位、新技术逆来顺受任我统治的静止的王国。”[②]将平台与自身的关系视为主体与客体的二元对立，那么出版仍将长期自我受限于传统范式之内。出版转型的速度、质量、水平都将受到负面影响，在与内容产业中其他品类展开竞争时，出版将可能逐渐失去其比较优势，产业规模逐渐萎缩，相应地出版人引以为傲的价值功能和社会效益也将难以得到有效发挥。出版本身的社会关系和其所隐喻的权力体系，在与平台实现深度互嵌以后，也会发生如生产方式上所经历的平台化改造，一种平台化的新型社会关系和权力体系将会诞生。

---

① 陈威如，王节祥．依附式升级：平台生态系统中参与者的数字化转型战略［J］．管理世界，2021，37（10）：195-214.

② 刘影．转型和转场：范式转换视角下传统出版社数字化发展策略［J］．现代出版，2019（6）：41-46.

第三章　平台出版化：互联网平台型企业商业模式的拓展

以互联网平台型企业为主体的平台出版化，是平台化出版的重要实践路径。对于出版业而言，互联网平台型企业是“新入局者”，但其却快速赢得了庞大的市场份额，甚至在许多方面引领了创新，为传统出版的平台化转型带来诸多借鉴。研究平台化出版，无法绕过平台出版化这一重要对象。

基于互联网平台型企业的视角，出版业更多被视为需要改造的传统行业，这成为理解平台出版化的基本出发点。在此基础上，作为生产精神文化产品的特殊行业，互联网平台型企业为何能够介入出版业，又具体采用何种方式介入出版业，都成为平台出版化的核心问题。同时，在当前全球掀起互联网平台治理浪潮的背景下，关注平台出版化的网络负外部性治理课题，预防大资本侵入出版业以及平台经济可能导致的产业问题和社会问题，成为研究平台出版化的题中应有之义。

第一节　商业逻辑：底层动力与可操作性

任何平台都有其法人主体。在不涉及公共安全等的特定领域内，法人主体的角色大多由企业扮演。虽然个人和小团队开发平台同样存在发展空间，并且我们也能看到现实中存在一些案例，但为了降低经济风险和安全风险，同时致力于推动平台的长远发展，选择公司化组织运营平台似乎成为一种必然选择。扎克伯格虽然在大学期间独立开发了Facemash（Facebook的前身），后来又与两名室友一起建立了Facebook，但很快就组建了公司，开始脱离单纯兴趣，趋向专业化和商业化的开发与运营。以平台为商业模式组织商业活动的企业，可以称之为互联网平台型企业。具体而言，互联网平台型企业是“运用信息和网络技术，通过某种创新生产方式来整合企业、顾客、合作伙伴、员工、股东及其他利益相关者，从而实现各方价值交换，并从价值交换中获取超额利润的互联网平台组织”[①]。

互联网平台型企业要切入并改造一个传统行业，在符合法律规定和政策要求的前提下，主要受两方面因素影响：第一，就主观方面而言，该传统行业是否能够产生值得期待的投资回报，这是互联网平台型企业的底层动力；第二，就客观方面而言，平台自身的能力是否能够与改造该传统行业相匹配，即行为的可操作性。主客观因素共同决定了商业逻辑的可行性。本节即基于互联网平台型企业的底层动力与可操作性，从两个方面入手分析平台出版化的商业逻辑。

一、作为底层动力的逐利性

作为市场主体的互联网平台型企业同一般经济组织一样，以逐利性作为基础行为逻辑；同时就微观层面而言，逐利性也深刻影响着参与经济活动的各个层面，包括对作者、编辑的经济激励，激发了生产力和创造力。

（一）作为生意的出版业

作为一种经济组织形式，公司在中世纪萌芽，一些贸易团体取得了法

① 邓华，等．平台型企业商业模式创新研究［M］．成都：四川大学出版社，2019：40.

人资格。随着西方启蒙运动的兴起，“天赋人权”的价值观念逐渐深入人心，西方资本主义政治制度就是建立在这一价值基础之上的。“天赋人权”也即人的自然权利，这种自然权利观鼓励人们通过创造财富以追求自身的幸福，因而出版商追求商业利润也成了天经地义的合法行为，西方出版业成为一个以盈利为主要目的的行业，长期以来形成了商业化主导的出版体制。[①]在我国，进入21世纪以来，尤其是出版机构转企改制以来，对出版业经济效益重要性的认识得到了根本性的提升。

理查德·纳什（Richard Nash）认为，“书籍不仅是消费者资本主义的重要组成部分，而且实质上还开启了消费者资本主义”[②]。现代出版在其起步阶段就深深融入了生意的基因：在古登堡发明机械印刷机的过程中，美因茨当地的一位投资者约翰·福斯特（Johann Fust）分别于1450年和1452年借给古登堡1600荷兰盾，这在当时是一笔不小的费用。大约在同一历史时期，在世界的东方，明朝的商业文学与商业出版兴起，商业出版逐渐走向成熟。

以利润为中心的模式是出版业的重要组成部分。创业精神和重商主义的主旨是一样的，营业利润率、现金流以及增长等概念，一直以来都萦绕在出版商的脑中。[③]不论中西、今古，出版作为一门生意，都在客观上促进了产业自身的发展，以及知识的生产与传播，生意与文化之间彼此促进的互动关系，在大多数情况下赋予了出版领域中的逐利性一种更为正当的价值。

（二）现代出版业存在较大的价值潜能

以互联网为基础的新兴媒介技术能够更好地组织内容生产与传播活

① 刘大年．当代西方出版产业政策：变迁与趋势［J］．现代出版，2015（4）：10-13.
② 巴斯卡尔．内容之王：出版业的颠覆与重生［M］．赵丹，梁嘉馨，译．北京：机械工业出版社，2017：180.
③ 巴斯卡尔．内容之王：出版业的颠覆与重生［M］．赵丹，梁嘉馨，译．北京：机械工业出版社，2017：180.

动，更大限度地激发出版价值的挖掘与转化。一方面，就内容生产而言，媒介技术赋能促使传统出版的精英化取向向大众化与民主化方向转型，个体的表达与创作欲望得到更大程度的解放，阅读与发现的能力也得到更大程度的提升。另一方面，就内容传播而言，互联网促使大众传播范式逐渐式微，在新的传播体系中，社会化媒体表现出极强的传播能力，出版价值在社会化媒体中被制造、传播与再定义。

由于消费场景正在大规模地从线下转移到线上，互联网正在成为新兴的市场竞争场域。出版业转移到线上竞争，确定新的目标市场，进一步拓展了价值生产、价值转移与价值变现的空间；相应地，出版业的价值主张也必须进行适应性调整。价值主张涵盖两个方面，包括企业向用户提供的或计划提供的价值及其组合，以及用户能够从企业提供的产品和服务中获得的价值及其组合。对于企业而言，要想持续获得收益，就必须不断向其用户提供有价值的、差异化的产品或服务。[①]

互联网时代的出版业总体上不能完全归入实体行业序列，尤其在媒介融合背景下，以数字媒介为载体的内容产品，能够更好地满足用户个性化、碎片化的消费需求，出版业中的一些商业模式已经完全数字化、网络化，进入数字经济和虚拟经济序列。这也使得出版业的盈利模式发生转型，从单纯依靠卖书拓展为内涵十分宽泛的知识服务，出版业得以深度参与教育、科研、大众娱乐等领域。

（三）互联网平台型企业介入出版业的盈利空间

逐利性是企业的本质属性之一，这一点本来无须论述。只是在中国语境下，由于中华人民共和国成立后，经历过社会主义改造的企业曾长期由国有资本掌握，实行计划生产体制，企业要对政府、对人民群众、对国家

① PORTER M E. Towards a dynamic theory of strategy［J］. Strategic management journal, 1991, 12（S2）: 95-117.

经济发展负责，政企不分，行政色彩浓厚。直到市场经济体制改革后，这种情况才逐渐改变。长期的认知规训，导致国民对包括非公有制经济在内的企业，依然普遍抱有公益价值期待。在特定事件爆发时，例如遭遇重大自然灾害，舆论场中常见对“救灾不积极”的企业的负面评价。这种过高的价值期待是对企业本质属性的异化。

企业的逐利性是思考一切企业行为的逻辑基础之一。尤其对于互联网平台型企业而言，其商业模式通常偏向规模经济与范围经济，更加受到资本市场的青睐，反过来这也加强了其对利润的渴求。20世纪90年代中后期，在欧美及亚洲多个国家的股市中，出现了对科技及互联网相关企业的炒作浪潮，使得相关领域出现了远超其股市表现的虚假繁荣景象。到21世纪初，互联网泡沫全速消退，互联网经济转入平稳发展周期。随着网络技术的发展，尤其是移动互联网时代的到来，互联网平台型企业加快了进入传统行业的速度，Uber对出租车行业的颠覆、AirBnb对酒店行业的颠覆、支付宝对金融行业的颠覆、猫途鹰对旅游行业的颠覆等，都具有很强的代表性。

企业边界主要取决于交易各方在最优财权配置（流动与分割）上的选择。从发展战略角度考量，企业拓展自身业务边界的直接目的可能是整合产业链，巩固市场地位，多元化拓展业务以形成范围经济，最终目的是追求更高的利润。在一些情况下，业务边界的拓展可能并不会带来直接的经济效益，但对企业总体效益或长期效益的提升有益。电商平台京东进行战略转型，拓展3C业务以外的市场，选择图书领域切入，并不是因为图书零售能够带来大量利润。事实上，京东图书曾长期处于亏损经营状态。京东的考量在于，图书作为标准化极高而定价较低的商品，对于平台流量的贡献能够抵消图书经营本身的亏损。

互联网平台型企业介入出版业有其市场空间。首先，就精神产品的丰富性层面而言，出版市场是一个开放市场，优秀的选题考验出版人的智慧，但选题资源本身是取之不尽的；其次，就市场竞争结构层面而言，并不存在一个具有绝对垄断和支配地位的超级出版平台，并没有形成一个不利于中小型和新兴出版平台发展的外部环境；最后，受制于体制机制、思维观念、专业人才等多方面因素，传统出版机构搭建的平台在架构、运营、盈利等方面的表现普遍不够理想，各出版机构抱持自己的作者资源、内容资源、渠道资源，导致市场难以集中，规模效应难以显现，对行业总体效益提升的贡献也相对有限，表现出明显的小、散、弱特征。而对于互联网平台型企业而言，这些恰为其进入出版业创造了较好的市场条件。

二、介入出版业的可操作性

美国佐治亚大学泰瑞商学院信息管理系统系教授阿姆瑞特·蒂瓦纳（Amrit Tiwana）长期致力于软件生态系统、企业IT治理、模块化以及IT战略等方面的研究，他提出了一个发现平台机遇的模型——四透镜平台[①]（Four-lens Platform）。该分析模型最初被用于讨论一种产品或服务是否具有转化为平台的可能性，"四透镜"分别指"双边存在""未被利用的长尾""董事会的一方""跨单边网络影响潜在地存在"。这对于分析互联网平台型企业能否介入传统行业，同样具有理论指导价值。其中，"董事会的一方"主要在既有成功的产业或服务的前提下展开讨论，并不符合互联网平台型企业介入传统行业，尤其是出版业的现实情境，需要对此进行改造，引入新的考察指标。由于出版业提供给市场的是精神产品，直接影响人的意识形态和价值观念，一些国家对出版业实施较为严格的产业管理制度。因此，本书将"不同语境下的合规性"引入分析框架，用于代替"董事会的一方"，并将这一新的分析指标前置，以凸显其在现实情境下的基础作用。

① 蒂瓦纳．平台生态系统：架构策划、治理与策略［M］．侯赟慧，赵驰，译．北京：北京大学出版社，2018：56-58.

此外，由于双边市场与网络效应之间的紧密关联，“双边存在”与“跨单边网络影响潜在地存在”前后放置为妥。经过改造后的四透镜平台分析框架，详见图3-1。

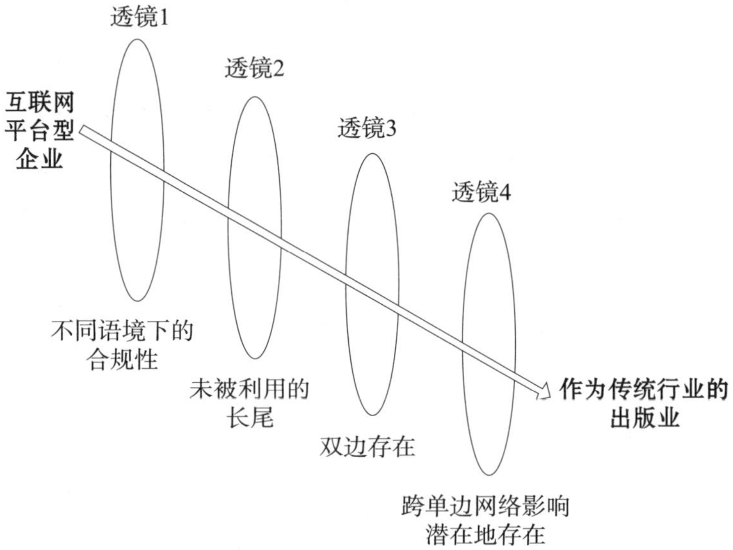

图3-1　经过改造的四透镜平台分析框架

（一）不同语境下的合规性

西方的“天赋人权”权利观肯定了人们享有言论自由的权利，因而现代西方国家普遍以宪法条文的形式保护言论和出版自由。[①]西方国家在具体的产业政策上，对于出版机构的设立，英国、法国、美国等西方国家一般采取登记制，即出版单位的创办者在满足相关法律法规限定的设立条件后，在相关部门登记注册，即可在法律许可的范围内从事出版经营活动。因此可以判定，在大多数西方国家，互联网平台型企业介入出版业并不存在合规性问题。

在我国，进入出版业必须符合相关法律法规的要求，包括国务院颁布的《出版管理条例》和《互联网信息服务管理办法》；国家新闻出版广电

① 刘大年．当代西方出版产业政策：变迁与趋势［J］．现代出版，2015（4）：10.

总局、工业和信息化部制定的《网络出版服务管理规定》；等等。如果与传统出版机构设立的条件和实际审批通过的现实对比，能够发现，我国对设立互联网内容平台并不存在消极处理的态度。在有法/规可依的前提下，互联网平台型企业严格遵照法律规定介入出版业，并不存在制度障碍。

关于互联网平台型企业对传统行业的介入，稍早时人们使用的话语工具是“互联网+”。“互联网+”意在使互联网深度介入经济社会各个领域，以互联网的技术条件、思维观念、运作方式等推动传统领域转型，提高传统领域的运作效率和活力，促进组织变革，形成更广泛的以互联网为基础设施和创新要素的经济社会发展新形态。2015年，全国人大代表、腾讯董事会主席兼CEO马化腾在全国两会上提交了《关于以“互联网+”为驱动，推进我国经济社会创新发展的建议》的议案，提出“我们需要持续以‘互联网+’为驱动，鼓励产业创新、促进跨界融合、惠及社会民生，推动我国经济和社会的持续发展与转型升级”。在当年的《政府工作报告》中，李克强总理提出“制定‘互联网+’行动计划，推动移动互联网、云计算、大数据、物联网等与现代制造业结合，促进电子商务、工业互联网和互联网金融健康发展，引导互联网企业拓展国际市场”。7月，国务院下发《关于积极推进“互联网+”行动的指导意见》，提出“积极发挥我国互联网已经形成的比较优势，……有利于重塑创新体系、激发创新活力、培育新兴业态和创新公共服务模式，……实现中国经济提质增效升级具有重要意义”①。在中央政策导向下，“互联网+”迅速成为政、产、学、研各界的热议话题，助推了互联网平台型企业的创新创业热潮，也在一定程度上促进了平台出版化。

（二）未被利用的长尾

2004年，《连线》杂志总编辑克里斯·安德森（Chris Anderson）发

① 国务院关于积极推进“互联网+”行动的指导意见［EB/OL］.（2015-07-01）［2021-09-09］. http://www.gov.cn/ zhengce/content/2015-07/04/content_10002.htm.

表文章，首次提出了长尾效应（the long tail）。长尾效应最初被用来描述诸如亚马逊等平台的商业现象：它一半左右的销售来自比较热门的商品，而另一半却来自相对不那么热门的商品。换句话说，那些种类繁多但销量很小的商品或服务，其累积收益能够与那些热门的商品或服务相当。这与帕累托法则完全相悖，反映了互联网环境下出现的一种新经济现象。相应地，长尾客户指总数庞大但消费能力较低的客户。在传统模式下，一般行业都应尽量减少为长尾客户提供对等服务，例如银行业，在人工服务资源有限的前提下，就应重点为中高端客户和大客户提供个性化服务。在网络银行业务广泛开展后，情况才开始转变。

在出版业，一般作者，甚至是有意愿成为作者的普通人，以及消费能力有限的读者，都可以视为长尾客户。他们的创作与阅读偏好可能较为小众，在传统出版模式下，其创造与实现价值的边际成本较高，因此往往成为“被遗忘的群体”。平台模式恰恰为有效降低内容生产的边际成本提供了一个优选方案。深入发掘利基市场，满足小众群体需求，将可能创造出出版业新的发展增量。

（三）双边存在

在传统出版模式下，出版机构作为连接作者与读者的中介机构而存在。作者—出版机构—读者作为一种相对稳定的市场结构，在纸媒时代促进了出版业的发展与繁荣。在传统的出版市场结构下，作者与读者相对于出版机构而言，构成了基本的“双边”。然而，这里的“双边”存在一种天然缺陷，即由于受到媒介技术和商业模式等的影响，作者与读者之间难以实现直接的信息交换，其价值生产与交换也只能通过出版机构这一中介实现，跨边效应虽然在一定程度上存在，但在频次、效用等层面上基本可以忽略。平台的潜力在两个截然不同的群体中是最大的，我们称这两个群体为创新者和消费者，他们想要更容易地相互作用，然而却不能仅依靠他们自己来实现。[①]对应到出版业，在媒介技术先在地提供了这种可供性的前提下，作者与读者之间天然的连接需求难以再被压制。平台作为催化剂，促进了两个价值创造群体之间的相互作用。[②]

平台的首要目标是匹配用户，通过商品、服务或社会货币的交换为所有参与者创造价值。[③]在真实世界的出版产业链条中，由作者到读者不仅跨越了出版机构，还有更多的利益相关者参与其中，例如设计机构、印刷机构、批发机构、零售机构、宣传机构等，只是其一般由出版机构负责组织和协调，一般不与作者和读者发生直接关联。由此，"双边"可以扩展为"多边"，理论上能够进一步提高成本效益。

（四）跨单边网络影响潜在地存在

跨单边网络影响（cross-side network externalities）即交叉网络外部性，指在双边市场中，一方市场用户产生的网络效应对另一方市场用户的影响力，比如顾客对生产商的影响、生产商对顾客的影响。跨单边网络影响存在几个突出特征：第一，从产生的主体看，双边市场存在着两个方向相反的网络外部性；第二，方向相反的两个网络外部性可能代表不同的福利影响；第三，方向相反的两个网络外部性可能为正也可能为负，但一般不会同时为负；第四，双边网络的价值依赖对边用户的数量；第五，性质受到双边用户互动方式的影响。[④]

对应到出版业，仅以"作者—读者"这一简单的"双边"理解跨边网络影响，可以发现，在"双边"能够实现有效连接的前提下，读者数量的

① EVNS D S，HAGIU A，SCHMALENSEE R. Invisible engines：how software platforms drive innovation and transform industries［M］. Cambridge：MIT Press，2006：3.

② EVNS D S，SCHMALENSEE R. Catalyst Code：the strategies behind the world's most dynamic companies［R］. Boston：Harvard Business School Press，2007.

③ 帕克，范·埃尔斯泰恩，邱达利 . 平台革命：改变世界的商业模式［M］. 志鹏，译 . 北京：机械工业出版社，2017：6.

④ 陈应龙 . 双边市场中平台企业的商业模式研究［M］. 杭州：浙江大学出版社，2016：73-74.

增加能够有效刺激作者效益的提升；反过来，在一般情况下，作者数量的增加也能够提升读者的福利，但在现实情境下，还会受到推荐/筛选机制、呈现方式等多元因素的影响。

第二节　业务模式：基于典型案例的讨论

介入案例讨论意味着对既有理论的验证与对新理论的发掘。在平台出版化路径中择选典型案例，一方面在于描述互联网平台型企业的出版实践状况，另一方面是要试图寻求其商业逻辑与价值目标之间的关系。对案例的讨论，有几个经典问题无法回避：用户是谁？用户需求与平台供给之间是否形成了有机连接，以及这种连接的形式如何？平台如何实现盈利？在平台创造的双边市场中，实际情况还要更复杂：双边用户分别是谁？双边用户的连接机制如何？价值由谁创造，又如何在“单边用户—平台—单边用户”之间实现流动？以下基于案例的讨论，即以回应这些问题为旨归。

在具体案例的选择上，主要基于四点考量：第一，平台模式相对成熟；第二，具有一定的市场领先地位和典型代表性；第三，用户面相对较广，便于资料搜集；第四，涵盖中西方案例，尽量减少制度环境造成的干扰。由此，笔者最终确定将QQ阅读、KDP（Kindle Direct Publishing）与喜马拉雅三个平台作为案例。

一、阅读平台：以QQ阅读为例

阅读平台不仅指向读者的阅读与接受，还因为平台普遍采用社交化的运营方式，通过虚拟社群构筑关系网络以提升用户黏性，而同时指向了营销与传播渠道。阅读平台处于传统意义上的出版产业链的末端，占据用户的消费过程，也意味着出版价值的最终转化与落实。掌握渠道话语权的阅读平台往往会发展内容生产机制，同时通过版权运营开发IP资源，影响力不断拓展。QQ阅读是国内市场份额最大的移动阅读平台，以下即以其为例，具体讨论平台出版化路径中的阅读平台。

（一）平台架构与内容分类

QQ阅读始于WAP版QQ书城的QQ阅读，早在前智能手机时代就积累了大量用户基础，平台客户端支持iOS、Android等移动操作系统。QQ阅读的作品总数近1000万部，覆盖了200种内容类型，创作队伍达到700余万。

QQ阅读隶属于阅文集团。阅文集团成立于2015年3月，2017年11月在香港上市。作为以数字阅读为基础、IP培育与开发为核心的综合性文化产业集团，阅文旗下囊括QQ阅读、起点中文网、新丽传媒等业界知名品牌，汇聚了强大的创作者阵营，拥有丰富的作品储备，覆盖200多种内容品类，触达数亿用户。[①]丰富的IP生态业务矩阵为内容提供了广泛的分发渠道，QQ阅读借此能够有效利用集团丰富的内容资源，享受规模化效应的多重便利。阅文集团的成立，“不仅标志着网络文学PC时代的终结和移动时代的开始，也标志着网络文学平台从简单电子版权运营，开始向作品全版权运营模式转变”[②]。阅文集团旗下的平台矩阵见表3-1。

表3-1　阅文集团旗下的平台矩阵

类型		平台名称
PC端网文阅读平台	综合原创文学平台	起点中文网、创世中文网、云起书院、小说阅读网
	女性原创文学网站	红袖添香、潇湘书院、起点女生网、红袖读书
	小众原创文学网站	言情小说吧

① 公司简介［EB/OL］.［2021-09-09］. https://www.yuewen.com/about/?part=brief.

② 夏宜君 . 平台经济：文学平台行业繁荣的解释［M］. 北京：中国财富出版社，2019：73.

续表

类型		平台名称
移动端 App	移动端阅读品牌	QQ 阅读、起点读书
	免费阅读品牌	飞读小说
	海外文学品牌	WEBNOVEL
	创作应用	作家助手
其他	传媒品牌	新丽传媒
	有声阅读品牌	天方听书网
	专业图书企业	华文天下

在QQ阅读的“书城”板块中，类型被分为男生、女生、出版、会员、漫画、听书等；据此，QQ阅读的内容结构可以简单划分为网络文学、出版图书、漫画与有声书四个类型。这也是多数移动阅读平台的基本内容划分方式。

除了面向大众用户的普通版，QQ阅读还推出了机构版，主要面向图书馆用户，通过与微信公众服务平台直接嵌入连接，拓宽了图书馆的资源连接方式。QQ阅读机构版提供12万种以上的正版电子出版畅销书，全部为精排版和电子排版，杜绝扫描版，内容覆盖中国出版集团、中信出版集团、华章图书、磨铁文化、博集天卷、清华大学出版社、北京大学出版社、中国人民大学出版社等众多权威出版机构。作为纸质图书畅销排行榜覆盖率最高的电子阅读产品，QQ阅读的内容主要涉及小说、经济管理、励志、生活、影视文学、悬疑文学等6大门类，其中经济管理类1万种、励志类1万种、文学类1.5万种、小说类2万种，月更新量达2000册。QQ阅读每年支付2亿元以上的版权费用于采购内容资源，并以每日更新的方式确保第一时间上线。

（二）运营模式与价值转化机制

QQ阅读根据用户的群体特性，主要向年轻用户推送娱乐类、励志类、网络当红小说等内容，其推荐机制主要包括4种：一是基于标签的推荐，用户在首次登录平台时，平台会提供丰富的身份标签供用户选择，这在一定程度上解决了“冷启动”的问题；二是基于内容和用户的协同过滤，原则上是通过模型计算内容间的相似度，提高内容触达用户的效率，减少不相干内容的干扰；三是通过用户的操作行为（包括阅读、收藏、分享、点评、不喜欢等）训练推荐模型，提高内容相似度的计算精度，进而提高推荐的精准性；四是根据排行榜推荐，以群体数据适配个体用户。

QQ阅读的盈利模式主要有5种：

第一，会员收入。QQ阅读会员可以按月、按季度和按年付费，会员可以享受免费阅读会员书、书籍免广告等服务。免费试读+付费阅读是当前多数阅读平台采用的策略，目的在于降低用户门槛，在引起用户的阅读兴趣之后进行收费，提高转化率，QQ阅读同样以此作为基本的付费用户转化策略。

第二，广告收入。软件开屏广告、banner广告是传统形式上的广告形式，近年来，feed流嵌入广告（也称feeds广告）开始流行，QQ阅读同样大量采用了该形式广告，将广告嵌入书籍内容之中。feed流嵌入广告是一种与内容混排的原生广告，形式上以文字、图片加超链接为主，因为其依据特定算法实现精准推送，且与内容有较高的融合度，而更易被用户接受，平台的收费方式则包括CPC（cost per click，每次点击付费）、CPM（cost per 1000 impressions，千人成本）及CPE（cost per engagement，按参与付费）等。

第三，增值服务收入。例如，QQ阅读建立了虚拟币（“阅币”）机制，用户可通过虚拟币购买字体、主题等。

第四，IP运营收入。一方面，QQ阅读对知名IP进行影视、游戏、图书及周边产品的延伸开发，成功输出了《步步惊心》《我和我的祖国》《知否？知否？应是绿肥红瘦》《都挺好》《流浪地球》《橙红时代》等大量优秀改编作品；另一方面，QQ阅读也积极推动发展粉丝经济，以《庆余年》为例，该作品既可以将文学粉丝转化为影视剧观众，也可以将影视剧粉丝转化为文学读者，两种方式均能够有效提升平台流量。

第五，游戏收入。腾讯游戏是中国最大的网络游戏社区，也是全球用户最多的数字娱乐平台。QQ阅读依托于腾讯游戏和自身的用户积累，也建立了游戏中心，分为“阅游戏”和“在线玩”两类。其中“阅游戏”中的游戏以平台中的小说为基础进行改编，且多数为同名改编和角色扮演类，如《斗罗大陆》《凡人修仙传》等，具有更强的用户转化能力。

QQ阅读专门设置了“广场”等功能，用户可以在其中进行交流，发表自己的评论或回应其他用户的评论。此外，QQ阅读还与同属于阅文集团的“作家助手”平台联动，旨在扩大作者资源，辅助作者创作长篇小说、短篇小说及对话小说，还通过举办赛事刺激作者的创作。

（三）QQ阅读与主要移动阅读平台的对比

相比于其他竞品，QQ阅读的一大优势在于阅文集团内部的资源共通、共享。在移动阅读平台服务趋同的背景下，规模优势一方面会有效转化为平台吸引力，用户之间的模仿、带动进一步放大网络效应，带动双边市场繁荣，形成良性循环，并在外部竞争中逐渐推动“马太效应”的出现；另一方面也提高了平台的话语权，在与作者和读者的价值转化过程中掌握更多主动权，在合理使用这种主动权的前提下，平台能够获取更大利益。以下就QQ阅读与主要移动阅读平台进行对比，见表3-2。

表 3-2　QQ 阅读与主要移动阅读平台的对比

平台	核心用户	主要盈利模式	运营模式
QQ 阅读	青少年为主，24 岁及以下用户占 31.7%，25—35 岁用户占 54.6%	会员、广告、增值服务、IP 运营、游戏	阅读生态
微信读书	18—35 岁的学生和白领	会员、纸书销售	熟人社交 + 阅读
网易蜗牛读书	一线、新一线城市的职场人士、大学生、自由职业者	按阅读时长付费	陌生人社交 + 阅读
掌阅	“90 后”学生和白领，其中“00 后”占比近半数	会员、广告、增值服务、IP 运营	阅读生态
Overdrive	本地图书馆用户	免费	美国用户可借助 Overdrive 从当地图书馆借阅电子书、有声读物和流媒体视频，到期后自动返回
iBooks	使用苹果硬件的用户	销售电子书和有声书	基于苹果公司的软硬件生态进行推广，配合苹果公司的 Pages、iBooks Author 等可轻松创作
Google Play Books	Google Play 用户	销售电子书、有声书，以及应用程序、电影、音乐、电视节目等	基于 Google Play 平台资源，虽然为 Google 出品，但同时有 iOS 版本

二、出版平台：以 KDP 为例

以平台参与出版产业链的程度为标准，可以简单将平台归为环节型平台和全链条型平台两类。不断向产业链的上下游延伸，几乎成为环节型平台发展到一定规模后，为了避免陷入瓶颈期而必须选择的发展路径。如同企业发展一样，任何平台都无法确保自己的技术创新和模式创新始终保持领先优势，这种忧患意识造就了一种特殊的市场竞争环境：当一种创新出现时，大型平台要么尝试投资，要么不惜成本地模仿，并利用品牌、流量等市场优势挤垮那些初创者。这也是环节型平台发展为全链条型平台的重要原因之一。可以说，只要有市场竞争存在，环节型平台就始终有发展为全链条型平台的动力。因此也就不难理解，为什么许多渠道商开始建立编辑部，尝试出版图书，如当当网就建立了自有品牌“当当出版”，以“汇聚中国名家经典！”为口号。

亚马逊的发展路径生动映射出技术进步与产业开放的互动关系：因为图书是高度标准化、易存储的商品，平台首先介入的是图书发行环节；随着数字媒介的发展，亚马逊开发了数字阅读平台，以及以电子墨水屏为基础的手持阅读器Kindle，实现对数字出版物阅读的多终端支持，事实上构建了一个自有的庞大阅读市场。这两个阶段都可归入内容分发领域。在Kindle发布后不久，亚马逊又推出了自出版平台Kindle Direct Publishing（简称“KDP”），开始介入内容生产领域。

出版平台指向内容生产环节，同时由于数字化内容的复制与传播难以实质性地进行物理割裂，基于提升用户黏性的考虑，平台也普遍选择通过交互性设置绑定用户群体，因此出版平台往往具备阅读平台的功能与属性。亚马逊推出的KDP，就允许作者将自出版作品发布到Kindle的电子书市场上，形成了产—销闭环。此处即以KDP为例，具体讨论平台出版化路径下的出版平台。[①]

① 除了自出版平台 KDP，亚马逊还设有自己的图书出版部门 APub（Amazon Publishing）。APub 成立于 2009 年，由 16 家出版社构成，如出版绝版作品的 AmazonEncore、在美国出版畅销和获奖的翻译书籍的 Amazon Crossing、出版面向 12 岁以下儿童的儿童读物的 Tow Lions 等。

（一）平台架构与操作方式

KDP属于典型的自出版平台。自出版是在数字技术背景下，作者居于主体地位的去中介化的出版模式。与传统出版模式中出版者承担成本和风险但获得大部分利润不同，在自出版中，作者承担大部分成本和风险，因而也获得大部分利润。

KDP由亚马逊公司在2007年年底推出。目前除提供自助出版服务外，还设立了4个主要的配套模块，分别为：KDP精选（KDP Select），通过免费的90天Kindle电子书计划，使加入该计划的图书通过亚马逊和Kindle促销接触到更多的读者；KDP社区（KDP Community），供作者和出版商自由交流的网络虚拟社区；创作空间（Create Space），为作者提供按需印刷（POD）服务，2018年年底与KDP合并，不再单独运营，但保留相关服务；ACX（Audiobook Creation Exchange，有声读物创作交易所），为作者、文学代理人、出版商和其他权利持有人，同叙述者、工程师、录音棚和其他能够制作成品有声读物的制作人建立联系，以制作独立有声读物。

对作者而言，在满足下列条件时，更倾向于选择传统出版方式：拥有大量粉丝、选题市场广阔、在遭到出版社拒绝时仍能充满信心、有时间和耐心应对漫长的出版过程，以及对社会信誉和声望有强烈的渴望。否则，自出版或许是一个更好的选择。选择自出版平台的主要因素包括平台的市场地位、市场范围、市场评价、服务质量、版税分配，以及作者对相应服务的负担能力。

站在作者的视角，在自出版平台出版图书的一般步骤，包括创作、自行编辑、专业编辑、版式设计、发布、营销以及维护。在KDP中，基本的操作流程也遵循这一步骤：作者在平台上完成注册后，需要先填写图书的相关信息，如标题、版本、作者介绍、内容概述、出版权限和关键词等；之后在遵循KDP内容指南的前提下，上传稿件、封面、预览，选定电子书ISBN，KDP发布的内容类型包括但不限于小说、丛书、儿童读物、漫画、食谱、杂志、诗集和教科书；下一步是给图书定价。图书出版以后，作者可以随时更新图书的详细信息、内容、封面，甚至是取消发布或删除图书。

如果作者选择出版平装书或精装书，流程则相对更为复杂。以平装书为例，除以上提及的常规步骤外，作者需要重点对图书进行格式化操作。格式化操作主要针对内文和封面两部分。在内容格式化部分，平台提供了免费工具Kindle Create，用于布局简单的文本密集型书籍，但并不支持带有表格、脚注或出血图像的平装书；在封面格式化部分，平台也提供了Cover Creator工具协助设计工作。

（二）运营模式与价值转化机制

KDP主要通过版税分成与为作者提供增值服务实现盈利。对于电子书而言，KDP建立了详细的版税规则（见表3-3）；对于平装书而言，KDP提供60%的固定版税（以定价为准），在此基础上减去制作成本，这取决于页数、印刷方式和市场区域，举例而言，一本333页、背白印刷、定价15美元、在美国销售的平装书，每销售一本，作者能够获得的报酬是：

（定价15美元×版税率60%）−制作成本4.85美元=4.15美元

对于精装书而言，计算公式与平装书相同，但制作成本更高。

表3-3 KDP的版税规则（美元）

<table>
<tr><th colspan="2">特许权使用费费率</th><th>最低标价</th><th>最高标价</th></tr>
<tr><td rowspan="3">35%</td><td>小于3MB</td><td>0.99</td><td>200</td></tr>
<tr><td>3—10MB</td><td>1.99</td><td>200</td></tr>
<tr><td>超过10MB</td><td>1.99</td><td>200</td></tr>
<tr><td colspan="2">70%</td><td>2.99</td><td>9.99</td></tr>
</table>

在为作者提供增值服务方面，KDP主要有点击付费广告（PPC）和KDP精选两类。

点击付费广告（PPC）可以基于关键词、ASIN、品类、兴趣四种方式进行投放。基于关键词允许作者将要推广的图书与特定的关键词绑定，当有用户在亚马逊上搜索这些关键词时，广告就可能出现在搜索结果中，用户可以点击进入图书的详细信息页面，作者通过PPC可以对目标关键词的点击量进行竞价——出价越高，广告就越有可能出现；商品推广广告、品牌推广广告以及展示型广告都可以进行ASIN投放，作者可以将广告投放在竞品的详情页上，也可以投放在自己商品的详情页上；基于品类的好处在于可以对投放品类从品牌、星级、价格区间等方面进行细化，以对广告投放进行更为精准的控制；展示型广告也可以根据兴趣进行投放，可以将广告投放在用户感兴趣的产品详情页上，从而吸引过去30天内浏览特定商品或类似商品详情页但未购买的用户。

KDP精选是平台的另一种主要盈利方式，其业务面向电子书，并不适用于平装书和精装书。KDP精选规定，加入其中的电子书至少在90天的注册期内，版权为平台独有，即该书只能在Kindle商店出售。为了吸引作者加入KDP精选，平台向巴西、日本、印度和墨西哥的用户销售电子书时，允许作者有资格获得70%的版税收入，而未加入KDP精选的电子书在这些国家的版税为35%；平台还提供了额外的促销工具“Kindle倒计时交易”（Kindle Countdown Deals），只有KDP精选作者可以设置限时折扣；作者可以在90天的KDP精选注册期内，最长为电子书设置5天的免费使用时限，这可以帮助作者获得大量的下载和评论，从而在免费活动结束时吸引付费客户；Kindle Unlimited允许用户以每月9.99美元的会费无限阅读，平台根据阅读的页数为作者结算报酬。

作家娜塔莉·巴雷利（Natalie Barelli）的案例中，既涉及了基于ASIN的PPC，又涉及了KDP精选中的Kindle倒计时交易。巴雷利在KDP推出了她的处女作《直到我遇见她》，她了解新书上市后进行促销的重要性，因此将小说第一周的价格设置为0.99美元，同时找了一些推广者，但一个月后仍未产生实际销量。之后，她又先后接受了在脸书投放广告无效、寻求专业数字出版商代理营销无果的教训。在读者评论慢慢出现时，她迅速设置了“Kindle倒计时交易”（一周0.99美元），并安排了平台广告。“我知道当价格回升时，销售额很快就会减少，所以促销结束后，我每天都会安排AMS广告。当广告起作用，产生点击量和销量时，我的小说就会因为越来越受欢迎而开始单独出现在书籍的‘也买’部分。那时，我会删除广告，等到销售额再次下降时再安排新的广告。”①

（三）KDP与其他自出版平台的对比

根据Bowker发布的*Self-Publishing in the United States, 2013—2018*，美国的自出版在2018年以40%的速度增长，并且没有放缓的迹象。②其中自出版的纸质新书约154.74万种，同比增长45.86%；自出版的电子书约13.04万种，同比减少0.82%。③在美国的自出版市场中，亚马逊的份额占比超过了七成，处于绝对的市场主导地位。

与KDP模式非常接近的是巴恩斯&诺博出版社（Barnes & Noble Press，简称“巴诺出版社”）的平台，它一方面为作者提供免费、快速、易于使用的自助出版服务，以“业内最具竞争力的作者版税费率和支付条款”（电子书版税为70%，纸质书版税为30%），帮助作者出版纸质书、电子书，甚至是仅供个人收藏的印刷品；另一方面也开发了电纸书阅读终端

---

① BARELLI N. How I scored an Amazon book deal with Thomas & Mercer（in 5 stages）[EB/OL].（2017-05-19）[2021-07-08]. https://blog.reedsy.com/amazon-book-deal.

② BOWKER. Self-Publishing grew 40 percent in 2018，new report reveals [EB/OL].（2019-10-15）[2021-05-13]. https://www.bowker.com/self-publishing-grew-40-percent-in-2018-new-report-revealsl. Bowker 是世界领先的书目信息提供商，是隶属于 ProQuest 的子公司，同时也是美国和澳大利亚的官方 ISBN 机构。

③ 范军，张晴 . 百舸争流千帆竞：基于多维榜单解析 2018 年度国际出版业 [R] // 范军 . 国际出版业发展报告（2019 版）. 北京：中国书籍出版社，2020：15.

Nook，同时有配套的网上书城。不同之处在于，巴诺出版社引入了更多的第三方合作商，如与Reedsy合作开展编辑工作，由Inkubate提供营销解决方案，由Girl Friday Productions提供必要的出版资源；KDP的相关服务则主要为自营。表3-4为KDP与主要自出版平台的模式对比。

表 3-4　KDP 与主要自出版平台的模式对比

平台	类型	基本情况
KDP	作者服务平台 零售平台	上传并在亚马逊的平台 Kindle 直接出版上出售图书，主导美国自出版领域的强大平台
巴诺出版社	作者服务平台 零售平台	在网上和实体书店出版图书，独家零售商，共有竞争力的版税和便捷的 POD（按需印刷）服务
IUniverse	作者服务平台 零售平台	成立于 1999 年，为作者提供出版服务；2017 年，*Conflict—The Unexpected Gift: Making the Most of Disputes in Life and Work* 一书的版权输出到中国
Apple Books	作者服务平台 零售平台	苹果用户专用的自发布平台，拥有 1 亿用户，为全球第二大在线图书零售商
Reedsy	作者服务平台 零售平台	成立于 2014 年，由 100 多万名作者和 2500 名自由职业者组成在线社区，实现图书出版的一站式外包，帮助他们每年将超过 15000 本书推向市场
Lulu	作者服务平台 零售平台	主要提供作者服务，也可以发行书籍，有自己的网上书店，2016 年其推出了学术内容传播平台 Glasstree
IngramSpark	作者服务平台 零售平台	提供图书发行和高质量的按需印刷服务，拥有超过 39000 家零售商和图书馆的庞大分销网络
PublishDrive	作者服务平台 聚合与分发平台	为作者提供从书籍格式到元数据的所有内容的整合服务，在 100 多个国家的 400 多家书店和 240 多家图书馆发布电子书、有声读物和印刷版书籍
Draft2Digital	作者服务平台 聚合与分发平台	处理格式化的图书分发，交付给亚马逊、巴诺、科博等零售商展开分销，并提供国际图书链接，在销售额中抽取 10% 的佣金
Smash words	聚合与分发平台	最早的图书发行商之一，现在是世界上最大的电子书发行商

续表

平台	类型	基本情况
StreetLib	作者服务平台 聚合与分发平台	意大利平台，在欧洲及拉美有很强影响力，同时正在进军非洲市场；在全球市场中占所有电子书销量的10%，占所有有声读物销量的20%；对于印刷书籍收取49欧元的前期激活费用，并收取每次销售额的10%
Notion Press	作者服务平台 零售平台	印度最大的本土自出版平台，支持用印地语、泰米尔语、孟加拉语、马拉地语、马拉雅拉姆语、古吉拉特语和卡纳达语出版图书，其混合出版计划 Outpublish 通过专家驱动的方法提供更专业的出版服务

自出版的快速发展也带来了一个普遍性问题：同样的出版革命平等地降低了出版门槛，传统出版机构不再是作者的唯一选择，这制造了比以往任何时候都更加拥挤的市场，意味着作者的成功比以往任何时候都要更难。自出版平台所奉行的服务均等化，客观上促使一些作者在保持自主把控的前提下，努力寻求与传统出版机构和专业人士的合作。传统出版机构所提供的编辑服务，以外部专家视角弥补了作者作为个体的视野局限。“作者不能做所有的事情，即使是写得完美的手稿也需要第二双眼睛来编辑，作者几周的谷歌研究无法与几十年的畅销书出版经验相比。”①

三、知识付费平台：以喜马拉雅为例

作为一种内容产业商业模式，知识付费在2016年前后迅速流行，社会资本纷纷大规模流入知识付费创业领域，进一步推动了这一模式的发展。知识付费被认为是各类知识技能人才通过平台或自媒体，在线生产知识服务产品，用户以付费的形式进行购买、学习和交互的一种信息产业形态。

① The top publishing trends of 2021 and beyond［R/OL］.［2021-05-08］. https://izzardink.com/top-publishing- trends-2021.

其内容可分为三大类型，一是资讯类，如新闻获取与信息咨询等；二是经验类，如职场经验、沟通技巧、理财方案等；三是认知类，如通识学科的知识点讲解、专栏等。[①]

目前主流的知识付费产品形态包括问答，如知乎，其是中文互联网高质量的问答社区和创作者聚集的原创内容平台，于2011年1月正式上线，以“让人们更好地分享知识、经验和见解，找到自己的解答”为品牌使命；听书，如喜马拉雅App，其通过构建PUGC内容生态，吸引了大量的文化和自媒体人投身音频内容创作，共同创造了覆盖财经、音乐、新闻、商业、小说、汽车等393类过亿种有声内容；专栏/课程，如得到App，其以“课程”“每天听本书”“电子书”等知识产品为主要交付形式，同时提供知识搜索、知识城邦社区、直播授课、个性化推荐等功能，还以得到高研院、跨年演讲及知识春晚等提供线下知识服务；社群，如吴晓波频道，其是国内较大的互联网财经社群，包括微信公众订阅号、财经类脱口秀视频及音频、书友会等具体互动形式，共同构成了财经自媒体矩阵；咨询，如在行App，其以首创的一对一约聊方式为用户提供个性化咨询服务，覆盖行业经验、个人成长、职场规划、投资理财、市场公关、健康管理、生活方式等70余类话题，建立用户与行家之间的深度连接，还在九大城市开发了线下约聊业务。

在诸多知识付费业态中，听书平台的产业规模最为庞大，市场前景更为广阔，有声书被誉为继纸质书、电子书之后的“第三种出版力量”。我国有声书行业实现了每年30%的高速增长，2020年的新冠疫情进一步刺激了市场发展，有声书的市场规模达到95亿元，用户数量以每年19.6%的比率增长，使用人次高达5.69亿。[②]美国有声书出版商协会（Audio Publisher

① 赵丽华，张湘悦．理性认识大学出版与知识付费［J］．现代出版，2018（4）：23-26.

② 艾媒咨询．2020年中国有声书行业发展趋势研究报告［R］．北京：艾媒大文娱产业研究中心，2020.

Association，APA）的数据显示，2020年美国出版了超过7.1万种有声读物，相比于2019年增长了39%，是自2015年以来的最大增幅；有声读物收入为13亿美元，增幅达到12%，连续九年实现两位数增长。APA执行董事米歇尔·科布（Michele Cobb）称："有声读物行业又经历了强劲的一年（2020年），人们不断发现有声读物，并意识到它们在让儿童和成人在能够远离屏幕的同时获得信息和娱乐方面的重要性。"①

在机构投入方面，除了传统音频平台，字节跳动、网易、腾讯、阿里巴巴等互联网巨头，起点中文网、磨铁图书、晋江文学城、小说阅读网等比较有影响力的网络文学企业，以及移动、联通和电信等移动运营商也纷纷入局有声书市场，②例如，2020年以来，字节跳动先后投资了塔读文学、吾里文化、秀闻科技、鼎甜文化、九库文学等，将今日头条小说升级为番茄小说，并上线番茄畅听。在商业公司取得较大发展的前提下，出版机构也开始试水知识付费，并从初期与外部平台合作提供内容和版权，逐渐发展到自建、自营平台。以北京地区为例。北京地区的出版社纷纷开始尝试知识服务，除了将原先的纸质产品转化为数字化产品，如教育科学出版社的教科文库，是将经过三审三校的图书资源重新归类整合，开发形成适用于教育管理人员、一线教师、教研人员、班主任及德育工作者的图书阅读库、知识查询工具库；以及将纸质产品转化并改造为适应互联网时代的产品，如由最高人民法院立项、人民法院出版集团建设运营的国家级法律知识服务和案例大数据融合"平台"——法信平台，但其缺少连接双边市场的架构和机制，本质上依然是面向用户的数据库产品，而非本书所谓"平台"；除此之外，第三种切入的渠道是真正的平台模式，打通上游知识生产和下游知识使用，建立基于互联网平台的商业模式，本质上脱

① ANDERSON P. APA cites 12-percent 2020 US audiobook revenue growth［EB/OL］.（2021-06-01）［2021-07-18］. https://publishingperspectives.com/2021/06/audio-publishers-association-12-percent-audiobook-revenue-growth-in-2020-covid19.

② 王娟娟 . 我国有声书发展的现状、困境与破局［J］. 科技与出版，2021（12）：63-67.

离了出版单位原先擅长的知识产品的生产，变成以产品为基础、以服务为中心的服务模式。但就目前情况而言，已经建成成熟知识服务商业模式的出版社还不多见，商业模式还处于初级探索阶段。[①]

下面以国内知名有声平台喜马拉雅为例，具体阐述平台出版化中的知识付费路径。

（一）平台架构与盈利方式

就2021年的移动端总收听时长和在线音频总收入而言，喜马拉雅是国内最大的移动音频平台。其注册用户数量超过6亿，已经建立了从头部IP到长尾内容全面覆盖的健康、均衡、有活力的生态内容体系，在线音频服务已经涵盖了全年龄段所需要的丰富内容，累积了包含98个品类的2.9亿条音频内容，2020年活跃的内容创作者达到520万人。[②]2021年喜马拉雅全端平均月活跃用户为2.68亿，同比增长24.4%，其中移动端平均月活跃用户为1.16亿，移动端用户日均收听时长为144分钟，总收听内容时长17441亿分钟，在全行业中收听时长占比68%。[③]

喜马拉雅的主要变现渠道包括付费订阅、广告、直播、教育服务以及其他创新产品和服务。2022年3月29日喜马拉雅在港交所更新的上市招股书显示，2021年喜马拉雅总营收为58.57亿元，同比增长43.7%，毛利率达到54%；其中，属于知识付费范畴的付费订阅收入为29.92亿元，占比高达51.1%，是喜马拉雅的基本盘。

除了平台内部的用户，喜马拉雅的特殊性在于，其以平台作为独立身份，与包括汽车、智能家居、智能音箱、智能穿戴等硬件终端，阿里巴

① 张新华．数字出版商业模式创新研究：以北京地区为例［M］．北京：中国书籍出版社，2021：160.

② 关于喜马拉雅［EB/OL］．［2021-11-11］．http://jobs.ximalaya.com/#/.

③ 于婷，高远山．喜马拉雅再闯港交所，3年亏损20亿，版权风险仍未解决……［EB/OL］．（2022-04-04）［2022-04-06］．https://baike.baidu.com/tashuo/browse/content?id=4a78326fb7dfd14f2e10861f.

巴、百度、小米、华为等知名企业在内的平台达成合作，提供音频服务，构建了一个规模更为庞大的产业生态。除手机、平板电脑作为平台终端外，喜马拉雅还构建了“小雅AI社区”，推出小雅Nano音箱、小雅AI图书馆、小雅慧读机、好习惯早教机等智能终端设备，进一步将平台向线下场景延伸，试图覆盖IoT场景，“做一家人一辈子的精神食粮”，从解决“怎么听”转向解决“在哪听”。值得一提的是，作为IoT场景重要组成部分的车载智能终端，有可能成为未来的重要增长点：2021年，中国在线音频渗透率为20.2%，美国则达到48.7%，其重要原因之一在于，美国的汽车拥有率远高于中国，汽车承载了美国人的许多生活场景，为一个庞大的车载音频市场提供了基础支撑。随着中国收入水平的增长和汽车产业的发展，中国有可能在未来几年内逐渐复现美国音频市场的景观。目前，喜马拉雅已经与特斯拉中国、通用、蔚来、理想等多家车企达成合作，提前进行了市场布局。

2016年，喜马拉雅开启了国内首个内容消费节“123知识狂欢节”，销售业绩达到5088万元，此后每年延续。在2021年的“123知识狂欢节”中，喜马拉雅与安徽少年儿童出版社、安徽科学技术出版社、天地出版社、中国妇女出版社、二十一世纪出版社、山东科学技术出版社等二十余家出版机构合作，在“喜马商城”首次引入实体书籍，超过150本亲子儿童图书上线，涵盖了幼儿绘本、大IP童书、名家教辅、国学名著、家庭教育等多个类别。[①]2018年，喜马拉雅还推出了“423听书节”，根据听众投票优选有价值的图书进行有声化，旨在“推动全民阅读的普及”。

喜马拉雅并不是一个“管道”式的单纯音频内容播放工具，借由巨大的多边市场，喜马拉雅形成了主播培训、内容生产和内容分发的业务体

---

① 姚科技 . 喜马拉雅 123 狂欢节首次开卖实体书 内容消费体验再次升级［EB/OL］.（2021-11-15）［2021-12-23］. https://baijiahao.baidu.com/s?id=1717382676227531265&wfr=spider&for=pc.

系，探索出“播客+有声书制作”的模式，从产业链后端向前端延伸，构成了完整的出版产业链。

（二）知识生产与传播机制

喜马拉雅在创建之初致力于在线音频分享平台的建设与运营，随着知识付费潮流的到来，喜马拉雅加速推动内容面的拓展，既有泛知识领域的金融、文化、历史类内容，又有泛娱乐领域的小说和娱乐类内容。平台主要通过PGC（Professional Generated Content，专业生产内容）、UGC（User Generated Content，用户生产内容）和PUGC（Professional User Generated Content，专业用户生产内容）三种方式进行知识生产，形成了从上游版权方、中游创作者到下游用户的全面覆盖（见图3-2）。

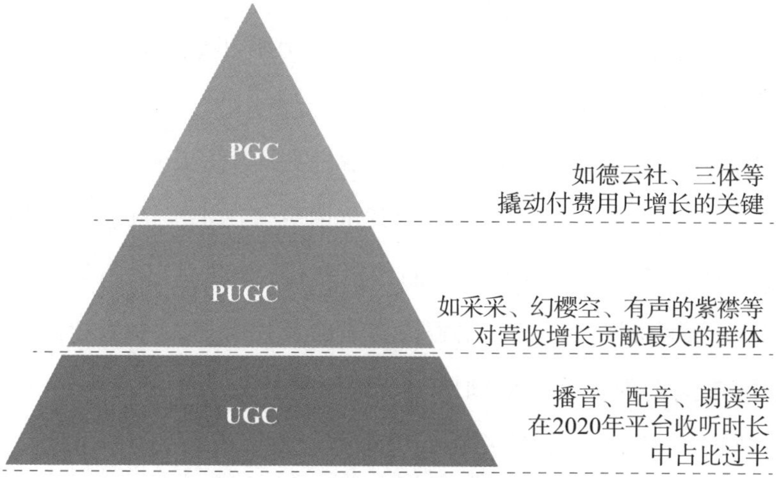

图 3-2 喜马拉雅的知识生产格局

PGC是喜马拉雅的主要盈利来源，其价值在于拉新、留存和刺激用户付费。截至2020年年末，喜马拉雅已与超过140家出版商建立版权授权关系，包括中信出版社、晋江文学城以及阅文集团等；常驻喜马拉雅的KOL（Key Opinion Leader，关键意见领袖）包括德云社、吴晓波等，同时也是喜马拉雅主要的IP版权供应商。[①]喜马拉雅早在2016年即上线了德云社的相声作品，双方存在长期深度合作关系，《郭德纲21年相声精选》长期位居喜马拉雅平台热播榜第一，截至2022年1月31日，播放量超过23.3亿，订阅量达到805.6万；除此之外，喜马拉雅还上线了文化类音频节目《郭论》《谦道》等，同样获得了市场认可。

目前喜马拉雅被广泛认为是国内同类竞品中UGC最活跃的平台，这主要得益于平台有效的激励和引导机制，比如为UGC设置的创作门槛较低——用户无须拥有专业的硬件设备和专业认证，只需借助手机即可在家中录制内容并发布。虽然较低的创作门槛可能导致作品质量良莠不齐，但这并不意味着将会降低平台的总体质量，通过用户的自然选择与过滤，以及平台的算法推荐机制，能够更大限度地避免其带来的负面影响。为了迎合更多用户的创作需求，喜马拉雅为UGC用户提供包括大量录音素材、趣配音、读短文/长文/有声漫画等服务，满足用户的创作欲望和社交需求，将部分用户转化为专业主播。

相比于PGC，PUGC在知识生产专业性方面表现出一定的不足，但仍强于UGC，是一种“业余的专业”，其价值更多在于保持用户活跃度、增加平台活力，同时作为UGC孵化的目标路径。2020年3月18日，喜马拉雅发起“古籍唤醒计划”，征集解读古籍的音频作品，古代文学、中国哲学、中国古代史等相关专业硕博士，出版过传统文化经典解读、古籍研究专著的学者，图书馆、博物馆、史志办、古籍类出版社等机构工作者，爱好古籍且对传统文化经典有专业独到研究的自媒体人等，均可报名参加，旨在扶持传统文化领域优秀创作者，打破传统文化与年轻一代的距离感，让书写在古籍中的文字焕发新活力。为此，平台为古籍唤醒人设计了全方位的扶持方案，如成为签约主播、一对一制作指导、版权保护、

① 互联网寒冬，谁在围剿喜马拉雅？[EB/OL].（2022-03-11）[2022-04-06]. https://baike.baidu.com/tashuo/browse/content?id=b35c4763cef70e0a433cc803.

亿级流量扶持等，并帮助古籍唤醒人实现商业变现。“喜马拉雅”也将上线数百部古籍类专辑，建立全网首个的音频古籍知识库，打造传统文化爱好者交流社区。[①]

喜马拉雅的上市招股书显示，从2019年到2021年（截至2021年12月31日），喜马拉雅PGC内容作者数量从2400人增加到3800人，PUGC内容作者数量从3000人增加到9300人，UGC内容作者数量从833.62万人增加到1350.2万人；相应地，在累计专辑数量上，PGC内容从2.14万增加到5.37万，PUGC内容从2.27万增加到5.18万，UGC内容从1442.6万增加到2531.94万。[②] 2020年，超过16.1万名内容创作者通过喜马拉雅获得了总计超过13亿元的收入。[③]

在知识传播方面，喜马拉雅有明确的目标用户：在年龄方面以40岁以下人群为主，喜马拉雅的上市招股书显示，截至2021年6月30日，平台中约24%的用户为“80后”，28%为“90后”，25%为“00后”；在地域方面以一、二线城市为主，占比53%，37%来自三、四线城市；在学历方面以高学历人群为主；在职业方面以学生和企业职工为主[④]。内容的组织和分发服务于两类用户群体，针对有目标需求的用户，借助搜索、热榜、专辑订阅、个性化推荐等功能帮助用户快速寻找内容；对于无明确目标的用户，则通过推荐内容、分类选择、明星IP引流等方式，给予用户自主选择权，在此基础上进行算法推荐。

目前，关于音频产品的版权问题日益凸显。这里的版权问题并不主要指向平台中的内容侵权，而更多地指向了外部对平台的版权侵权：一方

① 晏如．喜马拉雅招募古籍唤醒人 亿级流量扶持音频创作者［EB/OL］．（2020-03-18）［2021-07-12］．http://www. iprchn.com/ Index_NewsContent.aspx?NewsId=121487.

② 于婞，高远山．喜马拉雅再闯港交所，3年亏损20亿，版权风险仍未解决……［EB/OL］．（2022-04-04）［2022-04-06］．https://baike.baidu.com/tashuo/browse/content?id=4a78326fb7dfd14f2e10861f.

③ 喜马拉雅递交招股书：探索“耳朵经济”新未来［EB/OL］．（2021-05-10）［2021-12-23］．https://baijiahao.baidu.com/s?id=1699365993677724621&wfr=spider&for=pc.

④ 李昆丽．喜马拉雅FM知识付费运营研究［D］．开封：河南大学，2019.

面，平台App被破解使用，在一些电商平台上，就有商家以几元钱的价格公然出售喜马拉雅会员破解版软件，宣称其能够“免费畅听所有会员音频”；另一方面，平台中的精品内容通过各种网络渠道被非法、低价售卖，一般在交易成功后，购买者就可以获得音频内容的下载链接。并且由于规模往往较小，交易过程较为隐蔽，平台难以及时发现，维权的成本也较高。这成为知识付费平台发展过程中必须解决的关键问题之一。

（三）喜马拉雅与主要音频类知识付费平台的对比

在国内市场，喜马拉雅在资本实力、用户数量、内容规模、产业资源、企业运营能力、品牌与声望等方面，都具有较强的领先优势，根据Sensor Tower的报告，2021年，喜马拉雅在全球书籍类应用收入排名中位列第五[①]，是国内唯一处于第一梯队的平台；蜻蜓FM、荔枝FM等处于第二梯队，其中蜻蜓FM的总用户数量超过4.5亿，生态流量月活跃用户1亿，收录了全国1500家广播电台，认证主播超过35万名[②]；截至2020年第三季度，荔枝移动端月均活跃用户达到5620万，月活跃内容创作者的数量达到615万，用户累计上传播客内容数达到2.34亿，季度新增播客数量超过1900万，月均总互动数达32亿次[③]。在国际市场，亚马逊旗下的Audible借助亚马逊的丰富资源，快速发展为音频类知识付费平台中的巨头（见表3-5）。

① 长河 . 2021 年全球书籍类应用收入排行：Piccoma 吸金超 10 亿美元位居第一，喜马拉雅第五［EB/OL］.（2021-12- 23）［2021-12-31］. https://www.ithome.com/0/594/246.htm.

② 关于我们［EB/OL］.［2021-12-23］. https://www.qingting.fm/about.

③ 李赫，钟烜新 . 争做广东数字创意产业新名片［EB/OL］.（2020-12-29）［2021-12-31］. https://baijiahao.baidu.com/s?id=1687392346776026394&wfr=spider&for=pc.

表 3-5　喜马拉雅与主要音频类知识付费平台对比

平台	知识生产模式	平台功能	产品形态	发展历程
喜马拉雅	PGC+PUGC+UGC	听书、播客、社群、跨设备终端	付费订阅、广告、直播、教育服务以及其他创新产品和服务、智能设备	2012 年上线，2016 年推出首个付费产品节目（马东《好好说话》），同年推出“123 知识狂欢节”，2017 年推出直播功能，2018 年推出会员订阅机制，2021 年上半年计划赴美上市，9 月在香港递交上市申请
荔枝 FM	主打 UGC	听书、声音互动、声音社交	有声书、播客电台、音乐 / 情感直播	2013 年上线，2016 年推出语音直播功能，2020 年因赴美上市而被誉为“在线音频行业第一股”，2021 年上线中文播客 App“荔枝播客”
蜻蜓 FM	PGC 为主	听书、听直播	广播电台、版权内容、主播内容	2011 年发布，2015 年在业内首提 PUGC 战略，2017 年布局知识付费市场，2019 年初步完成音频全场景生态布局
懒人畅听	PGC 为主	内容创作、内容分发、开放赋能、听友交流	有声书、有声节目、精品课	“懒人听书”2012 年上线运营，2021 年被腾讯收购，与“酷我畅听”整合为新的“懒人畅听”
Audible	PGC	听书，能够实现与 Kindle 之间的切换	有声书	1995 年成立，最早为音频播放软件，2008 年被亚马逊收购

第三节　他者视角：来自平台型媒体的启示

网络外部性不仅存在创造协同价值、促进新经济发展的积极方面，也不可避免地会带来负面效应。负面的网络外部性即为网络负外部性。近年来，全球主要国家对超级平台发起的反垄断治理，本质上都是在尝试消除或者降低网络负外部性的影响。对于平台出版化而言，规避网络负外部性同样是无法回避的核心问题之一。相比于出版，媒体更早经历了平台化转型，积累的大量经验性材料对于平台化出版具有很强的参照价值：

一方面，出版越来越具有媒体的属性。这主要有三点原因：第一，新的数字传播技术正在制造全息社会；第二，新的数字传播技术促使图书媒介与新闻媒体融合；第三，新媒体情境下互联网出版的媒体舆论作用更加突出。①

另一方面，相比于传统出版机构，互联网平台型企业具有更多的“负面基因”。这表现在互联网平台型企业先天不具有传统出版经由几百年实践沉淀下来的行业规范与职业操守。平台出版化路径下的出版平台，虽在一定程度上遵循了传统出版的流程规范，但这种对流程的机械性借鉴，缺乏对其背后价值的理解与尊重，传统出版的文化使命感遭到削弱。同时，如本章前述，互联网平台型企业主要基于商业逻辑进入出版业，具有更强的资本属性，资本逻辑深刻影响平台的运营策略和价值导向；尤其对于上市或计划上市的互联网平台型企业而言，资方对平台业绩的量化考核进一步加剧了平台的这类负面倾向。

由此，以下尝试梳理平台型媒体的困境与网络负外部性治理经验，发掘可供平台出版化路径借鉴的经验。

一、公共性困境：平台型媒体网络负外部性的根源

2019年年底，中美欧不约而同地掀起平台反垄断的高潮，并一直持续至今。网络负外部性不断凸显，人们往往将其归结为资本主义的原罪。商

① 于殿利．论媒体融合与出版的关系［J］．现代出版，2020（2）：59-65.

业平台尤其是其中的巨头，由于对社会的深层嵌入而成为一种公共基础设施，又由于其对市场地位的滥用而逐渐从社会治理的工具演变为社会治理的对象。

平台型媒体被认为是未来媒体发展的理想形式。[①]2019年，美国哥伦比亚新闻学院发布了一份名为《平台与出版商：一个时代的结束》（*Platforms and Publishers: The End of an Era*）的报告，这份报告主要基于对大型科技公司与新闻业关系的长期研究，提出以规模效应、增长红利和科技巨头垄断为特点的旧平台时代将走到尽头。[②]

“现代公共传媒作为介于私人领域和国家权力之间专门从事信息收集、处理、传播以影响公共利益有关政策的形成的公共领域形式，它不仅成了人们知识获取、信息交流的重要工具，而且也是人们交换意见、形成公共舆论的重要场所；它不仅发展成为一种具有旺盛生命力的产业，而且还是一股重要的政治力量。”[③]媒体是现代社会公共空间的重要构成，媒体的公共性与平台的公共性叠加，在理论上应该促使平台型媒体的公共性特征进一步突出，并成为其运转的根本逻辑。然而，从现实情况来看，平台型媒体最为人所诟病和担忧的，恰恰是其对公共性的背离。有学者就提出，“现代媒体基础设施所要求的公共性、平等性、非歧视性原则，与平台的私人所有制、商业逐利属性始终存在难以调和的矛盾”[④]。

其具体表现，可以主要归纳为以下三点：

第一，从平台角度来看，用户日常生活中接触最多的平台，大部分归属于非公有的商业化公司，而不可回避的是，公共性与商业性在一些情况

① 丁一玮．从有限到无限：平台型媒体界定与信息监管困境［J］．传媒，2020（16）：94-96.

② RASHIDIAN N，CIVERIS G，BROWN P. Platforms and publishers：the end of an era［R］. New York：The Tow Center for Digital Journalism，2019.

③ 杨仁忠．公共领域论［M］．北京：人民出版社，2009：262-263.

④ 郭小平，杨洁茹．传播在云端：平台媒体化与基础设施化的风险及其治理［J］．现代出版，2021（6）：30-37.

下存在难以调和的矛盾。马克思在《资本论》中有一段精辟的表述："如果有百分之二十的利润，资本就会蠢蠢欲动；如果有百分之五十的利润，资本就会冒险；如果有百分之一百的利润，资本就敢于冒绞首的危险；如果有百分之三百的利润，资本就敢于践踏人间一切法律。"因此，资本的逐利性就使得人们不得不对平台侵害公共性时刻保持警惕。给监管造成更为艰难处境的是，平台还在以隐秘的方式寻求规避本应承担的责任。关于脸书和推特这样的社交媒体公司应该被视为平台还是出版商的争论正在升温。美国的《通信规范法》（*the Communications Decency Act*）第230条为脸书和推特提供了保护，其规定了互联网服务和用户对发布在互联网上的内容的法律责任豁免，这意味着如果用户发布了非法内容，互联网公司——从社交媒体平台到在线零售商再到新闻网站——通常不承担责任。当前，美国政府正在推动废除该法令，而多数大型科技公司则表示支持修改，但尚无法就如何修改达成一致。socialmediahq.com的创始人兼CEO克里斯蒂安·齐尔斯（Christian Zilles）认为，如果脸书或推特对其平台上出现的内容做出编辑决定，那么它们实际上就是在扮演出版商的角色。如果它们决定审查某些类型的内容，禁止某些个人使用它们的平台，或者通过某种方式使用算法限制或阻止某些类型的内容，那么它们与报纸或杂志等传统出版商没有什么不同。无论是人类还是机器算法做出了编辑决策——如果是在屏蔽或审查一些与其价值观和观点不一致的内容，那么它就是出版商。①这一逻辑在现实情境下明确了平台的责任。

第二，从媒体角度来看，互联网解放了人们的表达欲望，自媒体大量涌现，深度渗透各类型受众，无论是在法律法规、平台规则还是技术手段上，都难免存在监管盲区，而依靠自我监督又是一种过于理想化的状态，

---

① Zilles C. If social media companies are publishers and not platforms，that changes everything［EB/OL］.（2020-07-31）［2021-08-08］. https://socialmediahq.com/if-social-media-companies-are-publishers-and-not-platforms-that-changes-everything.

不具有现实操作性。自媒体人办自媒体基本都要追求变现，即其本质是商业化的。商业化的过度侵入将在根本上破坏公共领域赖以存在的基础：首先，控制商品交换和社会劳动力的市场法则渗入公共领域，从而使公共领域蜕变为一个商业化的消费领域；其次，通过理性交往形成公共领域的机制被商业化组织的舆论技术所取代，造成了虚假的公共性；最后，公共利益被迫让位于私人经济利益，公共领域所应有的批判理性被娱乐湮没，文化消费的伪公共性取代了文化批判的文学公共领域。①

第三，当媒体与平台结合并发展为有机统一的平台型媒体时，媒体的公共性将受到平台商业性的影响，其突出表现就是与利润深度绑定的“流量逻辑”成为左右平台型媒体的重要因素。随着社交媒体的兴起，“新闻”的构成正在发生变化：模因（memes）、趋势和任何正在传播的东西都成了新闻，即便是在《纽约时报》和《华盛顿邮报》的官方网站上，有关娱乐明星的八卦也可能同政治、经济领域中的重大事件一样，成为当日的头条。媒体中存在大量“标题党”，以及暗示性、煽动性和不尊重事实、不尊重客观规律的内容；舆论不再是单纯的公众讨论的结果，而是演化为公关广告活动的附庸，如果不加以治理，平台型媒体将存在沦为“资本喉舌”的巨大风险。如果发展到“公共俘获”阶段，平台型媒体巨头将可能制造一定的政治风险。“公共俘获”的本质是互联网平台超越了企业的“本分”和固有边界，通过游说、扶持代言人等不同方式“俘获”公共领域和公共权力，从而使公共政策的制定更加符合自身利益。②“公共俘获”将直接侵蚀和损害社会公共利益，对国家安全产生巨大威胁，破坏性极强。此外，算法不断深度介入平台中的内容生产，传统意义上的人工筛选部分地交由算法进行自动批量处理。算法会放大人类社会的偏见，并且其表现形式往往十分隐秘。亚马逊曾试图采用自动化算法筛选求职者简历，借由过去10

---

① 杨仁忠．公共领域论［M］．北京：人民出版社，2009：271-272.

② 方兴东，钟祥铭．互联网平台反垄断的本质与对策［J］．现代出版，2021（2）：37-45.

年提交简历通过的模式来审查申请人，但是这些简历大多来自男性，系统因此受到影响而对女性求职者存有歧视。[①]“算法黑箱”带来了一系列价值危机，包括不平等加剧、歧视加深、文化公共性贬损，以及公民身份和道德实践衰落等。[②]

二、平台型媒体网络负外部性的治理

当前，学界、业界和政府层面都已意识到公共性与商业化在平台型媒体中的结构性失衡现象，以及由此引发的一系列负面影响。平台型媒体与平台在本质上具有诸多共性，平台的问题大多也存在于平台型媒体之中；同样地，平台的治理大多同样适用于平台型媒体。平台的最大风险来自其市场垄断地位，“平台二选一”“困在系统里的外卖员”“围墙花园”等，很大程度上都根源于平台垄断。目前，国内外针对互联网平台治理主要存在两种主张：一是分离或限制现有平台的业务，降低超级平台的市场垄断能力，以促进市场回归充分竞争状态；二是对互联网平台进行国有化。在此基础上，李良荣等提出了第三种方案，即建立一个能够汇集“政府—平台—社会”三方资源且具有真正监督权的互联网平台治理委员会。[③]

由于平台型媒体关涉多元主体，其治理也必须同时观照多元主体利益，构建全方位、多层次、立体化的框架，打好“组合拳”。学者钟祥铭等针对破拆互联网超级平台“围墙花园”的对策，提出了三层治理架构，即自律机制（企业家精神、社会责任感）、共律机制（市场力量、行业规范）

① DASTIN J. Amazon scraps secret AI recruiting tool that showed bias against women［EB/OL］.（2018-10-11）［2021-10-21］. https://www.reuters.com/article/us-amazon-com-jobs-automation-insight/amazon-scraps-secret-ai-recruiting-tool-that-showed-bias-against-women-idUSKCN1MK08G.

② 全燕 . 算法驱策下平台文化生产的资本逻辑与价值危机［J］. 现代传播（中国传媒大学学报），2021，43（3）：141-146.

③ 李良荣，辛艳艳 . 论互联网平台公司的双重属性［J］. 新闻大学，2021（10）：1-15，117.

和他律机制（行政法规、法律），[①]还有学者通过梳理和对比欧盟与澳大利亚的平台监管政策指出，导致传统新闻业危机的重要原因之一，就在于不论是新闻生产还是消费，都已深度依赖于互联网平台，政策制定者应从维系民族国家媒体公共性的高度构建平台监管政策。[②]在法国，政府逐渐允许媒体企业采用非营利性机构的形式，媒体企业因此也可以接受捐赠，更为激进的一种观点是，面对数字时代的困境，媒体要通过一种新的“非营利性媒体公司”的形式走向未来。[③]这些都对平台型媒体的治理具有较强的启发意义。

作为一种媒体形态，平台型媒体相比于传统媒体有更强大的内容生产和传播能力，传统媒体依靠人工审核的方法无法在平台型媒体中全面推广。站在作为监管者的政府的角度来讲，由于人力和技术能力的限制，部分政府将监管职能与范围分解给平台；而对平台而言，面对其掌握的海量资源以及变现的巨大诱惑，其商业化的本质难免不会驱使其在某些情境下走向监管的对立面，此外，如果完全执行监管要求可能会与自身利益产生冲突，例如加大运行成本、降低系统效率，平台自身难以做到全面和深度的自律。

然而，受制于现实情境，平台自身不得不不断自我完善机制，构建有机融合生态体系内各主体利益的、具有一定公共属性的内部治理体系，并遵循“科技向善”的理念，追求“善治”状态，以适应日趋严格的政府监管与公众批评。在面对那些被认为存在问题的内容时，平台通常的做法是开发更为有效的算法。随着平台数据的增长，算法得以不断迭代，从而实现正向循环。国外平台型媒体的主要技术治理措施包括标签（label）、排

① 钟祥铭，方兴东．“围墙花园”破拆：互联网平台治理的一个关键问题［J］．现代出版，2021（5）：62-67.

② 张志安，冉桢．国家介入、平台依赖与新闻业可持续发展：欧盟与澳大利亚平台监管政策的比较及其启示［J］．新闻与写作，2021（12）：64-70.

③ 卡热．媒体的未来：数字时代的困境与重生［M］．洪晖，申华明，译．北京：中信出版社，2018.

名（ranking）、人工智能检测等。[①]

另外一种破解问题的对策是，平台将审核和监管的权限部分地开放给用户，并制定相应的用户激励机制。大多数平台主要或已完全转向其用户，让用户帮助识别攻击性的内容和行为，这通常依赖一种“标记”机制，即允许用户标记令人反感的内容。2005年，全球最大的流媒体视频平台YouTube就在其视频中增加了标记机制。在此之前，YouTube只在网站底部有一个通用的“联系我们”的电子邮箱地址。然而，这种引入用户并使之成为“网络警察”的机制的问题在于，某个用户所作的标记是否代表了更广大的用户群？如果不是，那这个系统的合法性又在哪里？[②]

值得补充的一点是，有学者指出，主流媒体作为价值媒体的本质没有改变，其将成为互联网平台作为转型目标，无论是在内在品性层面，还是在实践操作层面，都是不合理的，并在此逻辑基础上提出，小程序模式值得传统主流媒体转型为新型主流媒体时作为自己破圈价值影响力发挥的模式借鉴。[③]事实上，小程序并不是依托于大平台的单纯工具，纯粹的工具只在被需要时使用，无法形成强用户黏性，这是任何媒体都不希望出现的局面。从现实情况来看，发展较好的小程序同样具有完整的平台生态，也往往开发有完整的App甚至是网站，小程序仅是拓展用户渠道的一种方式。更为关键的是，“意识形态的阵地，我们不去占领，敌人就会占领”。如果主流媒体都甘愿寄身于其他平台，那么对于未来舆论环境的总体把握能力将被极大削弱，在特定历史条件下，可能会对社会稳定产生深远的不良影响。

---

① 申金霞，张佳迎．国外平台型媒体虚假信息的技术治理措施及启发［J］．中国传媒科技，2021（8）：7-12.

② 腾讯传媒．脸书 & 油管透明度报告：引入用户审核，能真正净化平台内容吗［EB/OL］．（2018-05-11）［2021-11-30］．https://mp.weixin.qq.com/s/mhSIj_gc97vzWsG-zRi_mg.

③ 喻国明．新型主流媒体：不做平台型媒体做什么？——关于媒体融合实践中一个顶级问题的探讨［J］．编辑之友，2021（5）：5-11.

三、对平台出版化的启示

来自平台型媒体的经验启示我们，在发展的过程中，要构建包括企业、行业、政府等多元主体在内的立体治理框架，多措并举，形成合力，才能更大限度地降低网络负外部性。其中，治理权力的开放、治理主体的合作与多元制衡、治理机制的激励相容非常关键。①

（一）企业层面

企业要明确并勇于承担社会责任。企业是为了弥补纯粹依靠市场机制配置资源的不足而诞生的，能够实现整个社会经济资源的优化配置，降低整个社会的交易成本。因此，企业承担社会责任具有历史必然性和现实合理性。在平台生态系统中，平台领导者扮演着特殊的角色，因为重要的治理职能由该公司执行。②2016年4月19日，习近平总书记在网络安全和信息化工作座谈会上发表重要讲话，指出网络空间是亿万民众共同的精神家园。建设好这个精神家园，互联网企业是重要主体，既要讲发展，也要讲责任。互联网企业生存在社会之中，不能只讲经济责任、法律责任，还要讲社会责任、道德责任。③企业要主动将社会责任融入企业文化，在管理层和员工中形成不断强化的责任意识，从而使平台更为主动自觉地完善各项内部运营规则，要意识到一种积极、正向的循环能够促进平台持久而稳定地发展。“企业履行社会责任、道德责任越好，也就越有利于其经济效

① 刘家明. 多边公共平台战略模式研究［M］. 北京：中国社会科学出版社，2018：203.

② SCHOLTEN S，SCHOLTEN U. Platform-based innovation management：directing external innovational efforts in platform ecosystems［J］. Journal of the knowledge economy，2012，3（2）：164-184.

③ 田丽. 增强互联网企业社会责任意识［EB/OL］.（2016-05-09）［2021-11-30］. http://theory.people.com.cn/gb/n1/2016/0509/c40531-28333775.html.

益的提升。”[①]此外，企业要积极利用和构建负责任的平台算法，这是“深化平台企业社会责任理论的必然要求、技术中立向科技向善转变的趋势使然、平台监管强化与算法规制兴起的重要取向”[②]。负责任的平台算法就是要符合法律法规和社会规范，要符合国家安全利益，推动社会经济发展，满足广大用户的价值期待。例如，人民号主要运用主流算法，新华号主要运用党媒算法，坚持主流价值引领，严格把关号主入驻和内容审核，坚决反对低俗的流量、失序的流量、带血的流量，在优质内容聚合基础上，通过对创作者的生产内容进行分析，帮助创作者高效完成千人千面的内容分发和营销优化，实现海量内容与个性化需求的匹配效率。[③]虽然该案例中的主体是主流媒体而非企业，但依然具有极强的参考价值。人才是一切发展的关键，平台应优先聘用来自传统出版界的人才，以其长期系统性的传统出版规训来规范平台化出版中的不合理行为。

（二）行业层面

首先，积极发挥各类互联网平台组织、联盟的作用，协调利益冲突，通过制度化、规范化行业运营行为，实现企业利益与社会公共利益的平衡。如中国互联网协会制定并发布了《中国互联网行业自律公约》《用户个人信息收集使用自律公约》《中国互联网企业履行社会责任倡议书》等，为会员需要服务、为行业发展服务、为政府决策服务，促进我国互联网事业的繁荣和发展，努力推进网络强国建设。

其次，还要考虑融入传统出版领域内的行业组织，积极发挥其功能与价值。要丰富和深化中国出版协会、中国文字著作权协会、中国音像与数

① 王子晖，黄玥习．两年过去了，习近平这些“金句”越来越“亮”［EB/OL］．（2018-04-19）［2021-11-30］．http://www.xinhuanet.com/zgjx/2018-04/19/c_137121709.htm.

② 肖红军．构建负责任的平台算法［J］．西安交通大学学报（社会科学版），2022，42（1）：120-130.

③ 叶莉．平台型媒体崛起，主流媒体如何通过“平台号”实现深度融合？［EB/OL］．（2021-06-11）［2021-11-30］．https://weibo.com/ttarticle/p/show?id=2309404647356288074141.

字出版协会等已有协会的职能，也可以考虑组织成立类别性、地域性的行业协会，积极发挥行业协会在沟通、协调、监督、公证、统计、研究、狭义服务等方面的职能，尤其重视其在沟通行业与公众、政府之间所发挥的桥梁作用。要制定符合公共利益、代表大多数平台利益的行业规范和标准，协调平台之间的经营行为，避免恶性竞争。

（三）政府层面

平台出版化的发展既可以由市场机制自发推进，但相应需付出的社会成本更高；也可以通过制定产业政策加以引导和规范，“当存在外部性或市场势力时，设计良好的公共政策可以提高经济效率”[①]。此外，从作为价值目标的平等的角度来看，“即使看不见的手带来了有效率的产出，它也不能消除经济福利上巨大的不对称”[②]，以此加快进程，并在过程中尽量减少负外部性。

相比于欧盟和美国，中国同样拥有充满活力的平台生态系统和丰富的实践经验，同时得益于政治体制，能够更好地利用“国家在场”的优势，使得政府成为平台化变革和治理过程中的推动者。[③]2022年3月1日，由国家网信办等四部门联合发布的《互联网信息服务算法推荐管理规定》正式实施，[④]就平台运营过程中普遍存在的算法推荐问题做出了规范性要求，对于维护国家安全和社会公共利益，保护公民、法人和其他组织的合法权益，促进互联网信息服务健康有序发展都具有积极意义。在此背景下，到2022年3月15日，抖音、今日头条、微信、淘宝、百度、大众点评、微博、

① 曼昆．经济学原理：微观经济学分册［M］．梁小民，梁砾，译．8版．北京：北京大学出版社，2020：13.

② 曼昆．经济学原理：微观经济学分册［M］．梁小民，梁砾，译．8版．北京：北京大学出版社，2020：13.

③ 郭小平，杨洁茹．传播在云端：平台媒体化与基础设施化的风险及其治理［J］．现代出版，2021（6）：30-37.

④ 互联网信息服务算法推荐管理规定［EB/OL］．（2022-01-04）［2022-03-01］．http://www.cac.gov.cn/2022-01/04/c_1642894606364259.htm.

小红书等平台均已上线算法关闭选项，允许用户在后台一键关闭“个性化推荐”。[①]

互联网平台型企业的创新能力与市场活力更强，在操作层面，不是试图使其符合现有的政策框架，而是要尝试构建新型的、具有针对性的治理体系。一方面，要加强法律法规和管理规范的建设，并根据复杂多变的现实案例做出及时修订，要加大违法成本，对平台出于私益而主观制造的网络负外部性发挥震慑作用；更为根本的是，政府应通过出台相关政策文件，将传统出版的优秀理念延伸到平台化出版之中，始终坚持“两个效益”相统一、以社会效益为主的原则。另一方面，要加强技术监管，构建统一的监管平台，或者购买第三方监测机构的服务，做到及时发现、及时响应、及时处理。在处理力度上，针对危害不严重的行为，应该发挥平台市场化监管手段，对违规性质恶劣的行为则需要借助公共规制，实施强制性手段，追究民事刑事责任。[②]此外，因为出版平台的产品和服务具有较强的跨领域属性，还应打破传统的政策切割格局，积极探索联合执法机制，形成包括新闻出版、广播电视、文化、工信、工商、公安、扫黄打非等部门在内的综合治理模式。

① 余颖．把算法开关交给消费者，好！［N］．经济日报，2022-03-16（5）．

② 王勇，陈美瑛．平台经济治理中的私人监管和规制［J］．经济社会体制比较，2020（4）：62-68.

第四章　出版平台化：出版机构融合转型的创新路径

平台化作为近年来出版机构数字化转型的重要进路，摒弃了传统出版主要依靠出售实体出版物实现盈利的模式，而以一种全新的商业模式促使出版（不止于出版产业）进行系统性转型。“对出版商而言，最明显的模式就是商业模式。最早，印刷工和出版商都是原始资本家，他们在资本密集型以及遍布风险的环境中工作，用最快的速度进行股份转移。从这种意义上说，几百年来出版的商业模式在很大程度上并未发生什么变化。无论是在15世纪的里昂，还是在21世纪的德里，出版的商业模式都依赖于大量的生产成本以及作品的有效传播，并且预期在除去产品销售成本以及日常开支以外会有净利润剩余。”[①]对出版机构而言，这场平台化转型更多体现出其自身的能动性。

著名出版人、兰登书屋前总编辑兼副总经理贾森·爱泼斯坦（Jason Epstein）在21世纪初预言：一旦效率更高、成本更低的无中介按需印刷图书的电子发行取代陈旧的体制，那么，随着时间的推移，今天的图书出版商将会退化为松散的作者、编辑、推广人员和网站经理团体，或者将会被

① 巴斯卡尔．内容之王：出版业的颠覆与重生［M］．赵丹，梁嘉馨，译．北京：机械工业出版社，2017：116.

类似团体所取代。①当前，爱泼斯坦所构想的“无中介按需印刷图书的电子发行取代陈旧的体制”条件，在平台化出版环境下正在成为现实，出版似乎走到了转型的历史路口。如何在一场剧变中以主动转型保证生存，并且利用主动转型实现跨越式发展，成为出版机构必须回应的时代课题。

区别于纸媒时代的新闻生态，互联网环境下的新闻生态创造、吸引了更为丰富的参与主体，平台型媒体作为其中重要的“新入场者”，冲击了传统的新闻生产范式，同时也带来了新的发展契机。在此背景下，一些新闻媒体为了适应新闻生态的变化，为了更好地与平台型媒体展开市场竞争，逐渐开始尝试重新组织内部架构，提出构建“媒体型平台”，即新闻媒体自己持有、自己运营，同时有条件地吸纳其他第三方主体的媒体平台。类似地，与媒体型平台相对应，出版业中同样出现了平台化转型路径，本书称之为出版平台化，其实践主体为传统出版机构。

第一节　出版平台化的动因：媒介、效率、利润与战略

近年来，传统出版的危机正在加速显现。从社会层面看，“危机”表现为内容供给的同质化、杂质化、低质化；从产业层面看，“危机”表现为竞争内卷与生存困境。这种危机首先根源于当前的媒介环境，短视频、有声书、网络小说、电子书等，都在快速占领受众的注意力，无论国内还是国外，印刷出版的相对萎缩都成为无可争辩的事实。具体而言，技术方面，出版的媒介融合不论在深度、广度还是效果上，在整个传媒领域都处于偏后的水平，智能媒体正在重构出版流程，编辑的身份危机逐渐加深；市场方面，新媒体正在快速挤占传统出版市场，受众的阅读偏好和注意力

① 爱泼斯坦．图书业［M］．杨贵山，译．北京：中国人民大学出版社，2006：129.

正在发生转移，以知识付费业态为主的互联网企业加入竞争赛道；政策方面，近年来试图以量取胜的发展路径不再行得通，统编教材使得利润最为丰厚和稳定的教育出版领域出现了高度集中化的格局；经营方面，出版集团大而不强，中小型出版社转型路径不清晰，传统图书业务低效重复，出版单位的吸引力不足，人才流失现象严重。可以说，出版的供给端和需求端都陷入了危机，出版平台化即发生在这一背景下。具体而言，分析出版平台化的动因可以从媒介、效率、利润与战略四个层面展开。

一、媒介环境的变革

出版是信息传播的重要媒介。历史上的出版必须借助于一定的物质载体，如泥板、竹简、纸张等，当下则可以借助于磁介质、光介质、网络等数字化媒介，因此可以说，出版是一种技术性存在，受到媒介环境的直接影响，理解出版的变革不能脱离媒介环境的变革。

（一）媒介创新奠定平台化转型的基础

“不管把多大数量的驿路马车或邮车连续相加，也绝不能得到一条铁路。”创新理论的提出者、美籍奥地利经济学家熊彼特曾以此隐喻创新的革命性。在他的理论中，创新包括产品创新、技术创新、市场创新、资源配置创新、组织创新五种类型。从历史来看，技术创新往往具有一种基础性作用，甚至成为引领其他类型创新的彼岸灯塔。对出版而言，技术创新最主要地表现为媒介创新。

从诞生传统出版的媒介环境到诞生数字出版的媒介环境，以此为思想基础和逻辑起点，展开对出版平台化动因的讨论，是试图在遵循生产力决定生产关系的基本经济思想的前提下，寻求经济转型的技术启蒙要素。纸质媒介与数字媒介的影响不仅在于内容呈现载体方面，内容的呈现载体也反向影响了内容的生产与组织形式，因而在另一个层面同样引发了革命性变化。媒介作为一种结构性要素，事实上却正在引起一场系统性的出版范式革命。这并不是说媒介作为单一要素的影响之巨，而是说媒介作为引起变革的起点，以及在变革过程中所发挥的关键影响，都不容忽视。

互联网是出版平台化的媒介技术前提。互联网改变了知识生产与信息传播的结构，其影响是系统性的。从物理的印刷书籍转向虚拟的数字出版物，人们首先受到载体形态的冲击，也因此首先展开对纸质书前途命运的讨论。然而单纯讨论载体形态，似乎还不能触及问题的本质，例如一些学者从读者接受角度得出的结论有可能是不牢靠的，这是因为读者接受本身具有动态性特征：首先存在着人口的代际差异，随着“互联网原住民”们逐渐成为构成人口的主体，这种结构性变化将直接影响到社会主流阅读偏好；其次存在着个体的接受偏好转移，即同一人对同一物的态度也会随各种主客观因素的变化而改变。Web 1.0时代的“发布”属性，与Web 2.0时代的“交互”属性，暗合了数字出版的两个发展阶段：第一个阶段是对出版内容的数字化发布（例如初代的电子书、多数面向单一领域的小型数据库等）；第二个阶段是具有强交互属性的UGC，这一阶段同时包括与之具有逻辑一致性的PUGC、MCN等内容生产模式。事实上，这种“暗合”并非偶然，数字出版的电子化阶段很快过渡到网络化阶段，比特化的网络取代了原子化的光盘、磁带等，网络成为主导数字出版的底层技术。从这层意义上讲，互联网的两个发展阶段就成为数字出版的一种规定性存在，也可以说，在Web 2.0时代，互联网的主要特性已经深刻映射到以互联网技术为基础的数字出版之上。

互联网是一个复杂的综合性技术系统，理论上包括七个层面，由底层至表层分别为：物理层（网络接口卡与网络电缆的接口）、数据链路层（提供介质访问和链路管理）、网络层（IP选择及路由选择）、传输层（建立、管理和维护端到端的连接）、会话层（建立、管理和维护会话）、表示层

（数据格式转化、数据加密）和应用层（为应用程序提供服务）。我们所谓的平台，即处于应用层的面向大众的应用程序界面及相关的规则体系；其他深层技术，共同为互联网平台的正常运转提供基础服务。

（二）媒介环境变革引发市场变化

对传统出版而言，由于作者数量的相对有限，出版社有能力匹配相应的人力、物力资源去开发、运营、维护作者；但试图以同样的资源完成与读者的连接，则显然是种不现实的想法。首先，读者的数量远超作者，尤其对于大众读物而言；其次，读者具有不确定性和隐匿性，图书的借阅、转卖等流转导致无法确定具体的读者对象，以及他们阅读的时空情境；最后，如果读者不主动向出版社反馈，出版社一般很难与之建立起有效的沟通渠道。

然而，数字技术尤其是互联网技术的出现，根本上改变了这种境况。作者的数量不再是有限的，技术赋能激活了沉默的个体，人人都可成为作者，发表或长或短的内容。在网络平台上，读者转变为内容的"产消者"。产消者是参与平台内容建设与消费的主体，与商业自媒体和专业新闻机构共同"编织"着平台型媒体上的内容传播网络，维持着信息生态的平衡，其知识水平影响着平台的内容结构，其道德水平与媒介素养影响着平台的公信力，其网络社交圈子影响着平台的文化。[①]基于互联网平台的新媒体正在快速解构传统媒体的优势地位，在互联网尤其是移动互联网上，"人尽皆媒"已然成为现实；在出版领域也出现了类似情景，例如在网络文学平台上，成为一名非专职的网络作家，对于普通人而言同样不存在太高的门槛，一些平台还设置了相应的培育机制鼓励创作。

在媒介产品极大丰富的当下，内容市场快速从卖方市场转入买方市场，用户注意力成为媒介激烈争夺的对象。从20世纪末开始，人们对数

① 常江，刘璇．平台型媒体与数字新闻的价值引领［J］．青年记者，2021（3）：12-15.

字媒介可能给印刷出版带来的冲击保持着忧虑或者谨慎乐观的态度。当亚马逊在2007年推出第一款Kindle，由此开始进入数字图书的新时代时，图书行业尤其震惊。出版商觉得有必要保护印刷书的销售，通常会在几周内暂停数字出版，给纸质版一个“战斗的机会”。这与国内影视剧的播出模式十分类似：网络视频平台的剧集更新必须安排在电视播出之后，以避免两个不同渠道之间的竞争——往往是出于对电视的保护。如同视频观众不会再每天准时地守在电视机旁收看新闻，而是随时随地打开手机，在各种App中接收类型繁多、更新及时且符合个体偏好的新闻一样，当前的出版市场也呈现出类似的景观：读者大量地从线下转移到线上，或者从单纯线下转变为线下与线上相结合，使得出版机构原有的运营策略处于“失语”状态。

媒介环境变革引发的一系列市场变化，客观上迫使出版机构必须做出改变。将竞争场域向线上转移，以平台化方式连接更为丰富的生产资源、传播渠道与消费对象，已经成为包括出版业在内的内容产业的重要选择。值得一提的是，平台出版化已经为出版机构的平台化转型提供了具有较强参考价值的实践经验，这客观上为出版机构提供了成熟模式，降低了市场风险。

二、产业效率的提升

任何产业都追求提升效率以扩大效益。从已有经验来看，平台化的各个行业大都呈现出效率大幅提升、一派欣欣向荣的景象。传统产业的平台化在集中市场、重构中介和再造流程这三个方面，符合要素自由流动与社会化大生产的生产力发展趋势，均表现出对产业效率的提升作用，这一规律在出版业同样适用。

（一）集中市场

市场本身具有很强的分散性，《木兰辞》中称“东市买骏马，西市买鞍鞯，南市买辔头，北市买长鞭”，就生动地反映了这一特点。物流解决的是市场的空间配置问题，信息流则可以解决市场的时间配置问题。通过建设平台，使产品、服务与需求之间的信息自由流动，最终能够高效促进交易的达成。在与人们日常生活息息相关的出行、购物等方面，都有大量成熟案例；而在与特定行业相关的领域内，同样存在诸多案例，例如在工业用品领域，我国的震坤行工业超市（上海）有限公司开发了数字化的工业用品服务平台，经营400多万种工厂使用的辅料和易耗品（MRO），与超过18000家先进制造业客户保持长期合作，实现工业用品高效、透明的一站式采购。对于有相关采购需求的工业企业而言，平台提供的市场信息能够避免分散性采购产生的巨大时间成本，提高资金周转效率和产品生产效率。从更为宏观的视角来看，这类平台对于一个国家的工业发展同样具有促进作用。

同理，通过将分散且无序的出版主体、出版对象和出版消费者集中起来，平台创造出了新的效率。这种效率既具有市场价值，即对于出版平台生态系统中的利益相关者的价值；也具有一定的社会价值，这主要源于出版物所具有的特殊精神价值。对于出版机构而言，一方面，在传统模式的长期规训下，绝大多数的出版机构都难以实现跨越式发展，甚至在媒介环境变革的背景下出现了相对衰落的趋势；另一方面，在与同行展开竞争时，如果面临必然的转型抉择，首先进行转型的企业更可能成为优胜者，出版业将在规模化转型结束后呈现出符合帕累托法则的新的产业格局。选择一种常态化的组织生产与销售的模式，借由这种模式实现规模化发展，以摒弃过去小规模的、具有一定随机性的出版模式，对于出版机构而言是十分必要的。

（二）重构中介

一直以来，平台的去中介化在相关讨论中都是绕不开的议题，但似乎相关讨论过于乐观或夸大了平台的去中介化效果。去中介化有“去中间人”和“去中间环节”两层含义，平台使交易的达成更为便捷，在“去中间环节”层面的确提高了效率。然而，平台是否真的做到了“去中间人”，则值得商榷。从现实情况来看，与其说平台“消灭了中间人”，毋宁说是“替换了低效率的中间人”。平台引入了新型中间人，其具有更为隐秘的中介方式，例如以算法的形式参与平台服务。除了算法，新型中间人还会利用用户行为偏好、评价等大数据信息，不断提升中介服务的针对性，而这恰恰是传统中介所不及的。

出版机构作为内容生产者与内容消费者的中介，其出现促进了出版效率的提升。历史上，作者与编辑曾经并不是两个分立的主体，机械印刷术发明的现代出版机构划分了作者与编辑的边界，专业分工促进了出版的快速发展。然而，在数字技术背景下，传统出版技术的限制反而成为一种负担。与其激进地追求“去中介”，毋宁推动旧中介实现自我改造，即出版机构以平台化模式重构内容生产与消费范式，这是更为现实也更有效率的选择。对作者和读者而言，重构中介意味着出版业的传统经济链逻辑向参与经济学逻辑转换。

（三）再造流程

再造流程有两方面的体现：一方面，在某一流程的具体执行过程中，其原有的操作模式被改变，例如市场调研不再通过电话回访、问卷调查等传统方式进行，而可以直接利用平台中的大数据，并且以此得出的结论排除了人为访谈中的各种干扰因素，更为真实可信；另一方面，某个或某些环节被彻底取代，近年来我国各地积极推进的融媒体中心建设、媒体“中央厨房”改造等，就实现了“一次采集、多次生成、多元发布”的效果，精简了内容多次编辑加工的流程。例如，2020年7月1日启动的湖南省郴州市苏仙区融媒体中心，以“红网云”技术为支撑，整合苏仙手机报、苏仙新闻网、“苏仙发布”客户端、“苏仙发布”微信、苏仙新闻等区属媒体资源，实现图文、专题、H5、视频、直播等多形式内容“策采编审发”的全流程一体发布，打造“一次采集、多次生成、多元发布、多级放大、多渠道融合、多平台互动”的党政集中宣传平台。①

平台化使得出版流程不同程度地实现了重构，突出表现为更短（直接化）、更精准（个性化）、更丰富（多样化）三个特征。举例而言：首先，在直接化方面，一部作品的出版不必等到作者完稿，而是可以在平台上实现实时连载；其次，在个性化方面，出版平台能够依据用户在注册和使用过程中提供的个人信息，结合个体使用数据和平台大数据，为读者精准推荐内容；最后，在多样化方面，近年来出现的网络互动小说（interactive fiction）具有很强的代表性，其打破了文学作品的线性阅读方式和结局的唯一性，读者在每个章节的最后自主选择分支，也就意味着选择了不同的发展脉络和故事结局。

三、经济效益的追求

出版作为一个重要的经济门类，要实现可持续发展，无法回避对经济效益的追求。20世纪90年代以来，我国的文化市场随着市场化改革而逐渐繁荣，卖方市场转变为买方市场，获取经济效益刺激了文化企业的产品供给，人民群众日益增长的精神文化需求得到了一定程度的满足。事实说明，出版产业的繁荣离不开对经济效益的合理追求。

（一）宏观层面

平台经济是数字经济的一种重要表现形式。加速主义的代表人物之

① 欧群军，何雨杏，李梦湖．苏仙区融媒体中心正式上线，实现“一次采集 多次生成 多元发布”［EB/OL］．（2020-07-01）［2021-11-28］．https://hn.rednet.cn/content/2020/07/01/7586828.html.

一尼克·斯尔尼塞克（Nick Srnicek）认为，20世纪70年代以来制造业盈利能力的长期不景气、20世纪90年代互联网的繁荣及其创造的巨大泡沫、2008年以来的金融危机，使得经济模式发生重大转变，向灵活的劳动力和精益商业模式迈进，“资产价格凯恩斯主义”被视为最佳选择，许多人被迫接受任何可以获得的工作，这些为数字经济的发展提供了源源不断的资本和劳动力。[①]他认为，数字经济是指企业越来越依赖信息技术、数据和互联网的商业模式，它横跨包括制造业、服务业、交通运输业、采矿业、电信业等在内的诸多领域，对大部分经济体都至关重要。[②]显见的是，斯尔尼塞克以西方经济发展为样本的归因分析，在中国语境下并不完全适用，但其对数字经济的定义的确具有较强的解释力。

根据国家统计局发布的《数字经济及其核心产业统计分类（2021）》，数字经济是指以数据资源作为关键生产要素、以现代信息网络作为重要载体、以信息通信技术的有效使用作为效率提升和经济结构优化的重要推动力的一系列经济活动。该文件从“数字产业化”和“产业数字化”两个方面，确定了数字经济的基本范围，将其分为数字产品制造业、数字产品服务业、数字技术应用业、数字要素驱动业、数字化效率提升业等5大类。其中，前4大类为数字产业化部分，即数字经济核心产业，是指为产业数字化发展提供数字技术、产品、服务、基础设施和解决方案，以及完全依赖于数字技术、数据要素的各类经济活动，对应于《国民经济行业分类》中的26个大类、68个中类、126个小类，是数字经济发展的基础。[③]清华大学公共管理学院原院长江小涓认为，5G的较早部署和较快落地，巨量的消费者和大规模的产业基础、大数据基础，专业化程度高的生产性服务业，

① 斯尔尼塞克．平台资本主义［M］．程水英，译．广州：广东人民出版社，2018：12-40.

② 斯尔尼塞克．平台资本主义［M］．程水英，译．广州：广东人民出版社，2018：5-6.

③ 国家统计局：《数字经济分类》确定了数字经济的基本范围［EB/OL］．（2021-06-04）［2021-11-02］．https://www.scdsjzx.cn/scdsjzx/zuixinzixun/2021/6/4/a67687ed78cc44cf8c774c7234dbb484.shtml.

拥有一批有实力、竞争力及眼光和情怀的好企业，都是中国发展数字经济的突出优势。[①]经历过2020年的新冠疫情，数字经济在特定时空情境下获得了快速发展，进一步强化了数字经济尤其是平台经济的发展势头。至于平台经济，早期观点认为，平台经济通过整合或借助关联组织的能量组成一个新的竞争系统，从而达到提升竞争能力的目的，合作各方均衡地享有新系统带来的增值利益。[②]这种认知形成于互联网平台尚未普及更未深度融入社会生产生活各领域的2004年，因此与我们基于互联网激活个体组织力量的新平台概念并不具有可比性。有学者提出，平台经济是以互联网等现代信息技术为基础，基于平台向多边主体提供差异化服务，从而整合多主体关系，创造价值，使多主体利益最大化的一种新型经济。[③]

平台是未来数字经济的主要资源配置与组织方式，符合要素自由流动与社会化大生产的生产力发展趋势。从这一角度来讲，出版业融入平台经济潮流，发展双边市场，重构产业价值链条，是产业寻求高质量发展的集体决策。党的十九大报告提出，“建设现代化经济体系是跨越关口的迫切要求和我国发展的战略目标。必须坚持质量第一、效益优先，以供给侧结构性改革为主线，推动经济发展质量变革、效率变革、动力变革，提高全要素生产率，……着力构建市场机制有效、微观主体有活力、宏观调控有度的经济体制，不断增强我国经济创新力和竞争力”。作为现代化经济体系的重要组成部分，平台经济成为出版业转型、实现高质量发展的可选路径，具有超越单纯产业范畴的重大意义。

（二）微观层面

对于传统出版而言，有形资产（如房地产、纸质图书）和无形资产（如

① 江小涓．疫情时代下的数字经济［J］．清华金融评论，2020（6）：18-20.

② 贺宏朝．平台：培育未来竞争力的必然选择［M］．北京：机械工业出版社，2004：20-21.

③ 叶秀敏．平台经济理论与实践［M］．北京：中国社会科学出版社，2018：19.

版权）都可以转让；对于平台化出版而言，大量忠实用户、用户在社区内贡献的内容资源、用户之间的关系网络，则是难以复制和转让的，并且其将作为平台化出版的核心资产而存在。

学者李频曾提出市场化期刊“三次售卖”的盈利模式，即第一次将期刊出版物作为商品出售给读者，赚取发行收入；第二次将本刊读者作为产品出售给广告商，赚取广告收入；第三次将整体的影响力等以会展、衍生商品等形式出售给社会，赚取品牌收入。[①]这对于平台化出版同样具有产业方法论层面的启发意义。传统出版以内容为基础构建商业模式，本质上属于一种单调的一次性开发，是“卖货”逻辑。由于无法连接读者，出版产业链无法进一步延伸，因此作者被视为出版业的核心资源，而读者的资源属性则被长期湮没。这里的传统出版主要指向以图书为主的出版，图书在“三次售卖”的第二环节，即广告变现上，长期以来都未能形成稳定的模式，遑论带来规模收入。究其原因，书媒广告在投放效果方面无法进行有效预测与及时反馈的天然缺陷，以及较长的出版周期、读者群体的流失等，都客观上影响了这种商业模式的发展。[②]

如果与市场化期刊的“三次售卖”模式作比照，作为平台化出版表现形式的出版平台，其包括作者、读者等在内的用户有总体明确的身份画像，所凝结的流量价值具有较大的商业转化价值，甚至可以说，对互联网时代流量逻辑的合理利用，是出版业更新经营观念的重要选择；在品牌变现上，平台化出版一方面有平台品牌可供转化，另一方面也可以以独立作品或作品集合为单位进行品牌变现。对于出版平台而言，在后一种方式下，平台将更多以经纪人的身份参与其中。

---

① 李频．期刊：连续出版的逻辑［M］．北京：中国传媒大学出版社，2020：26.

② 王晓乐，刘青，林子瑶．书媒广告的市场憧憬与现实悖论［J］．现代出版，2016（5）：26-29.

四、发展战略的考量

企业发展既要着眼于当下，及时调整经营策略，灵活应对市场变化；也要具有战略眼光，合理判断未来的发展趋势。发展战略对于出版机构而言同样重要，关乎出版机构在中长期内的重点发展方向，以及在未来市场中的竞争地位和生存状态，必须给予高度重视。

（一）出版机构自身的战略选择

现代管理学之父彼得·德鲁克（Peter F. Drucker）认为，当今企业之间的竞争，不是产品之间的竞争，而是商业模式之间的竞争。在大多数出版企业仍然将主要精力放在如何发掘优质内容之上时，在互联网平台相继改造了一个个传统行业并取得巨大成功的背景下，出版企业如果能够主动求变，采用平台模式，或许是一条转换发展赛道、实现高维竞争的有效路径。

从长期发展战略的角度来看，在基础能力较好的前提下，例如对于大型出版集团而言，应努力构建自有平台，而非使自己仅仅成为外部平台的一部分。出版机构传统上是直接面向消费者提供出版产品的，在选择平台化转型的具体路径时，可以考虑向其他出版机构提供平台服务，扩大利润来源，提升影响力。2018年9月30日，腾讯启动了“决定未来20年命运”的业务架构调整，全面发力产业互联网，To B业务被提升到前所未有的战略高度。此次改革，腾讯明确了成为“各行各业数字化助手”的角色定位，新成立了云与智慧产业事业群和平台与内容事业群，旨在从服务C端（customer，指个人/消费者端），逐渐面向B端（business端，指企业用户商家）、C端的兼容发展。腾讯的战略选择对于出版机构，尤其对于大型出版集团而言具有较强的参考价值。

对于中小型出版平台而言，应该重点考虑通过“依附式升级”战略，主动融入大型平台，避免因规模、资源、能力不足而被市场淘汰。有学者就认为，对于非数字原生的中小型传统企业而言，虽然其具有数字化转型的动机，但往往因为自身能力不足、资源有限而无法实现内生式的转型，对此，依托于数字平台服务提供商的支持，通过管理认知更新（managerial cognition renewal）、管理社会资本发展（managerial social capital development）、业务团队建设（business team building）和组织能力建设（organizational capability building），能够有效推动数字化转型。① 未来，在大型出版平台上，中小型出版机构将可能成为以MCN（Multi-Channel Network，多频道网络）形式生产知识产品的创作者，与个体形式的独立创作者共同争夺用户的注意力。这与电子商务平台中的生态景观具有某种意义上的相似性——大品牌既有自己独立经营的电商平台，又在第三方大型电商平台上开设旗舰店，与个体商户和其他品牌展开竞争；同时，大品牌不只在一家大平台上开设账户，而是在众多平台上普遍开设账户，但销售的产品往往存在一定差别，以避免形成恶性的内部竞争。即使是大型电商平台，当前也出现了一种“寄托现象”，例如当当、苏宁等就都在天猫平台上开设了旗舰店。这些情形都极可能在未来的平台化出版格局中成为现实。

竞争并不仅仅来自行业内部，更来自行业外部，并且有越来越多的证据显示，未来外部竞争将成为竞争的主要方面。从当下的市场情况来看，以互联网公司为代表的新兴主体正在大范围切入内容行业，YouTube、爱奇艺等从流媒体播放平台进入视频内容制作领域；亚马逊、当当从图书销售端上溯到产业链的上游，前者推出了自出版平台Kindle Direct Publishing，后者在公司内部成立了图书出版部门，涉足出版业的核心业

① LI L，SU F，ZHANG W，et al. Digital transformation by SME entrepreneurs：a capability perspective［J］. Information systems journal，2018，28（6）：1129-1157.

务；等等。甚至可以说，出版机构真正的竞争者或者说长期竞争者，并不是产业内那些更加优秀的同行，而是Netflix、Spotify等科技公司——它们激活了每个个体，激活了从生产到传播的每个环节，从容器和管道发展为包容一切现实世界关系的平台，它们“出版化”了。不论从扩大规模、提升效益的角度，还是从竞争与生存的角度，出版业都有必要做出回应。

（二）出版机构响应国家战略

在我国，出版业曾长期被作为事业单位进行管理，出版业的政治性、政策性特征较为突出。21世纪初，出版企业陆续进行转企改制。转企改制建立了出版机构的资产经营责任制，使得出版业走上内涵式发展道路，创造了一批导向正确、主业突出、实力雄厚、核心竞争力强的大型出版集团公司，以及一批专、精、特、新的出版企业，为中国由“出版大国”迈进“出版强国”打下了坚实基础。我国的出版机构虽然经历了转企改制，但在企业属性上仍然没有完全脱离体制，属于国有企业序列。国有企业是一种较为特殊的生产经营组织形式，一方面具有一般企业的商业性，要追求利润；另一方面，相比于一般企业，国有企业更加强调公益性，既要辅助政府进行社会经济调节，又要通过国有资产的保值和增值为政府提供公共支出资金。2019年4月19日发布的《改革国有资本授权经营体制方案》提出，要确保国有企业更好地贯彻落实党和国家方针政策、重大决策部署。[①]因此，响应和落实国家的经济发展规划，以及对出版业的总体规划，就成为我国出版机构的重要使命。

平台经济是生产力新的组织方式，是经济发展新动能，在优化资源配置、促进跨界融通发展和大众创业万众创新、推动产业升级、拓展消费市场尤其是增加就业等方面，都发挥着重要作用。2019年8月8日，国务院

① 国务院关于印发改革国有资本授权经营体制方案的通知［EB/OL］.（2019-04-19）［2021-12-12］. https://www.gov.cn/zhengce/zhengceku/2019-04/28/content_5387112.htm.

办公厅印发《关于促进平台经济规范健康发展的指导意见》，提出聚焦平台经济发展面临的突出问题，遵循规律、顺势而为，加大政策引导、支持和保障力度，着力营造公平竞争市场环境。[①]2021年12月24日，国家发展改革委等部门印发《关于推动平台经济规范健康持续发展的若干意见》，提出了针对推动平台经济发展的具体措施，包括优化发展环境（降低平台经济参与者经营成本、建立有序开放的平台生态、加强新就业形态劳动者权益保障）、增强创新发展能力（支持平台加强技术创新、提升全球化发展水平、鼓励平台企业开展模式创新），以及赋能经济转型发展（赋能制造业转型升级、推动农业数字化转型、提升平台消费创造能力）等。[②]我国政府出台的一系列政策文件，表明了发挥平台经济积极作用、促进平台经济健康发展的国家意志，作为国民经济组成部分之一的出版业，同样需要做出积极响应。

出版管理部门同样出台了相关文件，指导、推动出版机构的平台化转型。2021年5月，国家新闻出版署印发《关于组织实施出版融合发展工程的通知》，提出“推动出版业深度融合发展是一项系统工程，需要全面推进和重点突破相结合，在全面规划部署出版业融合发展的同时，以出版融合发展工程为重要抓手，聚焦重点领域和关键环节打造示范样本，引导带动全行业深化认识、提高站位，主动推进、系统谋划，形成融合发展、高质量发展的内驱动力和有效行动”[③]。出版机构站在国家战略高度，努力构建出版融合发展第一方阵，更好地示范带动全行业提升融合发展的能力和水平，成为时代赋予的重要使命。

① 国务院办公厅关于促进平台经济规范健康发展的指导意见［EB/OL］.（2019-08-08）［2021-12-12］. https://www.gov.cn/zhengce/zhengceku/2019-08/08/content_5419761.htm.

② 国家发展改革委等部门关于推动平台经济规范健康持续发展的若干意见［EB/OL］.（2021-12-24）［2021-12-30］. https://www.gov.cn/zhengce/zhengceku/2022-01/20/content_5669431.htm.

③ 国家新闻出版署启动实施出版融合发展工程［EB/OL］.（2021-05-21）［2021-12-12］. https://www.gov.cn/xinwen/2021-05/21/content_5610266.htm.

第二节　出版平台化的模式：产品偏向与服务偏向

传统行业平台转型的方向有三个方面：其一是利用平台商业模式缩短效率滞后的产业链，通过“去中介化”“去中间化”，让供需双方直接对接，促使信息自由流动。例如，江苏凤凰出版传媒集团有限公司总经理佘江涛倡导出版机构建设自有的图书电商平台。他认为，强势的出版集团建立自有的统一电商平台，其优势显而易见，既可以整合旗下出版资源，集中力量解决物流仓储、技术开发等基础建设问题，也为条件不成熟的单体出版社解决图书出版的后顾之忧。单体出版社的电商平台也必然是集团整体平台体系的一部分，随着新媒体形态的快速发展，平台体系里还将包括更多轻量级的小型、微型平台，以垂直对抗平面。[①]其二是利用平台商业模式带来的丰富性和多样性，帮助企业消除大规模生产缺乏个性特点的劣势。其三是利用平台商业模式进行跨界整合，以帮助传统企业进行跨界，通过与其他行业的整合，挖掘增长亮点，为用户提供整体解决方案。[②]对于出版业而言，出版平台化的模式在本质上同样遵循以上方向。

根据出版机构为用户创造价值的实现路径，本书将出版平台化的模式划分为产品偏向和服务偏向两种类型。产品偏向和服务偏向之间并不存在泾渭分明的界限，“偏向”表明其作为一种结构性划分，并不反映系统性特征。事实上，产品在不断突出服务特征，服务也无法完全绕开提供产品，产品与服务之间呈现出不断融合的趋势。

---

① 佘江涛．走向未来的出版［M］．南京：南京大学出版社，2021：140-141.

② 陈威如，余卓轩．平台战略：正在席卷全球的商业模式革命［M］．北京：中信出版社，2013：5-16.

一、产品偏向：以Cambridge Core为例

产品偏向指出版平台的价值转化主要以提供产品的方式实现。产品偏向的典型模式是数据库模式。

（一）作为产品偏向典型的数据库模式

1. 传统数据库并不属于平台模式

数据库是按照数据结构来组织、存储和管理数据的仓库；数据结构则是将元数据信息按照一定的逻辑关系而建立的结构模型。由此，数据库可区分为层次式数据库、网络式数据库和关系式数据库这三种类型。数据库出版是数字出版转型中最成功、商业模式最清晰、目标客户最明确的一次转型。由数字技术催生的数据库以及数据库出版，改写了人类的知识结构、知识图谱和知识体系，改写了人类的认知关系与逻辑关系，也改写了人类的出版历史和现实图景。①

以中国知网为例。创立于1999年的中国知网，最初以建设一个体系完整、容量庞大的数字图书馆为目标，曾长期被行业人士认为是传统出版产业链的延伸。当前，国内绝大多数期刊都已将其数字版及数字版的网络传播权以极低的价格转让给中国知网。这个号称“中国知识基础设施工程”的独角兽平台，已经进入了自我强化的正反馈循环——期刊为了可见性、易得性进而提高影响力，用户为了获得更全面的科研文献，都会主动选择中国知网；中国知网也在不断发展壮大的过程中，尝试向协同研究、期刊采编发等产业链上游延伸，向图书、政府文件、法律法规、科技报告、教学服务、科研评价等相关领域拓展，实现了从环节型平台向全链条型平台

① 耿相新：全球数据库出版图谱［EB/OL］.（2015-12-23）［2021-05-29］. https://www.bookdao.com/article/102282.

的演化。由于中国知网的实践主体并不是传统出版机构，因此并不在出版平台化范畴之内。

本书所谓的“平台”的一个突出特征，在于其双（多）边性，即其沟通了双（多）边市场，促成自发交易。从这层意义出发，出版平台化模式就应排除传统的数据库式“平台”，这类“平台”的本质是电子出版物的集合。由人民法院出版集团开发的“最高人民法院数字图书馆”、中国财经出版传媒集团开发的“中国财经数字图书馆”等，都是其中的典型代表。出版机构自身的内容资源积累较为丰富、专业集中度较高，技术路径较为简单、开发成本较低，商业模式成熟，因此传统的数据库式“平台”成为出版机构极为青睐的路径之一，但其并不在本书的考察范围之内。

2. 传统数据库的平台化转型趋势

杰奥夫雷·G. 帕克（Geoffrey G. Parker）等人在《平台革命：改变世界的商业模式》中提出，目前由互联网所导致的颠覆性变化出现在两个主要阶段：第一阶段，“高效的管道淘汰了那些效率低下的管道”；第二阶段，平台蚕食着传统管道。①一步一步创造和传递价值的过程，生产者在一端，而用户在另一端的模式，被称为管道（pipeline）模式。在管道模式下，企业首先设计、制造好产品或服务，然后将之投入市场，用户再行购买。这种管道业务以其简单、单向的特性，也被称为线性价值链（linear value chain）。②以亚马逊为例，在帕克所指出的第一阶段，亚马逊利用一种高效的零售和物流方式，极大地挤压了传统书店的生存空间；而在第二阶段，亚马逊一边继续扩大其在出版业的优势和影响力，一边在其他零售领域快速壮大。与传统书店相比，亚马逊不受物理展示空间的限制，因为新增的图书产品对应的只是服务器上有限的内存，亚马逊的边际效益远超

① 帕克，范·埃尔斯泰恩，邱达利 . 平台革命：改变世界的商业模式［M］. 志鹏，译 . 北京：机械工业出版社，2017：62-63.

② 帕克，范·埃尔斯泰恩，邱达利 . 平台革命：改变世界的商业模式［M］. 志鹏，译 . 北京：机械工业出版社，2017：6.

传统的实体书店。在此基础上，亚马逊开始向出版产业链的上游延伸，建立了自出版平台Kindle Direct Publishing。借由该平台，作者只需上传作品，并设置必要的信息，如价格等，审核通过后即可出版电子书或印刷书，并通过平台销售获得分成收益。

"几乎每个在新闻媒体上宣传的成功平台（如iPhone、windows、脸书、Skype、亚马逊、易趣网、谷歌、火狐和Dropbox）起初都算不上是平台，只是对终端用户有价值的独立产品或服务。只有当终端用户广泛地采用这些产品或服务后，他们增加了另一边的开发者，才转变为平台。"① "如果你的基本物品是一个成功的产品或服务，你就已经跨过了第一个大多数新兴平台都会遇到的障碍：吸引另一边。"② 平台通常以相当封闭的架构和治理启动，然后随着它们引入新类型的交互和价值来源而开放。但每个平台都必须引导生产者和消费者互动，分享他们的想法和资源。③ 例如，苹果移动终端的操作系统iOS，最初只是一个相对封闭的系统（目前来看，其生态封闭性也明显超过同类产品），随着移动终端用户不断增多，苹果在2008年3月6日正式对外发布了针对iPhone的应用开发包（SDK），供第三方应用开发人员免费下载，以便其针对性地开发应用软件；在应用程序不断丰富的基础上，苹果在2008年7月11日正式上线了App Store，仅仅三天后，App Store中可供下载的应用就达到800个，下载量达到1000万次。与系统构建者不同，平台构建者不寻求通过垂直集成将其环境内部化。相反，他们的平台被设计成由其他参与者从外部扩展和细化，前提是这些参与者遵守某些规则。苹果公司的iOS系统的成功就建立在吸引了众多独立

---

① 蒂瓦纳．平台生态系统：架构策划、治理与策略［M］．侯赟慧，赵驰，译．北京：北京大学出版社，2018：10.

② 蒂瓦纳．平台生态系统：架构策划、治理与策略［M］．侯赟慧，赵驰，译．北京：北京大学出版社，2018：56.

③ VAN ALSTYNE M W，PARKER G G，CHOUDARY S P. Pipelines，platforms，and the new rules of strategy［J］. Harvard business review，2016（4）：54-60，62.

参与者共筑其软件生态的基础之上，而不是试图构建和营销独立产品。[①]

基于以上逻辑分析和案例呈现可见，传统数据库始终存在转变为平台的“势能”，并且这种转变本身并不存在技术藩篱。一些数据库的内容资源通过市场化途径进行收集、整合与再加工，例如从第三方出版机构购买内容资源，向机构或个人用户销售数据库服务，以此构建起基本的双边市场机制。中国知网、万方数据等的基本业务均沿此路径开展，其运营模式可视为平台化模式。由于其实践主体不属于传统出版机构，本书对此暂不做具体讨论。对于传统数据库而言，如果能够在面向机构或个人用户的单边市场的基础上，融入第三方的内容供给者（一般而言是其他的专业性出版或科研机构），即可将单边市场扩充为双边市场，完成平台化的起步。接下来，笔者选择学术在线平台Cambridge Core作为案例，具体讨论出版平台化范畴中产品偏向的平台问题。

（二）Cambridge Core的模式梳理

Cambridge Core是剑桥大学出版社推出的在线学术平台。剑桥大学出版社是剑桥大学的一部分，是世界上历史最悠久、规模最大的大学出版社之一。剑桥大学出版社通过1534年亨利八世授予该大学的皇家宪章建立，1584年出版第一本图书，在19世纪70年代与学术团体达成印刷协议开始接触期刊出版领域，1901年创办了第一本杂志《卫生学杂志》（*The Journal of Hygiene*），该刊至今仍以《流行病学和感染》（*Epidemiology and Infection*）为名持续出版。剑桥大学出版社是最早推出数字出版平台的出版商之一，也是目前为数不多的专门致力于开发新出版技术的出版商之一。剑桥大学出版社的知识资源积累与社会声誉为Cambridge Core提供了一个很高的起点。

① PLANTIN J C，LAGOZE C，EDWARDS P N，et al. Infrastructure studies meet platform studies in the age of Google and Facebook［J］. New media & society，2018，20（1）: 293-310.

1. 平台架构与产品功能

Cambridge Core于2016年9月正式上线，它整合了剑桥期刊在线（Cambridge Journals Online）、剑桥图书在线（Cambridge Books Online）、剑桥历史在线（Cambridge Histories Online）、剑桥指南在线（Cambridge Companions Online）和莎士比亚纵览在线（Shakespeare Survey Online）的内容，以“用最好的学习和研究解决方案释放人们的潜力”（unlock people's potential with the best learning and research solutions）为使命。剑桥大学出版社已有的各平台在Cambridge Core的构建过程中发挥了巨大作用，既提供了新平台所需的内容资源，又作为一种嵌入式的模块提供了技术保障。已有的平台大多采用基本相同的技术架构，这为Cambridge Core的整合降低了技术难度。对于用户而言，其内容和偏好设置都可以直接“移植”到Cambridge Core上，这在很大程度上避免了因系统升级导致的老用户的流失，比如在Cambridge Core中找到所需的期刊后，用户可以直接链接到Scholar One Manuscripts进行投稿，并未增加用户的操作复杂度。①

未来，剑桥大学出版社计划将其他在线出版内容合并到Cambridge Core平台，包括剑桥莎士比亚：莎士比亚的作品和世界在线（Cambridge Shakespeare: The Works and Worlds of Shakespeare Online）、多媒体流体力学在线（Multimedia Fluid Mechanics Online）、本·琼生在线（Ben Jonson Online）、剑桥法律报道（Cambridge Law Reports）、奥兰多（Orlando）、美国历史统计数据（Historical Statistics of the United States）、斯塔尔在线（Stahl Online）和爱尔兰传记词典（Dictionary of Irish Biography）等。

在Cambridge Core的基础上，剑桥大学出版社于2019年推出了Cambridge Elements，该平台旨在为学术出版和学术交流领域的研究人员和读者提供快速、简洁的出版解决方案，其内容由原创、简洁、权威且

① 于成，王琳．剑桥大学出版社数字出版转型之路：Cambridge Core，整合式出版平台的一种范式［J］．出版发行研究，2018（11）：85-89.

经过同行评议的学术研究组成，这些研究被组织成由顶尖学者编辑的重点系列，全面涵盖艺术和科学学科的关键主题。Cambridge Elements收录作品的篇幅为2万至3万字，且能在接收稿件后的12周内在线出版。①截止到2022年1月31日，Cambridge Elements涵盖了包括考古学、语言学、哲学等在内的20个学科门类，提供593个检索结果，包括《中欧和东欧的数字购物经济学》（*The Economics of Digital Shopping in Central and Eastern Europe*，Barbara Grabiwoda，Bogdan Mróz）、《理性选择中的承诺与坚定》（*Commitment and Resoluteness in Rational Choice*，Chrisoula Andreou）等。

2020年，Cambridge Core收录了超过38000本电子图书和400余种期刊，平台简洁易用，具有增强的检索功能。Cambridge Core作为集成化的一站式学术资源发现与服务平台，扩大了数字学术出版服务的规模，节省了平台构建、内容整合等环节的成本，实现了平台内学术资源的优化配置，从而形成数字学术平台经济效应。②通过构建新型平台，剑桥大学出版社实现了深化转型，以统一、快速响应、逐步开放获取的学术研究出版平台，满足了用户对学术出版服务的快捷性、严谨性和开放性的需求。③

2. 运营模式与价值转化机制

Cambridge Core的内容资源以图书和期刊为主。剑桥大学出版社每年新出版1600多种学术图书，目前Cambridge Core平台收录的电子书超过38000种，几乎所有新出版的书籍，以及许多较老的书籍都可以在Cambridge Core上找到，出版年最早回溯至1920年。其收录的内容涵盖人文社科、科技及医学等领域的经典学术专著和教材等，特别是文学、语言、历史、政治、经济、法律、哲学、数学、医学、物理、天文、环境

① 肖超. 英国大学出版社数字学术出版转型探析［J］. 出版科学，2019，27（1）：99-105.
② 肖超. 英国大学出版社数字学术出版转型探析［J］. 出版科学，2019，27（1）：99-105.
③ 佘延峰，王影. 数字剑桥十八载：世界引领型出版社的数字转型战略研究［J］. 出版科学，2021，29（2）：99-110.

等都是剑桥大学出版社的优势学科。[①]除了剑桥大学出版社的自身资源，Cambridge Core还与外部机构展开了广泛合作。

在图书方面，Cambridge Core与全球诸多知名出版机构合作，将重要学术内容整合到平台上，类型涵盖科学、技术、医学以及人文和社会科学领域的所有学科。根据剑桥大学出版社发布的电子书合作出版机构名录，目前与平台达成合作关系的出版机构包括：Amsterdam University Press（阿姆斯特丹大学出版社）、Anthem Press（圣歌出版社）、Boydell & Brewer（博伊德尔与布鲁尔出版社）、Bristol University Press（布里斯托尔大学出版社）、Edinburgh University Press（爱丁堡大学出版社）、Emirates Center for Strategic Studies and Research（阿联酋战略研究中心）、Facet Publishing（刻面出版）、Foundation Books（基础图书）、Intersentia Ltd（Intersentia 有限公司）、ISEAS-Yusof Ishak Institute（新加坡尤索夫伊萨东南亚研究院）、Jagiellonian University Press（雅盖隆大学出版社）、Liverpool University Press（利物浦大学出版社）、Royal Economic Society（英国皇家经济学会）、Unisa Press（南非大学出版社）、University of Adelaide Press（阿德莱德大学出版社）、Wits University Press（威特沃特斯兰德大学出版社）。剑桥大学出版社在全球开展营销业务，通过Cambridge Core，电子书被分发给全球的图书馆和其他学术机构，构建起庞大的使用网络。

在期刊方面，2020年剑桥大学出版社出版期刊数量达到410多种，所有的同行评议期刊及其数字化档案都可以在线获取。在平台中的“浏览主题”页面上，能够查看完整列表或按主题搜索。有300多种期刊被SCI、SSCI、AHCI收录，占比约为73%，涵盖自然科学、人文科学、社会科学等各个学科领域。全球专业信息服务提供商科睿唯安（Clarivate Analytics）

---

① 剑桥大学出版社学术在线平台 Cambridge Core［EB/OL］.（2020-10-19）［2022-01-31］. http://lib.scu.edu.cn/ node/110986.

发布的《2019年期刊引用报告》[①]（*2019 Journal Citation Report*）显示，在36个学科类别前10位的排名中，剑桥大学出版社出版的期刊入选了32种；在23个学科类别前5位排名中，入选了19种；3种剑桥期刊在所属学科类别中位居榜首。剑桥大学出版社与全球230余家机构合作出版期刊，占比超过其出版期刊数量的一半，其中包括中国科学院上海光机所、上海交通大学及北京师范大学等中国机构。这种出版策略不仅能够保障学术权威性，也能保证为学会/协会成员和全世界读者提供高品质服务。

在内容传播方面，由于“.pdf”格式的期刊文章在互联网上的广泛传播可能影响到期刊出版的可持续性，Cambridge Core推出了全新的文献共享服务Cambridge Core Share，以帮助作者和读者轻松生成期刊文章在线只读共享链接，同时向期刊出版商提供内容使用情况数据，为期刊出版提供一定的保障。生成的链接可以在社交媒体（如微博）、学术合作网络（如ResearchGate）上免费共享，从而提高研究的影响力和可发现性。

同大多数数据库商业模式相同，Cambridge Core也主要采用B2L2R模式，即从出版社到图书馆再到读者。剑桥大学出版社在全球拥有11个地区总部、50多个办事处，主要采用经理人销售模式，业务范围涵盖了世界上绝大多数国家。在所在机构购买了Cambridge Core服务的前提下，用户可以通过IP识别和机构登录（单点登录）两种方式访问平台。同时，Cambridge Core也面向个人用户销售期刊文章，操作方式与一般电子商务平台相似。

Cambridge Core也有开放存取业务，官方称其为“支持并推广财务上可持续的所有形式的开放存取”。Cambridge Core不仅出版金色开放存取（在OA期刊发表文章，并在网上供所有人免费使用的模式）期刊和书籍，还与学术团体等展开合作，为不同社区开发开放存取系统，较为典型的是其

① Web of Science Group.2019 journal citation report full journal list［R/OL］.［2022-01-31］. https://kemgmu.ru/science/authors/databases/files/JCR_Full_Journal_list_14.06.19.pdf.

与美国政治科学协会（American Political Science Association，APSA）合作运营的APSA预印本平台。Cambridge Core还在其期刊和书籍项目中支持“S计划”、社交共享和绿色开放存取（也称绿色归档，自存储在知识库中的预印本或后印本），允许作者将内容存放在PubMed Central、其他机构和特定主题的存储库以及商业社交共享网站中。目前，Cambridge Core提供剑桥大学出版社出版的开放获取期刊50种、开放获取图书82种，读者可以免费使用。其中开放获取的图书大部分属于人文社科类，而法学（18种）、地球与环境科学（10种）、政治/社会理论/思想史（10种）这三个学科门类的开放获取图书最多。

二、服务偏向：以“来出书”平台为例

服务偏向指出版平台的价值转化主要以提供服务的方式实现，即通过自身积累的产业链资源或对接双边用户需求赋能出版业务。

（一）以服务为导向的传统出版转型

出版业不是传统的文化工业，更不是低端的文化产品加工业，而是文化服务业。[①]传统出版服务的痛点在于流程固化、成本高以及用户参与度低。通过平台化转型实现出版服务生态的重构，较常见的表现是去中介化与全链条整合。

1. 去中介化

在传统出版模式中，中介化现象普遍存在，其核心之一在于信息不对称。作者在创作过程中往往难以把握读者的真实需求、阅读喜好以及市场动态。信息不对称在某种程度上意味着权力不平等。实践中，“编辑权”与

① 方卿．产品或服务：出版人的一个选择题［J］．现代出版，2018（1）：18-21.

作者的修改权之间经常性存在冲突，这种冲突往往以作者为作品顺利出版而做出妥协来调和。在这种模式下，作者处于相对弱势的生态位。在学术期刊领域，这种不对等的作者—编辑关系尤为突出，长期以来饱受诟病。

平台化转型通过构建数字化平台，实现了作者、读者等核心角色的直接连接，有效减少了中间环节的冗余。在这种模式下，出版社作为中介的价值被弱化，与买方市场等因素共同作用，有助于提高其服务意识和服务水平。这在客观上调动了各类内容生产要素的活力，进一步促进了出版作为文化服务业的生产效率与供给质量。

2. 全链条整合

在传统出版业态中，生产、销售、传播等环节相互独立，各自运行，难以形成高效的协同效应。随着平台化转型的推进，将这些环节纳入统一平台，为出版行业带来了前所未有的效率变革，为出版生态各主体提供了高质量服务。大型平台能够整合生产、销售与传播等各环节，建立统一管理平台，让作者、编辑等协同作业，实现电商销售和数字化分发，构建在线读者社群。在一些专业领域或者专门的环节，平台也可以通过联通各生态主体，实现效率最大化。例如，中国人民大学书报资料中心推出的国内首个哲学社会科学预印本平台，以“学者共创、开放共享”为理念，提供成果审核、预印发布、开放评阅、荐稿选稿、复印转载、全媒体传播等全流程、全链条服务。作者可以将自己的论文成果上传平台，智能匹配到加入平台生态的期刊并完成投稿；平台的专业编辑在对预印本论文进行三审三校的过程中，根据论文质量和风格，将其推荐给合适的期刊；期刊社也可以在平台阅读预印本论文，并向作者直接约稿；未来还将开发审稿专家库、学术共同体社区、在线评阅等，不断丰富平台的服务功能。

（二）“来出书”平台的模式梳理

“来出书”平台由知识产权出版社组建，上线于2014年3月，其模式有意模仿在西方国家较为流行的自助出版，因而受到社会各界的广泛关注。“来出书”平台形成了一个容纳作者、外部加工人员（加盟编辑、加盟设计师等）、读者、印刷机构等在内的新型图书出版模式。

1. 平台架构与功能实现方式

“来出书”平台由“来出书”“来买书”“来印书”“来+盟”等几个功能板块组成。

“来出书”板块为作者提供了自主性更强的图书出版模式。与传统出版模式相比，作者在“来出书”平台进行图书出版，其参与度有所提升：第一，作者在投稿系统中提交稿件时可以自由选择模板，这在便利作者的同时，也降低了出版社进行版式设计的工作量；第二，作者在图书封面设计系统中可以利用平台提供的封面设计工具自行设计封面；第三，作者可对图书的定价提出合理建议；第四，作者可对图书装帧、印制标准提出建议。

“来买书”板块主要负责通过电商方式销售知识产权出版社出版的图书。其中纸质书销售依托于自有平台、微店及淘宝店构成的销售体系；电子书销售依托于自有平台；有声书通过第三方平台（喜马拉雅）实现“云听书”。

“来印书”板块为用户提供按需印刷服务，即按照用户的要求，直接数码印刷、装订用户提供的材料，满足个性化印刷需求，降低生产环节的浪费，实现零库存、即时出书和可选择的个性印书。知识产权出版社拥有号称全国最大最领先的按需印刷基地，“来出书”出版平台与知识产权出版社按需印刷（数字印刷）系统进行了有效连接，能够保证图书以最快的速度进行印制，有利于作品的传播及作者影响力的提升。

“来+盟”板块分为编辑加盟和设计师加盟两类。编辑加盟是指在其他出版单位任职、有相关经验的编辑人员，通过向平台发起申请，审核通过后利用空余时间为“来出书”提供稿件编辑加工服务的模式。平台交给加盟编辑处理的图书出版后，平台将根据图书字数、编辑质量支付审稿费。设计师加盟与编辑加盟类似，但加盟设计师的获利渠道更为丰富：一方面可以通过出售封面获利，即当有作者选择该加盟设计师的封面时，即可获取相应收益；另一方面可以选择接受平台分配的封面设计任务，完成任务后即可获取收益。

2. 运营模式与价值转换机制

“来出书”平台以融合出版为特色，运用互联网思维，发展平台经济，主要业务包括纸质书、电子书、有声书同步出版及版权运营。通过将出版内容、新技术应用、平台终端、人才队伍共享融通，建立起以“出版（内容）+科技+媒介+文化”为主体的创新驱动经济模式，实现高质量发展。“来出书”平台在知识产权、文史、教育、科普、学术论著等领域形成了一定的品牌，以国内高等院校、科研院所为主要服务对象。在“来出书”平台上，用户可以通过“来出书”板块出版图书，通过“来买书”板块购买纸质和电子图书，通过“来印书”板块实现按需印刷，通过“来+盟”板块赚取编辑、设计报酬。对于平台自身而言，为用户提供出版服务能够赚取相应的服务费，图书出版过程中的社会化外包降低了人力成本，图书销售也能获得一定利润。理论上讲，这构成了一个主体多元、利益一致的良性商业生态。

“来出书”平台依托于传统出版机构，创建了一个由投稿、编辑、校对、出版、印刷、发行推广等环节构成的完整出版链条，实现三审三校数据线上保存流转，出版流程线上化。近年来，“来出书”平台经济效益实现稳步增长，在行业内起到了一定的示范效应。

然而，在现实运营过程中，“来出书”平台也存在诸多亟待解决的问题。平台中设有“来+盟”板块，尝试以众包模式分解图书生产过程中的工作，但外部人员的专业水平、业务能力、责任心都难以把控，实际效果并不理想。知识产权出版社王辉副编审认为，“来出书”出版平台在发展过程中仍存在着受众与用户群范围狭窄的问题，如果没有核心技术和自主创新模式的发展理念，不能及时形成规模效应，则经营模式极易被模仿复制。[①]

“来出书”平台宣称自己是“国内率先引入自助出版理念”的“自助出版平台”，但严格意义上讲，其模式应属于混合出版（hybrid publishing）。混合出版主要包括合作模式、众筹模式和代理辅助模式，结合了传统出版和自助出版的元素。在大多数方面，其功能与传统出版商并无区别，不同之处在于，作者将补贴出版成本，而不会提前获得版税。混合出版商倾向于拥有自己的编辑、设计和营销团队，主要针对那些不能或不愿与传统出版商合作的作者，为他们提供一种传统风格的出版选择。[②]在混合出版模式下，作者的收益低于自出版，而高于传统出版。由此也可以看出，基于商业逻辑审视不同的出版模式，能够更好地认知和理解纷繁复杂的出版现象。

第三节　出版平台化的产业意义：产业属性与产业模式的转型

出版业呈现出行业权力结构去中心化、把关机制多样化和产品高度开放性的发展趋势，[③]这与出版的网络化和平台化密切相关。仅就产业层面而言，出版平台化给出版的产业属性和产业模式带来深刻影响，促使出版的产业属性全方位加速成为服务业，产业模式向范围经济和规模经济转型。

① 王辉．“来出书”自助出版平台模式浅析［J］．出版发行研究，2019（9）：36-38.

② REEDSY. Hybrid publishers：What are they and should you trust them?［EB/OL］.（2019-10-25）［2021-07-14］. https://raindrops-insider.beehiiv.com/p/hybrid-publishers-what-are-they-and-should-you-trust-them.

③ 常江，朱思垒．作为知识生产的数字出版：媒介逻辑与文化生态［J］．现代出版，2021（5）：19-24.

一、产业属性：全方位加速成为服务业

在我国，出版曾经长期被视为一种事业，20世纪90年代，“说‘图书是一种特殊商品’都需要勇气”①。出版产业属性的确认推动了出版体制机制改革，使得出版进入了一个新的发展阶段。产业属性是依据生产模式、产品类型等标准在理论上对行业进行的划分，如制造业、服务业等。在工业社会，出版无论从生产方式还是产品形态上看，都与服务业存在差距，这种对出版产业属性的认知，在今天已经事实上限制了出版产业的进一步发展。

（一）出版业全方位转向服务业的必要性

过去的传统出版物的使用价值在于为读者提供具体的内容产品，读者购买出版物也主要是为了获取其中的内容。②借助现代科学技术手段大规模地复制、传播文化产品的行业，被阿多诺（Theodor W. Adorno）和霍克海默（Max Horkheimer）定义为“文化工业”（cultural industry），出版业亦在其列。传统出版是工业时代的产物，其产业逻辑最初建构在印刷机的基础之上。出版，或者更具体说是图书的物质性对当下的出版业仍然发挥着巨大的作用。例如，人们早期将数字出版物视为电子化的图书——“电子书”，套用传统出版的内容生产流程，甚至在装帧设计上也做了全方位的模仿；在政策法规、管理体制上，也大体沿用了传统出版的思路，导致在快速变化的技术背景下出现了一系列政策适用问题，在一定程度上影响了出版业内生性的产业创新进程。

工业逻辑下的出版是生产偏向的出版，在当前内容供给极大丰富的

① 于殿利．作为商品的图书的道德性［J］．现代出版，2019（4）：14-21，27.
② 周蔚华，等．数字传播与出版转型［M］．北京：北京大学出版社，2011：93.

市场环境下，消费体验成为用户能否发生消费行为的重要影响因素。换句话说，生产偏向转变为服务偏向，如何更好地满足消费者的需求、如何创造美好的消费过程的重要性正在凸显。在鲍德里亚看来，这是消费对生产进行了“必要的逻辑性替代”[①]。这揭示着出版业向服务业转型的价值和必要性。

虽然出版业在一些分类标准中都未被纳入工业体系，例如联合国秘书处经济和社会事务部的《所有经济活动的国际标准产业分类》（ISIC）、美国的《北美产业分类体系》（NAICS）以及我国的《国民经济行业分类》，但从思维观念及实践操作层面来看，出版业依然没有完全实现服务业转型。由此看来，出版业如何全方位加速向服务业转型，将成为出版业发展的核心议题之一。

（二）全方位服务业转向的平台化进路

出版业要向服务业转向，就要树立为读者创造价值而不是单纯生产和销售出版产品的经营理念，以新技术创新出版服务方式，立足服务做产品。[②]苹果公司通过生产和出售苹果手机能够实现一次盈利，但仅此还难以支撑其远超行业平均水平的利润率。苹果公司通过构建App Store，将手机用户与应用开发者紧密联系起来，构建双边市场，同时为两个群体创造价值，这是一种典型的平台化模式。同样地，在出版业加速向服务业转型的过程中，平台化是一种较为常见且操作性更强、社会效益和经济效益均较高的方式。历时地看，平台演进有两大来源，分别是企业平台化和产品平台化。其中，前者同时反映出业务平台化的特征，后者同时反映出技术平台化的特征。在出版业加速转型为服务业的过程中，同样存在出版机

① 鲍德里亚．消费社会［M］．刘成富，全志钢，译．南京：南京大学出版社，2014：57.
② 方卿．产品或服务：出版人的一个选择题［J］．现代出版，2018（1）：18-21.

构[①]平台化与出版产品平台化两条进路。

一是出版机构平台化。随着现代经济的发展，一些大型公司将生产过程外包出去，而将主要精力集中于产品研发和品牌营销，扮演起“价值交付平台”的角色，成为物理世界中的平台。IBM商业价值研究院在一份报告中指出，互联网社交化促进由“企业驱动价值交付链”向“多方驱动的价值交付链”转变。[②]目前在全球最大的100家企业里，已有60家企业的主要收入源自平台商业模式，其中包括苹果、思科、花旗、谷歌、微软、日本电报电话、时代华纳、UPS快递及沃达丰等著名公司。[③]从企业个体层面看，企业内部平台化的内涵更为丰富。例如，海尔集团从2014年起推进的平台化转型，被业内誉为“组织平台化的标杆”，其核心在于“企业平台化、员工创客化、用户个性化”，其中“企业平台化”对应企业的互联思维，即“企业无边界”，打造“网络化组织”，形成以平台主、小微主和创客为代表的三维结构，整个企业成为孵化创客的加速器。

对于出版机构而言，在综合条件允许的情况下，应努力追求成为平台型组织，在为第三方赋能的过程中实现价值转化。在中信出版集团构建出版共享平台的案例中，中信出版就通过其强大的运营能力，对业内有专业能力和创意能力的工作室进行团队赋能、品牌赋能、供应链赋能、渠道赋能、资本赋能、技术赋能以及商业赋能，随着平台上聚合内容产业的投资者、出版人、内容创作者、专业创意和设计人员、文字加工者等全产业链从业者的增多，形成以交易为核心，以注册制准入，用信用体系进行管理的互联网聚合生态产业链。对于中小型出版机构而言，在先天资源禀赋不足的情况下，也可以尝试转变观念，通过调整作者、编辑、读者的互动方

① 这里使用“机构”一词取代“企业”，意在包括那些非企业性质的出版组织，如国外的一些大学出版社、图书馆出版机构、我国的事业性出版单位等。

② 方军，程明霞，徐思彦 . 平台时代［M］. 北京：机械工业出版社，2018：10.

③ 陈威如，余卓轩 . 平台战略：正在席卷全球的商业模式革命［M］. 北京：中信出版社，2013：序言 .

式以及内容生产流程，实现“微转型”。

二是出版产品平台化。在汽车制造业中，相同或相近的底盘、车身结构以及生产工艺构成的模板，能够使以此为基础研发的不同车型共享大部分零部件，极大地降低研发和生产成本。具有这一特征的模板，就可以视为汽车的平台。工业化的大机器生产促使产品高度标准化。在其他类型的工业产品中，考虑到通用性和成本问题，多数产品也都在向平台化的理想方向努力。进入数字时代，基于对工业产品“组装”思维的延续，以及成本与利润方面的考量，数字产品同样追求平台化。游戏脱离了实体经济的范畴，考察这一典型的数字产品能够发现，作为独立产品的单机游戏正在大范围转向网络游戏，联机娱乐成为绝对主流，围绕游戏已经产生由账号及虚拟物品交易、代练、手办、赛事等构成的复杂生态，凸显产品平台化的广阔空间。

对于出版产品而言，应尝试延伸产品链条，吸附更多的利益相关者并围绕产品创造新的连接与互动方式，构建利益共同体，努力将出版产品深度开发为出版平台。例如，中国知网就通过长期深耕期刊数据库，在与期刊出版机构形成大量且稳定的合作关系后，开始向内容生产端上溯，开发了“中国知网编辑出版云服务平台”，其中的“腾云协同采编系统”是面向期刊采、编、审、校、发全流程业务的综合性服务平台。该系统通过“稿件中心”“统计中心”“交互中心”“用户中心”“费用中心”“出版中心”等成熟的功能模块，依托大数据、云计算、人工智能等先进技术，为编辑、作者和专家用户提供全流程稳定的专业服务。目前该系统有在线期刊用户3464家，个人用户量超过1000万。

二、产业模式：向范围经济和规模经济转型

与一般工业产品不同，人们对文化产品存在更为个性化的需求，这在

一定程度上使得出版业呈现出分散化的产业格局。平台化出版刺激了内容生产，提升了产业效率，为出版业打破现有产业格局、实现跨越式发展创造了空间。

（一）垄断竞争：出版业的市场结构

垄断竞争是指存在许多出售相似但不同产品的企业的市场结构，其特点在于企业数量多、产品存在差异、自由进入与退出。企业数量多，即许多企业争夺相同的顾客群体；产品存在差异，即各个企业生产的产品要略有不同，否则便陷入完全竞争状态；自由进入与退出，即企业对进出市场具有自决权。“垄断竞争”这个概念本身看似前后矛盾的表达，意在描述一种在某些方面垄断，而在其他一些方面又竞争的市场状态。

传统出版业的市场结构是一种较为典型的垄断竞争模式，介于完全垄断和完全竞争两种极端的市场结构之间，属于不完全竞争市场的范畴。美国著名经济学家曼昆（N. Gregory Mankiw）用小说市场的例子做了解释：一方面，小说市场看起来是竞争性的，对读者而言，他们有相当多的选择；对作者而言，任何人都可以进入这个行业，这一群体的收入存在严重的两极分化情况。另一方面，小说市场看起来又是垄断性的，每种书都是独一无二的，出版商决定着小说的价格，并且书的价格远超其边际成本。[①]

社交媒体平台与出版平台具有一定的相似属性，但未来平台化出版的市场结构，相比于出现寡头或垄断的格局，更大的可能是延续传统出版的境况。即使出版业会产生具有市场支配地位的超级平台，理论上也并不妨碍众多小平台的存在。其原因主要在于：第一，出版具有突出的文化属性，文化产品追求“百花齐放、百家争鸣”，长期以来这已成为管理者的共识，对文化产品生产和传播渠道的垄断有违文化产品的公共属

① 曼昆．经济学原理：微观经济学分册［M］．梁小民，梁砾，译．8 版．北京：北京大学出版社，2020：333.

性；第二，互联网时代的传播表现出极强的分众化和“再部落化”趋势，不同用户有不同的阅读偏好和需求，以虚拟社群为代表的圈层传播成为一股不容忽视的力量，这为小众平台创造了生存空间；第三，随着平台技术和商业模式的普及与成熟，构建和维护一套完全比特化和在线化的内容生产与交易系统的成本将远远低于传统出版模式，传统出版机构将更倾向于平台模式，至少在保证传统模式持续开展的前提下同时开发平台模式。

（二）分散性：出版业的产业格局

在图书出版领域，国内知名出版人、果麦文化传媒股份有限公司董事长路金波在一次采访中称，中信出版集团①的市场份额为2.5%，民营图书公司中的领军者读客、果麦的市场占有率仅为1%，全行业前六大出版机构的合计市场占有率仅为9%，市场集中度不足，呈现出明显的分散性特征，影响到了出版资源的配置效率。②在细分品类领域中，以规模最大、增长最快的少儿出版为例，在2018年552家参与少儿出版的企业中，市场占有率在1%以下的出版社数量占比达到95%，为525家，市场占有率在1%以上的27家少儿出版社的累计市场份额达到55.16%，这意味着95%的出版社要争夺不足45%的少儿出版市场。③在纵向比较中，2015年有2家出版社的少儿出版市场占有率超过了5%，2016年减少为1家，2017年以后则再无出版社的市场占有率能够达到5%。2018年少儿出版市场占有率第一的是二十一世纪出版社，超过了4%；之后是浙江少年儿童出版社、长江少

① 根据北京开卷信息技术有限公司发布的《2021年图书零售市场报告》，中信出版集团在出版社实洋占有率排名中位居第二，仅次于人民出版社。

② 路金波：图书产业的未来不止1000亿，书籍不应是电商的流量工具［EB/OL］.（2021-11-12）［2021-11-18］. https:// baijiahao.baidu.com/s?id=1716215815428865835&wfr=spider&for=pc.

③ 吴小燕.2018年中国图书市场竞争格局及发展趋势 95%出版社争夺不足45%少儿市场［EB/OL］.（2019-04-23）［2021-05-08］. https://xueqiu.com/8302426719/125370767.

年儿童出版社、安徽少年儿童出版社、海豚出版社、明天出版社，这5家的市场占有率处于3%—4%。

在期刊出版领域，我国也没有形成如国际出版巨头Elsevier（爱思唯尔）、Springer Nature（施普格林·自然）和Wiley（约翰威立）的大规模期刊集群，期刊的主办单位分散在高校、科研机构、社会团体、企业等不同主体之中，例如规模较大的清华大学出版社期刊中心，目前也仅拥有62种期刊，包括《清华大学学报（自然科学版）》《纳米研究（英文版）》《摩擦（英文）》《计算机教育》《科技与出版》等，取得了一些发展成果；而Elsevier拥有2000多种期刊，其中仅完全开放获取期刊就超过了630种[①]。相比之下，我国的期刊出版与国际出版巨头相比仍有极大差距，距离实现规模优势、有效发挥集约化知识生产优势，仍有很长的路要走。

事实上，由于多数国家对出版企业实行登记制，出版企业的数量都在特定时期出现了爆发式增长，出版业整体表现出极强的“长尾”现象。例如，韩国政府在1987年10月实施出版业新政，使出版社注册逐渐开放自由化，任何个人或团体都可以设立出版社；次年，韩国国内出版社数量剧增至4397家，与上一年度相比增加了46.4%，到2018年已增长至59306家。就韩国的国内市场体量而言，大量出版社的存在显然超过了市场需求，这一点与我国台湾地区出版业的境况十分类似。根据大韩出版文化协会以样本图书为基准的统计，2018年韩国有51248家出版社无业绩，占比达到86.4%；在有业绩的出版社中，年出书品种超过50种的仅有271家，占比0.5%。分散性突出的产业格局导致大多数出版企业陷入经营困境，客观上给行业的健康生态造成了负面影响。

① 爱思唯尔新任全球期刊出版总裁谈2022出版趋势：技术驱动 以人为本［EB/OL］.（2022-01-20）［2022-01-26］. https://mp.weixin.qq.com/s/TxPYPj4Sze6NMe-GSpJTyQ.

（三）范围经济与规模经济：出版业的产业模式转型

1. 范围经济与规模经济的产业价值

范围经济表示当生产的商品种类越来越多时，企业的生产平均总成本就会降低。当一家企业在专注于其产品的同时生产一系列互补产品时，范围经济会给它带来成本优势的核心能力。范围经济是一个容易被误解的概念，尤其是这一概念的字面意思似乎与专业化和规模经济的理念背道而驰。思考范围经济的一个简单方法是，想象两种产品共享相同的资源投入（如果可能）比它们各自拥有不同的投入更为经济。

规模经济是指一家公司随着商品或服务产量的增加而具有的成本优势。商品和服务的生产量与公司单位固定成本之间存在负相关关系。一般来说，当固定成本包含在内时，每增加一个单位商品，边际生产成本就会降低；在较低的边际成本下，额外的单位商品代表着利润率的增加。这为企业提供了在必要时降价的可能，提高了产品的竞争力。一些大型仓储式零售商，如山姆会员店，其商品通常采用大包装，部分原因就是实现了规模经济。

范围经济与规模经济这对概念解释了为什么大型企业的成本通常较低。其中，范围经济侧重于解释各种商品的平均总生产成本，而规模经济注重的是当一种商品的生产水平较高时产生的成本优势。在许多情况下，范围经济是规模经济的概括，而不是相反的概念：严格地说，范围经济使企业能够通过在几种不同的商品之间分担固定成本来降低成本，规模经济允许一家企业通过在单个商品的多个单元中分摊固定间接费用和其他固定成本来降低生产成本。

在出版业小、散、弱问题凸显的当下，向范围经济与规模经济转型成为提振行业发展的重要方向。一方面，媒体融合正在逐渐打破以媒介为划分基础的内容生态，如同前文所提到的，出版业的竞争不仅存在于产业内部，其还正在遭受来自产业外部的激烈竞争，这进一步加大了出版企业的生存难度；另一方面，降低出版物的单位生产成本、提高利润率是所有企业的目标，出版企业在激烈的渠道竞争背景下，高码洋、高折扣的市场策略正在显现疲态，长期无法与社会企业用工待遇同步所导致的严重人才流失现象将影响出版业的长期稳定发展，提高利润率成为出版企业的当务之急。

2. 平台化对于出版业向范围经济与规模经济转型的意义

随着体量的扩大，平台往往选择横向进入相关甚至不相关的新领域，用类似的商业模式参与市场竞争。以Facebook为例，包括原初的社交媒体领域，其现已拓展到另外8个类别、合计100多项产品与功能，包括媒体和游戏（例如Facebook Watch）、广告（例如Facebook Ads）、虚拟现实与增强现实（例如Oculus）等。[①]借此，Facebook不断拓展商业版图，各平台之间还形成了流量互动机制，拓展了价值实现的入口和路径。

对于出版业而言，因为网络效应的存在，平台化客观上促使出版业从分散走向集中，实现向范围经济与规模经济的转型。一方面，平台的价值取决于使用平台的用户的数量，平台对用户的价值取决于同样使用该平台的其他用户的数量。这促使一种正向循环的形成，使得平台得以不断降低运营成本，形成规模经济。另一方面，对于用户之间正向循环的形成，平台自身的运营能力同样至关重要，关系到平台能否吸引到自然用户，这在平台起步阶段尤为关键，为了吸引更为广泛的用户群体、实现更大的价值转化，平台在做好内容品质的同时，还需要通过拓展内容领域、产品样态等方式，甚至是结合自身内容优势开发影视、涉足教培、运营百货电商等，朝范围经济方向发展。

① MARTINEAU P，MATSAKIS L. All the times Facebook moved fast and sometimes broke things［EB/OL］.（2019-02-06）［2021-11-07］. https://www.wired.com/story/15-years-later-what-is-facebook.

此外，网络化的知识也具有由分散走向集中的内生性动力，这同样契合了出版业向范围经济与规模经济转型的逻辑。开放性是互联网的基本属性，知识之间的自由链接与跳转是互联网引发的一场“知识革命”，而相互设限的小平台制造了支离破碎的知识版图，既有违互联网的开放精神，又阻碍了知识的传播与再生产。*MIT Technology Review*（《麻省理工科技评论》）被认为是全球历史最悠久、最权威的创新科技媒体，其出版人兼总编辑杰森·庞廷（Jason Pontin）认为，他们对自己刊物进行的平台化试验，是“试图把旧式的、封闭的印刷媒体气质强加于崭新的、开放的数字化空间”[①]。就这一视角来看，必须尽量减少不同平台之间的“围墙花园”，允许知识在更大范围内的可见性与可检索性，以社会公共利益最大化为目标。这也是用户更喜欢用大平台和主流平台的原因，客观上推动着平台的“马太效应”。例如，在期刊数据库方面，以目前的情况来看，人们更倾向于使用中国知网进行文献检索（即便其收费模式不尽合理）而非一些宣称完全免费的平台。中国知网以先发优势进入良性发展循环，事实上已经成为我国重要的知识基础设施。从这层意义上看，在市场经济环境下，平台化出版具有促成范围经济与规模经济转型的可能空间。

① 胡泳．解析《The Daily》之死［EB/OL］．（2013-06-09）［2021-05-06］．http://media.people.com.cn/n/2013/0315/c359080-20804684.html.

第五章　一个本土化问题：中国语境下的主体选择与实践进路

组织行为与其所处的国家和产业环境存在密切关系。[①]平台作为一种重要的公共基础设施，出版作为一种文化的和精神的社会活动，以及平台化出版作为一种勾连互联网和出版的产业实践，本质上都决定着其对国家与社会具有广泛而深刻的影响。在历史经验、意识形态、社会管理模式等多元因素的影响下，我国形成了有别于西方国家的中国特色出版体制。媒体体制最核心的问题是媒体所有权。[②]马克思·韦伯（Max Weber）认为："我们的科学，诸如以人的文化制度和文化事件为对象的一切科学，或许政治史算是例外，在历史上都首先以实际的立场为出发点。"[③]基于中国立场，要推动平台化出版发展，首先要厘清平台化出版的主体结构，这是关乎国家文化主权和安全的重要课题。以此为基本前提，才能针对平台化出版实践合理制定产业政策，引导产业健康发展。

---

① HAGEDOORN J. Understanding the cross-level embeddedness of interfirm partnership formation［J］. Academy of management review，2006，31（3）：670-680.

② 龙小农，陈林茜 . 媒体融合的本质与驱动范式的选择［J］. 现代出版，2021（4）：39-47.

③ 韦伯 . 社会科学方法论［M］. 韩水法，莫茜，译 . 北京：商务印书馆，2013：3.

第一节 中西出版产业范式比较

经济环境、文化环境、制度环境无疑都在一定程度上对平台化出版的发展具有限定性，其中经济环境与文化环境更多在具体的运营层面产生影响，制度环境则在更为根本的产业导向层面发挥作用。在之前的讨论中，笔者更为关注平台化出版的一般性特征，以归纳和总结规律性；本节则试图引入制度环境要素，并将其作为核心背景，以国家立场观照本土化的平台化出版政策导向问题。

在中西比较视野下，出版产业范式是探讨制度环境要素的重要抓手。在长期发展过程中，西方形成了以经济为主的出版产业范式，中国则形成了公益优先、兼顾经济的出版产业范式。对两种出版产业范式展开比较研究，有助于理解产业政策制定的底层逻辑。

一、西方以经济为主的出版产业范式

西方在启蒙运动中广泛传播了天赋人权的观念，并在资产阶级革命成功后普遍确立了私有财产神圣不可侵犯的法律原则。与之一脉相承的市场经济体制，以及出版企业的私人所有制，同样对于以经济为主的出版产业范式的形成具有重要影响。同时，客观上西方也对出版业的特殊性有一定认知，但在产业制度与政策层面的反映上似乎无法与之完全匹配。经济为主的出版产业范式在一定程度上导致了公共利益的折损。

（一）西方出版业产业范式的成因

对出版在西方形成以经济为主的产业范式进行归因分析，还应回到西方经济思想史中寻求答案。发生于17—18世纪、以法国为中心的启蒙运动，为资产阶级革命奠定了思想基础。启蒙运动提出“天赋人权”的口号，用以反对“君权神授”的观点，反映了新兴的资产阶级对财产私有的要求。天赋人权指导了近代以来的资产阶级革命，其中极为重要的一点即私有财产神圣不可侵犯，其也被视为天赋人权之一。这种思想进一步释放了西方社会对个人财富的欲望，激发了进取和冒险精神，在特定历史时期促进了财富增值与社会进步。

在新兴资产阶级力量发展壮大并逐渐确立其政治上的主导权的过程中，西方国家在经济上也逐步确立了以完全自由竞争为主要规则的市场经济制度。该经济制度的主导思想（经济自由主义）认为，政府干预经济只会降低市场运行效率、伤害经济增长的源泉，自由竞争、自由贸易的市场机制才是实现社会财富增长的最有效的规则。[①]20世纪80年代，新自由主义（Neoliberalism）思潮席卷西方主要国家，它反对政府对国内经济的干预，主张维护自由竞争的资本主义制度，对凯恩斯主义形成某种意义上的“清算”。

这一历史脉络基本反映了西方现代企业所有制的思想渊源。企业是以满足社会需求从而实现自身利益最大化为目的的经济组织，是推动市场经济发展的核心力量，出版业同样由具体的出版企业来组织和运转。由于西方政府职能被限制在一个消极的“守夜人”职责范围之内，市场机制成为维护西方社会有效运转的主要体系。在这种背景下，出版内容禁区被打破，出版企业追求商业利润也变成天经地义的合法行为。与此同时，以前在出版领域广泛存在的国家政治控制和经济参与行为也消退了，西方资本主义形成了商业化主导的出版体制。[②]在这方面，传媒领域出现的媒介融合过程具有较强的说服力：西方的境况是，相比于社会文化与政治利益，

---

① 刘大年．中国出版产业政策研究：社会转型与价值观建构［M］．北京：中国传媒大学出版社，2016：156.

② 刘大年．中国出版产业政策研究：社会转型与价值观建构［M］．北京：中国传媒大学出版社，2016：168.

经济在媒介融合过程中被置于更高的地位，拥有更大的优先权，自由化、市场化、私有化以及利益最大化成为西方媒体融合范式的主要基调，市场机制、竞争政策与垄断兼并成为驱动西方媒体融合的主要手段。①

值得注意的是，经济为主并不意味着对其他影响因素的全然忽视。道德与文明之于一个稳定的现代经济秩序的建立的重要性，西方同样十分重视，他们的实践经验要远超其他文明国家。亚当·斯密在《道德情感论》中就展现出这样一种核心思想："打通经济利益和人心情感，接续历史传承而又文明进步，实现人为道德与正义制度。"②这构成了作为文化活动的出版的通约性基础，其精神内涵、价值追求同出版之间具有一种和谐的呼应关系。

出版物是精神文化产品，具有一定的公共物品属性，具有外部性，但出版物的外部性较为有限。因此，大多数西方国家对出版业采取的行政管理体制，同一般的经济产业并无太大差异。西方国家通常以行业协会的形式对出版业实施干预，协调出版业的内外部问题，而非在政府内部设立专门的管理机构，或建立专门的审查委员会，同时也很少有颁布专门出版法律法规的情况。③只有在政府认为必要时，行政管理才会介入，并且往往需要上升到司法层面才能最终解决问题。

（二）经济为主的出版产业范式的反面

经济为主的出版产业范式刺激了出版企业之间的竞争，带动出版产业的总体发展，但同时也不可避免地产生了负外部性，在一些情境下意味着公共利益的折损。在学术出版领域，其表现较为突出。学术出版与学术研究相辅相成，一方面，学术出版要以学术研究为基础，学术研究成果是学术

① 龙小农，陈林茜．媒体融合的本质与驱动范式的选择［J］．现代出版，2021（4）：39-47.
② 高全喜．思想史中的"斯密问题"［J］．读书，2022（4）：44-45.
③ 刘大年．当代西方出版产业政策：变迁与趋势［J］．现代出版，2015（4）：10.

出版活动的生产对象，是学术出版存在的意义、生存的基础；另一方面，学术研究需要依靠学术出版进行传播，在某种意义上，学术出版已经演化为一种学术研究的筛选与评价机制。然而，由于对经济的追求，商业化的学术出版在社会对其价值期待方面逐渐异化，有时甚至走向了自己的反面。

以学术知识数据库为例。2019年2月28日，美国加州大学（University of California）宣布，由于谈判破裂，该校将停止向出版巨头、世界上最大的科学出版商爱思唯尔（Elsevier）支付其出版物的订阅费用。加州大学图书馆员杰弗里·麦基-梅森（Jeffrey MacKie-Mason）系加州大学谈判团队的联合主席，参与了与爱思唯尔的谈判，他在接受采访时透露了谈判双方的诉求。加州大学的诉求在于两个方面：其一是降低成本——该校每年向爱思唯尔支付约1100万美元的订阅费，这占该校全系统期刊成本的25%；其二是开放获取——爱思唯尔上收录的该校作者的学术作品，默认以开放存取形式发布，除非作者本人提出异见。爱思唯尔最终同意了开放存取方案，但增加了80%的收费额，这意味着在三年合同有效期内，加州大学将多支付约3000万美元。[①]2020年7月，双方重启谈判；到次年的3月16日，双方终于就开放存取达成了为期四年的协议。根据协议，所有以加州大学为第一单位的作者，其在爱思唯尔的混合出版和开放存取期刊——包括世界上最负盛名的科学和医学期刊《柳叶刀》——中发表的研究成果，都将默认为开放存取。麦基-梅森认为，“许多人根本负担不起期刊的高价，尽管这些期刊上的发现可能对他们的工作至关重要。自由传播加州大学的知识，将为世界上最紧迫的问题带来新的解决方案——这项协议将有助于实现这一目标”[②]。加州大学将新协议称为“变革性开放存取协议”，因为其将

① KELL G. Why UC split with publishing giant Elsevier［EB/OL］.（2019-03-06）［2021-12-15］. https://www. universityofcalifornia.edu/news/why-uc-split-publishing-giant-elsevier.

② UC Office of the President. UC secures landmark open access deal with world’s largest scientific publisher［EB/OL］.（2021-03-16）［2021-12-15］. https://www. universityofcalifornia.edu/press-room/uc-news-uc-secures-landmark-open-access-deal-world-s-largest-scientific-publisher.

订阅付款转换为开放存取出版付款（免费提供阅读）。[①]

2021年新协议的达成，对双方来讲只是暂时的利益妥协。麦基-梅森称："爱思唯尔的价格还是太高了，利润高得离谱。"[②]这种情况促使许多高校和科研机构尝试抛弃出版商，而试图以联合的形式推动开放存取的发展。2018年9月，一项被称为"S计划"的开放存取项目，由来自11个欧洲国家的11个研究资助机构共同启动。该计划要求，到2020年，所有受资助发表的科研文章均要实现开放获取。2018年12月，中国的图书管理中心及学术研究资助机构表示了对"S计划"的支持。[③]对于西方以经济为主的出版产业范式而言，这类问题只能交由市场进行调节解决。学术出版与学术研究都具有较强的公共产品属性，然而经济问题往往成为双方合作之路上难以逾越的鸿沟。

二、中国的公益优先兼顾经济的出版产业范式

公益优先即以公共利益或社会效益为优先。习近平总书记指出，要把握好意识形态属性和产业属性、社会效益和经济效益的关系，始终坚持社会主义先进文化前进方向，始终把社会效益放在首位。无论改什么、怎么改，导向不能改，阵地不能丢。[④]《出版管理条例》规定，"从事出版活动，应当将社会效益放在首位，实现社会效益与经济效益相结合"。我国为何会形成公益优先的出版产业范式？其历史和现实基础又是什么？

① KELL G. UC's deal with Elsevier：what it took，what it means，why it matters［EB/OL］.（2021-03-18）［2021-12-15］. https://www.universityofcalifornia.edu/news/uc-s-deal-elsevier-what-it-took-what-it-means-why-it-matters.

② KELL G. UC's deal with Elsevier：what it took，what it means，why it matters［EB/OL］.（2021-03-18）［2021-12-15］. https://www.universityofcalifornia.edu/news/uc-s-deal-elsevier-what-it-took-what-it-means-why-it-matters.

③ MIT 科技评论 . 名校"揭竿而起"，全球第一科学出版商遇难，中国接棒吗？［EB/OL］.（2019-03-03）［2021-12-15］. https://www.mittrchina.com/news/detail/3182.

④ 孙秀岭 . 大众锐评 | 文化发展要把握好"导向"与"效益"的关系［EB/OL］.（2020-09-21）［2021-12-18］. https://dzrb.dzng.com/articleContent/2231_793209.html.

（一）中国出版产业范式的成因

我国公益优先、兼顾经济的出版产业范式的形成，有其历史渊源。在我国的近代出版史中，由于严重的内忧外患，以知识分子为主的出版界形成了出版报国、教育救国的文化自觉。张静庐在其1938年出版的自传《在出版界二十年》中，表达了一种关于出版公益性质的朴素价值观："出版商人似乎还有比钱更重要的意义在这上面。以出版为手段而达到赚钱的目的；和以出版为手段，而图实现其信念与目标而获得相当报酬者，其演出的方式相同，而其出发的动机完全两样。我们——一切出版商人——都应该从这上面去体会，去领悟。"张静庐区分了出版业框架下的书商与出版商，认为书商是以利润为终极目的的，而出版商则以文化建设为己任。20世纪40年代初，邹韬奋提出："我们的事业性和商业性是要兼顾而不应该是对立的。……这两个方面是应该相辅相成的，不应该对立起来的。"[①]

此外，作为社会主义国家，马克思主义新闻出版观是形成我国出版产业范式的重要思想基础。马克思主义关于新闻、出版、传播、舆论等的立场、观点、方法的根本观念或系统认知，是社会主义国家媒体必须坚守的基本立场，目的是更好地发展新时代的出版事业和出版产业。[②]具体而言，"以人民为中心的工作导向是中国特色社会主义新闻出版业存在发展的定海针与压舱石，规定了我国新闻出版业的根本属性，解决了新闻出版业的本体问题"[③]。马克思主义新闻出版观的核心是党性与人民性的统一。在2013年8月19日的全国宣传思想工作会议上，习近平总书记强调，要树立以人民为中心的工作导向，把服务群众同教育引导群众结合起来，把满足需求同提高素养结合起来。以人民为中心的工作导向具体的首要工作原则

① 邹韬奋．韬奋 我的出版主张［M］．南宁：广西教育出版社，1999：207.

② 王炎龙．马克思主义出版观的演进发展研究［J］．编辑之友，2021（6）：26-33.

③ 魏玉山，黄晓新，刘建华，等．十八大以来党的新闻出版理论十大创新成果［J］．传媒，2017（19）：20-25.

就是坚持党性与人民性的统一，党性正是人民性最根本、最集中的体现。出版作为党和国家意识形态工作的重要组成部分，承担着重要的舆论宣传功能，同样需要贯彻落实以人民为中心的工作导向，这就要求出版的首要功能是满足社会效益，经济效益要服务、服从于社会效益。

中华人民共和国成立后，国家对私人企业进行了社会主义改造，同时出版物也被作为宣传教育、社会治理的重要工具，因此出版被作为一种非营利的事业由国家经营。产业是对构成国民经济的行业和部门的称谓。在我国，出版曾长期被视为事业而非产业，“回溯到20世纪90年代，说‘图书是一种特殊商品’都需要勇气”[①]。2000年,《中共中央关于制定国民经济和社会发展第十个五年计划的建议》明确提出：“完善文化产业政策，加强文化市场建设和管理，推动有关文化产业发展。”这从中央层面第一次提出了文化产业概念。2011年，党的十七届六中全会提出：“加快发展文化产业，必须构建结构合理、门类齐全、科技含量高、富有创意、竞争力强的现代文化产业体系。”至此，出版业的产业属性获得确立和普遍认可。[②]从21世纪初起步的出版体制改革，除保留了极小部分的公益性出版机构外，其余出版机构皆由事业单位转型为具有独立市场主体地位的企业，出版的产业属性在实践层面得以确认和落实。然而，转企改制后的出版机构在所有制上属于国有企业，并没有根本颠覆出版的公益性，而是考虑到市场化情况，在公益性的基础上增加了出版机构的国有资产保值增值任务。在出版体制改革的背景下，刘杲先生提出：“在出版产业中，文化是目的，经济是手段，两者的关系不能颠倒。只有坚持这种科学的定位，才有利于推动出版产业沿着为人民服务、为社会主义服务的方向健康发展。”[③]也是

① 于殿利．作为商品的图书的道德性［J］．现代出版，2019（4）：14-21，27.
② 周蔚华．改革开放40年来出版体制改革着力解决的四大问题［J］．中国人民大学学报，2018，32（6）：22-32.
③ 刘杲．出版：文化是目的 经济是手段——两位出版人的一次对话［J］．中国编辑，2003（6）：4-8.

在这一背景下，我国实行把社会效益放在首位、实现社会效益和经济效益相统一的出版产业范式，社会效益与经济效益是辩证统一的。

（二）从公益到共益：中国出版产业范式的实践延伸

通过以上梳理能够发现，中国公益优先的出版产业范式是基于传统出版时代历史经验和社会现实的产物。随着媒介技术尤其是互联网技术的发展，出版场域参与主体的多元化已经成为不容忽视的产业事实，尤其是互联网平台型企业的参与，在商业模式方面进行了诸多创新尝试，丰富了出版产业的内涵，也拓展了出版产业的外延，而本文所研究的平台化出版业已成为一个值得关注的重要现象和趋势。就微观层面而言，平台的中介性意味着平台需要重视推进多方协作生产的可能。平台的运营模式很大程度上影响着平台技术发展和管理推进的方向，因此，如何聚合各方利益相关者进行“共赢式”生产，显得非常重要。[①]就宏观层面而言，出版社转企改制后成为自负盈亏的市场主体，出版场域中的多元主体都具有平等的市场地位，展开公平竞争，如此才能激发出版业总体效能的提升。因此，从公益（公共利益）向共益（共同利益）延伸就成为当下出版产业范式的题中应有之义。

共益主要强调在利益分配过程中，除关注公共利益外，还应对出版场域中的多元主体做出合理的利益分配，既保护平台中的生产者与消费者的利益，促进平台通过自身的业务取向、公益活动及合法纳税等推动社会公平与进步，又确保平台自身能够获得具有激励性的经济回报，形成一种充分的市场竞争格局，鼓励和激发创新创业行为。事实上，这与坚持“两个效益相统一”的原则是逻辑同构的，只是跳出了公有制出版机构的单一主体范畴，而在更为宽泛的主体范畴内尝试进行逻辑适配和价值统一。“在

① 孙萍．关于平台经济，我们需要建立一种新型数字化关系 | 未来经济［EB/OL］．（2021-06-08）［2021-10-20］．https://mp.weixin.qq.com/s/u-Jw_N7wLCe_dNGSO9z2iw.

中国经济从‘高速发展’走向‘质量发展’的当下，企业发展模式应该考虑从‘商业型’转向‘共益型’，因为单纯的商业化、盈利性模式并不全然适合中国国情，也不利于企业的长远发展。”[①]在保持基本方向的前提下，当下的出版产业政策也确实在此方面有所表现，例如《出版业“十四五”时期发展规划》提出，要“深入实施数字出版精品遴选推荐计划，面向出版单位和文化科技企业评选100种左右优质数字出版产品和服务项目，建立数字出版精品项目库”，其中就提到了参与主体包括“文化科技企业”；2021年全民阅读优秀项目推介工作入选名单中，在15个入选项目中，“‘我是你的眼’公益助盲行动”的主办单位为黑龙江悦咿呀文化发展有限公司，[②]该企业属于非公有制企业。这些都反映出管理层面对多元出版主体利益的考量，映射出公益为主的出版产业范式的内涵逐渐丰富。

第二节　中国语境下平台化出版主体的选择偏向

出版具有高度语境化的特征。纵向来看，不同历史时期的出版被赋予不同的时代功能，例如在战争时期，出版就可能成为“纸质子弹”，承担提振士气、输出价值观的特殊使命[③]；横向来看，不同国家的意识形态、不同文明体系对出版的认知，都会对出版的定位、结构、发展速度与质量产生重要影响。中国以公益为主的出版产业范式作为语境化特征之一，对于平台化出版主体的选择具有基础规定性作用，而出版主体直接关系到一国的出版产业面貌以及可能产生的社会价值。由此可见，对平台化出版主体

① 孙萍．关于平台经济，我们需要建立一种新型数字化关系 | 未来经济［EB/OL］．（2021-06-08）［2021-10-20］．https://mp.weixin.qq.com/s/u-Jw_N7wLCe_dNGSO9z2iw.

② 国家新闻出版署关于公布2021年全民阅读优秀项目推介工作入选名单的通知［EB/OL］．（2021-12-14）［2021-12-30］．https://www.gzxhcbfx.com/news/644.html.

③ 刘蒙之，刘乔．“二战”期间美国战时图书委员会的出版活动与历史影响审视［J］．现代出版，2018（4）：69-72.

的选择可以上升到国家事权和发展权的高度进行考量。

中国以公益为主的出版产业范式既是平台化出版主体选择的语境，也构成了一种观念层面上的价值贯通。由此，平台公共性与出版道德性成为中国语境下平台化出版主体选择的逻辑起点。传统出版的历史经验明晰了出版的基本功能，这些功能反映了出版本质的稳定性；数字媒介的技术可供性则在客观上赋予平台化出版主体以新的能力，使得出版基本功能的发挥具有了新的手段和方式。

一、逻辑起点：平台公共性与出版道德性

中国语境下的平台化出版主体选择之所以成为一个值得关注的课题，是因为中国语境的特殊性（在理论上）对平台化出版提出了更高的价值期待。而这种价值期待的逻辑起点主要在于两个方面，即平台公共性与出版道德性。

（一）平台公共性

1. 平台公共性的根源

事实上，我们在前文中已经基于平台型媒体，对平台公共性做了初步阐释。从历史脉络来看，早期希腊社会所呈现的“公共生活”可以认为是公共性的源头。现代意义上的公共性则开始于康德对启蒙的反思，中间经过汉娜·阿伦特（Hannah Arendt）的政治化发展，再通过尤尔根·哈贝马斯（Jürgen Habermas）和约翰·罗尔斯（John Bordley Rawls）的争论而渐趋成熟。[①]康德通过对公共性与启蒙之间关系的思辨，展开了对公共性的系统思考。他认为，理性的公共使用就是被自我雇佣的知识分子所使用，

① 杨仁忠．公共领域论［M］．北京：人民出版社，2009：125.

这是一个完全自由的领域，其关键是言论和出版自由，借此可以达致启蒙。阿伦特在《人的条件》中，提出了一个关于公共性的形象比喻——“一张平等的桌子”，即许多人围坐在桌子前，这张桌子既联系了人们，又使人们彼此分隔，而公共领域就是这张桌子。互联网的分布式结构从根本上规定着其符合公共领域之机会均等、平等参与和自由讨论的理想原则，网络成为“一张平等的桌子”，给受现代商业化大众传媒冲击的公共领域带来了重兴的机遇。

用户在平台中展开多元化的讨论，彼此吸收意见或者提出反对的观点。当平台的规模发展得越来越大，其所牵涉的社会资源相应也越来越多，不断提升、重塑社会运转方式，规训人们的行为；当平台发展为超级平台时，正常的社会生产生活已经难以脱离其而独立运转，平台也就具有了社会公共基础设施的属性。此外，平台“使网民有了政治参与和政治表达的机会，影响了现实政治进程”，“互联网平台成为影响国家数字主权的关键”，这两点同样被视为平台具有公共性的原因。①

2. 平台公共性遭遇挑战

加拿大智库——国际治理创新中心（CIGI）高级研究员泰勒·欧文（Taylor Owen）提出：“平台网络是由私有的公共空间组成的，主要由私人行为者的商业激励所控制，而不是更广泛社会的集体利益。平台更像是购物中心，而不是城镇广场——在某种程度上是公共的，但最终是根据私人利益来管理的。”② 由于大多数平台尤其是其中的超级平台都由商业资本掌控，平台隐蔽地利用其掌握的用户数据和市场地位谋取私益，影响社会公共利益甚至是一国的经济、政治安全和社会稳定。伴随着平台的开放性，许多大型平台已逐步演变为一种“准公共产品”，具有了公共性、共享性，

① 李良荣，辛艳艳 . 论互联网平台公司的双重属性［J］. 新闻大学，2021（10）：1-15，117.

② OWEN T. Introduction：Why platform governance?［EB/OL］.（2021-10-28）［2021-12-12］. https://www.cigionline.org/articles/introduction-why-platform-governance/.

这成为平台演化与治理的重要基础。[①]由于网络效应的存在，单一领域内往往形成垄断格局（单一企业主导）或者寡头格局（少数几家企业主导），例如搜索领域的谷歌、桌面操作系统领域的微软与苹果等，超级互联网平台已经成为能够左右市场的存在。

在现代社会治理体系中，平台以其公共性，一方面成为重要的治理工具，另一方面也成为重要的治理对象。有学者基于互联网平台的运作机制，提出了平台公共性面临的三个问题：一是平台过度使用或未经授权使用用户数据，导致用户隐私被侵犯；二是平台垄断抑制创新和市场竞争，形成对用户的数字劳动剥削；三是基于算法的平台推荐机制侵蚀了媒体公共性，规避社会责任。[②]2021年10月29日，国家市场监督管理总局发布《互联网平台分类分级指南（征求意见稿）》《互联网平台落实主体责任指南（征求意见稿）》，文件依据用户规模、业务种类以及限制能力的不同，将互联网平台分为超级平台、大型平台和中小平台三类，[③]平台的体量越大，相应的社会公共属性就越强，以此为逻辑基础规定平台的主体责任与义务。

平台公共性问题的现实案例不在少数。2016年4月12日，"魏则西事件"的主人公、西安电子科技大学2012级学生魏则西因病医治无效去世。在该事件中，百度搜索引擎在误导就医选择方面负有责任，将广告模糊化甚至伪装为信息服务，其竞价排名受到社会舆论的一致谴责。在西方，超级平台也屡屡遭受反垄断调查。2017年6月，欧盟委员会裁定谷歌滥用其在欧盟经济区13个国家的搜索引擎市场的支配地位非法操纵购物广告搜索，并开出了24.2亿欧元（约合174.7亿元人民币）的罚单。2021年11月10日，

---

① 范如国．平台技术赋能、公共博弈与复杂适应性治理［J］．中国社会科学，2021（12）：131-152，202.

② 张志安，谭晓倩．互联网平台公共性的构成维度及现实挑战［J］．新闻与写作，2020（5）：74-81.

③ 任晓宁．互联网平台分级了！超大型平台将承担更大责任［EB/OL］．（2021-10-30）［2021-11-14］．https://m.thepaper.cn/baijiahao_15150432.

欧洲第二最高法院驳回了谷歌的上诉，维持了原判。[①]

荷兰乌德勒支大学（University of Utrecht）教授、荷兰皇家艺术与科学院主席何塞·范·迪克指出，美国平台系统架构由市场主体设计，其基础设施主要由五大巨头主导，这对欧洲国家和公民社会主体参与公共利益的谈判来说十分困难，因此管理平台社会已经是一场关于公共价值和共同利益的巨大斗争。[②]社交媒体平台Facebook在与澳大利亚政府关于新闻付费分享的分歧中取得实质性胜利的案例就极具说服力。2021年2月17日，澳大利亚议会通过了《新闻媒体协议规范》，“该法规将解决澳大利亚新闻媒体企业和主要数字平台之间严重的议价能力失衡问题。有了规则以及仲裁机制，这些平台就有动力为使用新闻内容提供公平的报酬，而澳大利亚的新闻企业也能进行更好的商业谈判”[③]。次日，作为回应，Facebook屏蔽了其平台中所有澳大利亚媒体的新闻内容。2月23日，迫于公众压力，澳大利亚政府最终修订了法案，Facebook也解除了平台上的新闻封禁。在这一案例中，平台显然利用了其垄断性的市场地位，平台背后的商业利益侵蚀、压制了平台的公共性。

（二）出版道德性

1. 出版价值规定出版道德性

传统出版的合法性建立在捍卫知识权威的基础之上，这与数字出版追求知识普惠的价值目的不同，因此社会并不会以公共性为核心苛求出版。[④]

① 林传凌．欧盟174亿天价罚单重锤，谷歌陷反垄断旋涡［EB/OL］.（2021-11-20）［2021-11-28］. https://baijiahao.baidu.com/s?id=1716955628059468670&wfr=spider&for=pc.

② VAN DIJCK J. Platform，power，public counter-power：governing platformization in Europe［EB/OL］.（2021-09-25）［2021-10-21］. https://www.pass.va/en/publications/studia-selecta/studia_selecta_07_pass/van_dijck.html.

③ Facebook与澳大利亚政府达成和解：双方都说自己是赢家［EB/OL］.（2021-02-24）［2021-11-06］. https://finance.sina.com.cn/tech/2021-02-24/doc-ikftpnny9539159.shtml.

④ 常江，朱思垒．架构、生态与普惠：一个数字出版的阐释框架［J］．现代出版，2022（1）：30-38.

现代出版，甚至是自有出版以来，它几乎都是以促进文明发展为价值追求的，即使是西方教会的宗教出版。这反映出两点值得关注的内容：一是出版物体现出一种当权者、出版者与读者三者的价值统一，尽管有时这种统一状态是并不怎么牢固的；二是出版的历史告诉我们，出版本质上是要教化或者说约束人的欲望，以使人的行为符合社会规范，体现出其天然的“道德性”。出版具有社会属性，社会属性突出表现为道德性，因为出版具有传承文化、传播文明的基本功能。事实上，任何商品都具有道德性，这取决于任何商品要在一个依靠法律和道德运转的社会中存在，都必须满足社会合理需求，或者说追求社会效益。人类历史流传至今并广泛传播的经典，大多反映了人类社会普遍认可的道德。从知识传播史的视角来看，无论是在口语知识传播、文本知识传播还是产品知识传播阶段，出版都以道德立场为基础，表现出了鲜明的道德性。①

在我国，道德性被置于出版工作方针的首位。2015年，中共中央办公厅、国务院办公厅印发了《关于推动国有文化企业把社会效益放在首位、实现社会效益和经济效益相统一的指导意见》，提出“文化企业提供精神产品，传播思想信息，担负文化传承使命，必须始终坚持把社会效益放在首位、实现社会效益和经济效益相统一”“当两个效益、两种价值发生矛盾时，经济效益服从社会效益、市场价值服从社会价值，越是深化改革、创新发展，越要把社会效益放在首位”。这充分表明，出版的道德性已经从一种长期养成的行业自觉，演变为由权力机构约束的管理规定。

2. 平台化出版引发道德性新挑战

平台化出版的直接功能是解决出版的生产效率和传播效果问题，它在对出版认识的价值观念层面并无本质转变，也就是说，平台化出版同样需要维持出版的道德性，而不是利用人性的弱点获取经济利益。道德性要

① 于殿利．作为商品的图书的道德性［J］．现代出版，2019（4）：14-21，27.

求出版平台不应也不能像其他类型的商业平台那样，为了谋取经济利益而违背道德甚至触犯法律。然而，从现实情况来看，当下的出版行业乱象频发，例如不尊重著作权，抄袭、盗版现象普遍存在。

平台化出版给出版道德性带来的新挑战，根源上还应追溯到企业对利润的追求。从实际情况来看亦是如此，道德性问题多发生于互联网平台型企业，而非更加关注社会效益的国有出版企业。此外，平台化出版对出版道德性的侵蚀，还反映出技术的负外部性特征，即一些非人为主观意图的负面效应，包括信息茧房、算法偏见等。要应对这些新的道德性挑战，除了构建复合型的外部监管体系，根本上还需依靠平台化出版主体的行业自觉。合理安排平台化出版主体的重要性由此凸显。

二、平台化出版主体角色的结构性变革

正如“主流媒体作为一种价值媒体的本质无论在过去、现在还是未来始终没有变”[①]，无论外部环境如何变化，出版必须按照社会规制向社会（公众）提供优质的内容资源这一本质不会改变，出版所承担的传递信息、传播知识、传承文化、教化育人、塑造信仰、提供娱乐、推动社会进步等社会功能同样不会改变[②]，改变的只是出版实现其社会功能的具体手段和方式。相应地，出版主体在参与出版活动的过程中也不断融入新的技术和模式，这种融入的驱动力既有来自客观层面的被动融入，又有来自主观层面的主动融入。对于平台化出版而言，出版主体的角色内涵发生了结构性改变，在编辑环节成为算法化的“把关人”，在发行环节成为网络化的“搬运夫”，在营销环节成为自组织化的“推荐官”。

① 喻国明．新型主流媒体：不做平台型媒体做什么？——关于媒体融合实践中一个顶级问题的探讨［J］．编辑之友，2021（5）：5-11.

② 周蔚华．中国特色出版学理论体系建设论纲［J］．现代出版，2022（1）：5-18，101.

（一）算法化的“把关人”

把关人也称“守门人”，德裔美国学者库尔特·勒温（Kurt Lewin）在1947年首次提出了“守门人”的概念，但最初这一概念被用于解释美国家庭的餐食安排，认为家庭主妇是餐桌的守门人。在勒温去世后，1949年，他的学生戴维·曼宁·怀特（David Manning White）将守门人理论引入新闻领域，在对伊利诺伊州皮奥里亚市《星报》的研究中发现，编辑在筛选新闻时，很大程度上是基于个人的品位，“就像是在给自己做决定”。但之后的研究者却给出了不同的答案，沃尔特·吉贝尔（Walter Gieber）认为，新闻编辑们更多受到支配其工作的约束结构的影响，而非个人偏好和主观倾向，他们“更关心报纸的发行量、官僚程序以及与编辑部的交情”[①]。麻省理工学院的伊桑·祖克曼教授在2004年对时任《新闻周刊》总编辑的乔恩·米查姆（Jon Meacham）的访谈，也佐证了怀特关于发行量影响论的观点。[②]

把关有两个层次，一是对选题的过滤，二是对内容的审查。与之对应，传统出版中的把关机制主要为选题论证和“三审三校一读”。编辑需要针对选题进行广泛的市场调研，之后要经过出版机构内部的集体评议式的选题论证会，重点选题还会扩大论证范围，特定选题还需按规定交上级党委或新闻出版行政主管部门进行审读。“三审三校一读”中的“三审”指初审、复审、终审，分别由不同专业职称的编辑或出版社领导负责；“三校一读”指初校、二校、三校和一次通读检查，重点稿件还会增加校次。这种相对严格和规范的把关机制保证了出版物的原则性、思想性，反映了出版的道德性和政治性。

① 祖克曼．超级连接者［M］．林玮，张晨，译．杭州：浙江人民出版社，2018：84.

② 参见：祖克曼．超级连接者［M］．林玮，张晨，译．杭州：浙江人民出版社，2018：85-86.

对于平台化出版而言，由于其对内容生产效率的极大提升，在面对海量内容时，人工的精力与能力、效率与品质等都成为突出的问题。因此，互联网平台普遍采用了算法把关方式。在内容创作环节，作者预发布的文章须符合平台制定的内容规则，否则无法发布；在内容审核环节，内容一般会先进入色情、低俗、标题党、虚假信息、低质量等诸多风险模型中进行过滤。

然而，算法把关导致的传播伦理失范问题也引起了广泛的批评。基于此，目前大型平台通常转向人工+算法的复合把关机制，例如在今日头条平台上，文章经过算法初审之后，还会经过人工编辑进行二次核查。经过不断的实践和迭代，算法把关机制也在升级，把关能力不断增强。就当前算法把关有限性的现状而言，“需要重塑编辑价值，重新认识编辑在智能媒体时代的核心功能，使技术的运用服务于人的价值发展”[①]。

（二）网络化的“搬运夫”

传统出版的产品要实现其社会效益和经济效益，发行环节的重要性便凸显出来。改革开放以前，图书出版后统一由新华书店系统在全国范围内发行，不能委托第三方或自办发行；20世纪80年代初期，图书发行首次对民营资本开放，但仅限于零售领域；1988—1996年实行的“三放一联”（放权承包、放开批发渠道、放开购销形式和发行折扣，大力发展横向联合）政策，允许民营资本进入图书二级批发领域，促进了一个与新华书店系统平行的“二渠道”的形成，[②]这在政策层面奠定了当下我国出版发行市场格局的基础。电商平台同样成为一种“二渠道”，且逐渐发展出第三方电商平台、自营电商平台（包括独立平台和门店）和短视频电商平台等不同形态。

① 刘志杰．算法把关失灵与编辑价值重塑［J］．中国编辑，2020（5）：18-22.
② 于殿利．出版是什么［M］．北京：中国传媒大学出版社，2018：212-223.

随着互联网尤其是移动互联网时代的到来，内容消费逐渐由线下转移到线上，由于用户注意力资源的有限性，作为主要内容载体的纸质图书的市场份额出现了一定下滑，注意力市场的竞争越发激烈。在此背景下，近年来出版业的数字化转型的热点方向之一是构建“私域流量池”，将数字内容分发转移到平台上来。相比于“发行”，“分发”并不突出行业属性和经济属性，因此能够更好地包容基于不同目的的主动传播行为。数字内容的平台分发解构了发行与运输的绑定关系，使得出版产品的精神性与物质性在感官层面实现了剥离。

平台化出版的内容分发表现出更强的网络化特征，主要表现在三个方面：

首先是基于大数据和算法的精准分发。大数据和算法赋能内容传播，能够实现内容与用户的精准匹配，“千人千面”的个性化传播突破了大众传播范式，在信息爆炸时代实现了“内容找人”。中信出版集团董事长王斌认为，内容的创作、分发和精准的传播，让以内容生产为核心的出版业具有了更大的价值，也成为促进出版发展的重要因素。①精准分发意味着传播效率和经济效益的提升，随着技术的发展，精准分发在技术上将越来越完善，在应用上也将发挥出更大价值。

其次是连接双边用户的互动分发。平台化出版连接了双边用户，使得作者和读者之间跨越作为中介的传统出版机构，实现了直接沟通。一方面，读者在阅读过程中，通过打分、点赞、收藏、批注等不同形式表达个人意见，影响其他读者的阅读期待和阅读评价，由此形成的群体评价同样对作者的创作产生影响；另一方面，双边用户在虚拟社群中直接沟通，读者直接表达对作品的评价，对于文学作品而言，读者还会提出对后续情节发展的猜想与建议，成为某种意义上的“读者参与创作”。

① 中信出版王斌：出版的未来在哪里？[EB/OL].（2019-08-22）[2021-08-21]. https://baijiahao.baidu.com/s?id=1642533130659195616&wfr=spider&for=pc.

最后是可实现远程更新的动态分发。传统出版方式下的作品一旦交付读者，就必须通过修订、再版的方式改正错误、增删内容，时间和经济成本都非常高，并且无法保证先前的读者能够获得新版本。对于平台化出版而言，服务器端的更新能够及时与用户的终端版本同步，这不仅对内容本身意义重大，还影响到内容生产的逻辑和方式，促进了连载和订阅的流行。同时，动态分发也意味着对内容的远程召回和删除并不存在技术壁垒，即使内容已经被下载到用户终端。2009年，第三方出版商MobileReference.com通过亚马逊的自助服务平台发布了乔治·奥威尔（George Orwell）的名著《1984》，亚马逊发言人德鲁·赫尔德纳（Drew Herdener）称，“当版权所有者通知我们时，我们从我们的系统和客户的设备中删除了非法副本，并向客户退款”[①]。此举引起了用户的强烈不满，他们认为，商店是无权强行进入顾客家中收回已经卖出的商品的，无论商品本身是否盗版。具有讽刺意味的是，《1984》中存在类似的情节，政府审查人员通过将新闻文章送入一个名为“记忆洞”（memory hole）的焚化槽，抹去了所有让老大哥（Big Brother）尴尬的新闻文章的痕迹。类似的情况还曾发生在“暮光之城”系列书籍、“哈利·波特”系列书籍和小说家安·兰德（Ayn Rand）的作品上。

（三）自组织化的“推荐官”

自组织是通过内部过程而非外部约束或力量在系统中形成的模式和秩序。全局特征通常是通过个体之间的局部互动的自组织而产生的。当前，自组织的解释力已经渗透到科学研究的各个分支，从宏观宇宙到微观粒子，从生物细胞到动物群体，自组织现象已经被假设、理论化、观察和证实，例如在生态学领域，自组织理论就有助于解释群集行为、蚁群行动和食物网的稳定性。自组织的许多方面可以从网络属性（如连接性）的角度来理解，有助于自组织的过程，包括反馈、封装、自动催化、同步、关键

① STONE B. Amazon erases orwell books from kindle［N］. New York Times，2009-07-17.

性、连通性和适应性。①

自组织理论对于网络社群互动同样具有解释力。国外有研究显示，E-learning（在线学习）环境下，技术与用户行为之间不是割裂的，技术对用户的双向互动有显著的影响，并且二者之间是一种共建共生的关系，在系统完成自主更新发展的基础上完成知识的共享。②嵌套进平台化出版语境中，可以理解为基于平台构建的知识型网络社群中的用户形成了自发的知识分享秩序。自发秩序来源于集群中的复杂交互运动，而非外部的约束机制。在互联网群体传播时代，“人们根据自身兴趣选择内容，结识有缘之人，形成兴趣圈，并在这种关系中发现新的兴趣，分享有价值的信息，积累社会资本”③。

在新闻传播学科的话语体系中，网络社群中的这类现象被视为用户驱动。用户驱动促使优质内容通过社群的自发传播形成热点，而成为一种相对独立的推荐机制。在此过程中，平台化出版的价值在于提供了相应的技术环境。此外，基于人性的某些共同的价值观和信念，也内在地驱动着用户自发编辑、筛选内容。号称“开放百科全书”的维基百科即为典型，用户可以通过平台提供的不同工具对词条进行标注，这使得恶意修改得以被拦截，而高质量的作者能够赢得用户的尊重和平台赋予的更高等级权限。这既是一种过滤系统，也可以视为一种推荐机制。但同时也应注意到，维基百科在刚上线时曾力求达到完全开放，将对内容质量的维护完全交由用户，这种理想状态建立在一种美好却并不现实的假设基础之上：所有用户均抱持良好意图，或即便知识、价值观不同导致了冲突，最终也能自发地找到平衡、碰撞出集体智慧。实践证明这是一种失败的尝试，一些词条被

① FATH B D. Encyclopedia of Ecology［M］. Amsterdam：Elsevier Science，2008：3195-3203.

② 张岩，韩复龄 . 基于自组织理论的网络社群知识传播研究［J］. 情报科学，2018，36（7）：98-103.

③ 周琼 . 网络社群自组织传播的分享特性对社会资本的影响［J］. 现代传播（中国传媒大学学报），2019，41（9）：157-160.

循环编辑，不断引发“编辑大战”，例如“梅雷迪思·克尔彻之死”[①]的词条就被认为阿曼达·诺克斯为凶手的用户所“劫持”，以确保诺克斯有罪，并做好了消除任何异议的准备。[②]可以看出，即便平台中存在着自发秩序和自组织行为，平台依然要依靠技术的、制度的手段，不断完善自身的筛选—反馈机制。

第三节　构建多元属性而区别定位的主体生态

“中国语境”并不意味着本书对广义上出版平台主体多样性的否认，而恰恰是要在自主可控、公益优先兼顾经济、繁荣文化等原则下，勾勒出平台化出版场域中的多元主体生态框架。其中，自主可控是从国家文化安全的战略角度出发，考虑到出版是一种极为特殊的精神产品，现阶段平台化出版还应坚持总体自主可控的取向；公益优先兼顾经济的原则来源于前文关于我国出版产业范式的讨论；繁荣文化就是要实现思想文化的百花齐放、百家争鸣，属于效果评价范畴。在这三个原则下，结合当下平台化出版现实发展情况，本书构建了多元属性而区别定位的平台化出版主体生态，见图5-1。

① 这一事件在西方引起了广泛关注，舆论争议极大。该事件还被改编为电影《静水城》，于2021年中旬在美国上映。

② 帕克，范·埃尔斯泰恩，邱达利．平台革命：改变世界的商业模式［M］．志鹏，译．北京：机械工业出版社，2017：151.

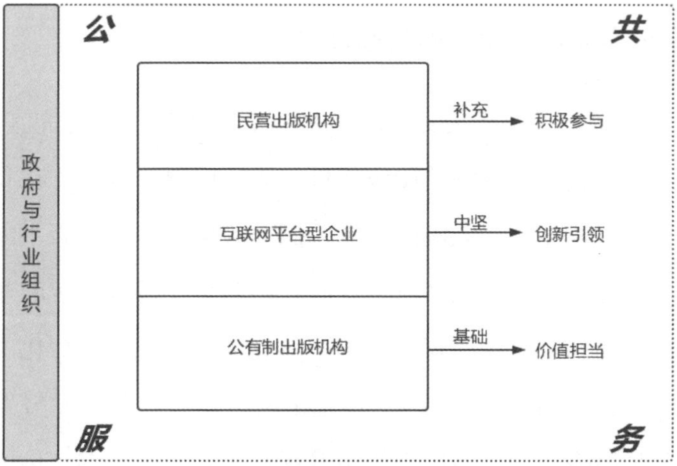

图 5-1　平台化出版主体生态

必须说明的是，这一生态系统构想以当前的平台化出版起步阶段为背景，现实中还需要根据最新的国家政策、产业成熟度等因素进行动态调整。产业实践存在诸多不确定因素，企业的资本结构变动、企业之间的合并重组等，都决定了现实情况的复杂性，这在民营出版机构与互联网平台型企业之间可能表现更为突出，两者之间并不存在泾渭分明的界限，其性质是相对容易转换的。

一、价值担当：公有制出版机构

我国对出版权实行专有制，公有制出版机构是我国出版业的主导，实际承担着积累、传播文明的重要职责。同时，按照目前的行政管理规定，民营出版机构需要通过与公有制出版机构达成某种合作，即需要通过公有制出版机构的把关，才能进行合法经营，进一步凸显了公有制出版机构的价值担当。思考平台化出版生态中公有制出版机构的生态位，应由此现实基础出发。

（一）公有制出版机构的生态位

出版传播文化、传承文明，担负着一个国家和社会的价值传播任务。同时，出版也有其鲜明的统治阶级属性，无法脱离公权力。在我国，公有制出版机构代表着国家和人民的立场，因而成为平台化出版主体生态得以稳定发展的基础，成为在互联网平台时代出版意义得以持续的基本产业战略规划。公有制出版机构应积极参与平台化出版，成为平台化出版主体生态的基础和“压舱石”，与其他平台化出版主体展开竞争并努力成为引领者，这不只是出版机构个体层面转型升级以更好发展的内在价值需求，也是为了在公共舆论场传播主流价值以提升社会治理效能的外在价值期待。当前商业性平台中的主流算法逻辑，都试图迎合甚至放大人性的欲望，猎奇的、低俗的、暴力的、歧视的内容成为难以彻底消除的互联网文化顽疾。依托于传统出版几百年来建立的出版文化，公有制出版机构的时代使命在于以公益性对抗纯粹商业性、以结构化对抗碎片化、以专业性和权威性对抗低质化，努力保持内容生态的良性发展。

平台促成了传播权力的多元化与社会化，在平台中，真实的人成为单调的对象与符号，借由算法“被传播、被组织、被对象化、被系统化、被支配、被重塑”。平台之于个体的支配地位，客观上要求平台治理必须坚持国家主导、强调平台媒体责任、强化个人信息保护。[①]在此背景下，公有制出版机构在价值担当方面的重要性更为凸显。这既在于其公有制属性，代表着社会主义制度下的国家利益与人民利益的高度统一；又在于这些出版机构在长期的出版管理制度规训下，已经逐渐形成了内生性的文化自觉。公有制出版机构依然是中国语境下更为成熟和可靠的审查与许可代理机构，并且从政策导向上看，这种趋势并没有减弱，反而加强了。在与

① 曾白凌．媒介权力：论平台在算法中的媒体责任［J］．现代传播（中国传媒大学学报），2021，43（10）：31-38.

出版相近的新闻领域，2021年10月8日，国家发展改革委、商务部就《市场准入负面清单（2021年版）》向社会公开征求意见，其中提出了非公有资本不得从事新闻采编播发业务等六项内容，反映出中国传媒领域的审查是总体趋紧的。

（二）对“打造新型主流媒体”的参照

“打造新型主流媒体”与平台化出版主体生态中公有制出版机构为基础具有逻辑一致性。大众传媒时代，金钱和权力侵入媒体，原来作为公共领域机制的公共传媒消解了自身的公共性原则。[①]商业性对媒体的侵蚀使得媒体受制于市场逻辑，媒体乱象丛生；权力同样与金钱深度绑定，在美国，两党制下的美国媒体以敌友逻辑而非客观公正的中立态度，充当攻击对立阵营的先锋。更深层次的危害在于，这些媒体打着公共性的旗帜，传播的却是具有明显政治偏向的新闻报道。对于我国主流媒体来说，建设自主可控的媒体型平台是在国家意志和政策框架下立足自身条件、担负时代使命、具有中国特色的重要任务，有机融合媒体逻辑与平台逻辑，才有可能借助平台模式重塑媒体机构的公信力与影响力。[②]中国正在融入世界经济体系并逐渐开放自己的数字化空间，但是不同于西方企业所遵从的“契约化”和“个体化”规则，中国发展互联网平台的根本目的仍旧是公共利益的最大化。[③]

我国的主流媒体始终在避免陷入西方话语体系构建的逻辑陷阱，其中十分关键的一点是，要努力破解西方一些别有用心者以“公共领域”为核

① 杨仁忠．论大众传媒时代公共领域的“衰落”机制［J］．学习论坛，2011，27（10）：48-51.

② 蔡雯，葛书润．协同与博弈：媒体型平台上的外部内容创作者——基于澎湃号、新京号与南方号的考察［J］．新闻记者，2021（2）：3-13.

③ 孙萍．关于平台经济，我们需要建立一种新型数字化关系 | 未来经济［EB/OL］．（2021-06-08）［2021-10-20］．https://mp.weixin.qq.com/s?__biz=MzU2NTExMjQ4Nw%3D%3D&mid=2247492104&idx=1&sn=040b55975193e83e8841915fb8177a46&scene=45&poc_token=HHA_YmijZUjrfBeurzKVJgiie6nT_oNwDir7PNQe.

心展开的非议。公共领域的最基本前提是资本主义，资本主义代表资产者的利益，在复杂的阶级社会中，由于多元利益的存在，私人领域与国家权力之间需要一个专门从事信息收集、处理、传播以影响与公共利益相关的政策制定的机制。哈贝马斯认为，资产阶级公共领域最突出的特征，是在阅读日报或周报、月刊评论的私人中，形成一个松散但开放和弹性的交往网络。[①]在这种公共领域中，大众传媒逐渐发展成为一股重要的社会政治力量，积极参与公共利益与权力意志的互动。然而，公共领域却被别有用心者以所谓“缺乏民主自由”为由对中国进行污名化，这本质上是忽视了公共领域的最基本前提——意识形态制度与政治体制。中国是人民当家作主的国家，我们党和政府代表中国最广大人民的根本利益，党性与人民性高度统一，党管媒体、出版国有意味着媒体与出版同样代表人民的利益。此外，公共领域概念的基本背景为资本主义，如果试图融入这一话语体系，为其在社会主义背景下打开话语空间，是否不能拘泥于西方一家的解读？从国家法团主义的视角来看，中国允许组建社会团体和组织，前提是要合法登记并接受政府管理。怒江的一个水电站建设项目引发媒体关注，公众纷纷表达异议，政府因此暂停了这个工程。扬和卡尔霍恩对此进行了讨论，认为一个特殊的“绿色”公共领域正在中国出现。这个初生的公共领域有三个构成要素：“绿色话语”或环保话语，生产和消费绿色话语的社会团体（主要是环保NGO），以及传播这些话语和活动的各种媒体。这两位学者拒绝传统的国家法团主义视角，认为该视角不够重视当代中国语境下公民社会组织的各种创新性行动。[②]在发展平台化出版的过程中，公有制出版机构同样应该注意避免陷入西方的话语陷阱。

公有制出版机构在平台化出版实践中可以参考新型主流媒体的价值定

① 杨仁忠 . 公共领域论［M］. 北京：人民出版社，2009：262.

② GIDDENS A，SUTTON P W. Essential concepts in sociology［M］. Cambridge：Polity Press，2017：152.

位和操作模式。近年来，一些新闻媒体开始尝试自建平台，以设立“××号”的方式吸引外部资源进驻，这种模式被认为是不同于“平台型媒体”的“媒体型平台”。有学者对三家省级媒体客户端的开放性平台——隶属于上海东方报业的澎湃号、新京报App推出的新京号，以及由南方报业传媒集团南方日报、南方+客户端推出的南方号进行了考察，发现政务新媒体是入驻媒体型平台的主要类型。[①]政务新媒体是具有中国特色的媒体类型，2013年10月1日，国务院办公厅公布《关于进一步加强政府信息公开回应社会关切提升政府公信力的意见》，明确了第一批“政务新媒体”：政务微博和微信。此后，政务新媒体如雨后春笋般涌现出来，从政务微博到政务微信公众号，从政务客户端（App）到政务短视频号，从小到大，从单兵作战到矩阵联动，形成了数以十万计的庞大规模。[②]

此外，公有制出版机构还应积极响应国家相关政策，通过政策红利实现“借力发展”，如国家新闻出版署公布的《出版业“十四五”时期发展规划》中提出，“鼓励有条件的出版单位积极建设综合性、专业化大型数字出版平台”，要关注国家级和省部级的专项资助项目，积极申报，依托于特定项目明确自身定位，同时借助补贴有效降低自身的创新风险。

二、创新引领：互联网平台型企业

近年来，互联网平台型企业快速介入传统行业，整合和激活了许多社会闲置资源，促进了传统行业的转型升级和社会福利的提升。互联网平台型企业的创新精神对于出版业而言同样重要，在平台化出版主体生态中，应引导互联网平台型企业充分发挥其创新引领价值。

① 蔡雯，葛书润．协同与博弈：媒体型平台上的外部内容创作者——基于澎湃号、新京号与南方号的考察［J］．新闻记者，2021（2）：3-13.

② 崔东，董菁，孙娜，等．中国为什么有这么多政务新媒体？［EB/OL］．（2019-10-11）［2021-08-09］．https://www.gov.cn/xinwen/2019-10/11/content_5438342.htm.

（一）互联网平台型企业的生态位

在平台化出版主体生态中，互联网平台型企业处于中坚位置，作用是在商业模式、技术、运营等层面引领平台化出版不断创新，从而对其他平台化出版主体产生连带效应。总体来看，得益于“互联网+”的政策推动，在近年来的创新创业浪潮中，互联网平台型企业在商业模式、技术、运营等方面的创新之举较为突出，成为引领产业升级的关键力量之一。同样，在出版业的转型升级过程中，互联网平台型企业也是重要的参与主体，与公有制出版机构相比，其逐利性更强，具有更好的引领创新的先天条件。关于逐利性，第三章在述及平台出版化的底层动力时已有论述；关于先天条件，则需要就互联网平台型企业进入出版业的两种方式——原生型和包络型——展开分析。

原生型指向互联网平台型企业以出版为起始业务领域。原生型的主体可以理解为由创业公司构成。创业公司要进入相对成熟的传统行业，既可以通过传统的价格竞争来抢夺市场，也可以通过一定的创新要素开拓新的行业细分领域。对于互联网创业公司而言，两种进入出版业的方式兼而有之，但随着内容生产成本逐渐趋同，以模式、技术、运营等方面的创新为核心的要素成为市场竞争的关键，差异化竞争方式使得互联网创业公司对出版业的创新引领效应不断凸显。

与原生型相对应，包络型指向既有的互联网平台型企业在原业务领域的基础上向出版业拓展。互联网平台型企业发展到一定阶段时，往往会遭遇发展瓶颈，需要寻求新的业务领域和利润渠道以保持增长趋势。对此，传统竞争优势理论和创新理论无法解释现今大多数平台不断进入看似与原平台无关联或关联不紧密领域的行为。[①]根据熊彼特的创新理论，由于平

① 谭准．平台包络战略的机理与理论构建：以乐视网为解释性案例［J］．经营与管理，2018（11）：59-64.

台市场的网络效应和转换成本，进入者通常必须提供革命性的功能。平台包络则是另外一种路径：通过封装，一个平台市场中的提供商可以进入另一个平台市场，将自己的功能与目标公司的功能结合在一个利用共享用户关系的多平台捆绑包中。封套者通过取消现任者与用户的联系来获取份额，在此过程中，他们利用了以前保护在位者的网络效应。[①]以QQ阅读为例，其就是在社交平台QQ掌握了巨大流量的前提下，利用这一优势而快速开拓了自己的移动阅读市场。平台包络能够将来自成熟平台的经验引入出版领域，对于出版创新具有较强的带动作用。

（二）让互联网平台型企业在科学的监管框架内运行

自2020年新冠疫情席卷全球以来，互联网平台（尤其是其中的巨头们）参与社会治理的规模、速度和程度都大幅跃升，社会生产生活加速平台化，甚至影响到全球地缘政治格局。在波兰尼看来，经济是从属于政治、宗教和社会关系的。政治因素的介入，将改变互联网公司的业务偏向。未来平台化出版的发展，还将受到政府的管理，而管理的导向、范围、力度等，都将深刻改变平台在无约束情境下所能发挥的作用。

出版业不同于一般的行业。出版不仅仅是产业经济维度的问题，还明显关涉意识形态，具有影响国家安全和社会稳定的重要意义。从这一角度来讲，防止资本无序化扩张，防止资本对出版业深度渗透可能带来的各种不良影响和潜在风险，就成为发展平台化出版的题中应有之义。一言以蔽之，发展平台化出版必须规避单一的资本逻辑。平台天然具有公共性，出版天然具有意识形态属性，这两方面都从根本上规定了平台化出版不能被资本力量左右，不能完全按照资本逻辑运作。而在平台化出版主体生态中，互联网平台型企业是一类以资本逻辑为主要驱动力的平台化出版主

① EISENMANN T R，PARKER G G，VAN ALSTYNE M W. Platform envelopment［J］. Strategic management journal，2011，32（12）：1270-1285.

体，并且目前其在用户规模、社会影响和模式创新等方面，均处于领先或者主导地位，因此需要尽快制定科学的监管框架，更大限度地避免平台负外部性的产生。

监管并不意味着阻碍平台的发展，相反，科学监管能够促进产业生态和公共利益的总体提升。北京大学光华管理学院副院长刘学教授在“中国发展高层论坛2021”发言时表示，关于平台的监管主要有两个方面：一方面是要保护竞争，现有平台构成了平台竞争的基本面，而促进新平台的孵化与发展则是平台经济发展的关键；另一方面是要保护平台参与人的合法权益，构建公平竞争环境。“担心监管会抑制创新，这种担心其实是把监管和创新两者之间对立起来了，事实上，适当的监管有助于平台生态系统的可持续发展。此外，平台经济的发展不能仅靠目前的这些平台公司，更多平台公司的崛起和发展才是平台经济发展的关键，所以保护竞争很重要。”①

三、有效补充：民营出版机构

在我国，民营出版机构的产生与发展是跟随出版体制机制改革同步进行的，在激烈的市场化竞争中，它们往往有着更为顽强的生命力，虽然曾经制造了一些出版乱象，但客观上也繁荣了文化市场。总体而言，我国对民营出版机构的行政限制有逐渐宽松的趋势。在平台化出版主体生态中，民营出版机构同样是积极的参与者。

（一）民营出版机构的生态位

在平台化出版主体生态中，民营出版机构是一种有效补充。这种“有效补充”的生态位，一定意义上是对传统出版领域中民营出版公司与公有制出版机构之间关系的折射和延续。早在2008年，原新闻出版总署署长柳

① 孙兆．平台经济发展要平衡好监管和“活力”［N］．中国经济时报，2021-03-21.

斌杰在接受《南方周末》专访时就提到，民营出版机构并不是只有买卖书号、违规经营，它们同样策划了一些优秀作品、聚集了一批人才，为出版社提供了选题和成稿，实现了经济效益与社会效益的结合，“应该说也是一种新的文化生产力”，要为民营出版机构提供一个跟出版连接的合理正当的通道，支持其健康发展。[①]当前，以磨铁、天舟文化、新经典等为代表的民营出版上市公司，已经成为出版市场的有机组成部分，在促进市场竞争、探索传统出版多元化经营、满足人们日益增长的文化需求等方面发挥了积极作用。

在此背景下，应该鼓励民营出版机构积极参与平台化出版，寻求其自身发展意愿与政策导向之间的结合点。对于民营出版机构的内部管理而言，应坚持共益[②]企业的运行逻辑，一方面，其私营部门的运行遵循市场逻辑和效率原则，强调市场对资源配置的决定性作用；另一方面，其公共部门关注的是社会需求与社会问题，遵从的运行逻辑是社会逻辑和伦理原则。[③]在平台化出版领域，既要总体保持民营出版机构作为公有制出版机构必要补充的定位，同时不应人为设置非必要的限制性条件，要不断吸收和利用技术创新、制度创新红利，为民营出版机构提供充足的发展空间。

（二）在双重背景中稳妥发挥民营出版机构的生态价值

对民营出版机构定位的认知，应该纳入我国的市场经济体制改革及文化体制改革两大宏观背景之中。民营出版机构的发展，与20世纪90年代以来对市场经济体制的探索，以及2003年以来中央推动文化体制改革试点

① 《南方周末》访柳斌杰：新闻出版改革下一步［EB/OL］.（2010-03-22）［2022-01-03］. http://www.shqkxh.org/a/fwzx/zcfg/2010/0322/566.html.

② 本章第一节在讨论中国出版产业范式的实践延伸时也涉及了“共益”概念，彼处的“共益”为“共同利益”，此处与之无关。

③ 李明睿．超越企业社会责任的新视角：共益理念［EB/OL］.（2020-09-14）［2021-12-04］. https://baijiahao.baidu.com/s?id=1677783810204290747.

工作，都表现出高度的时空关联。进入新世纪以来，民营书业获得总发行权，在发行领域由“二渠道”转变为与公有制出版机构具有相同地位的市场主体。2009年，新闻出版总署相继推出《2009年新闻出版工作要点》和《关于进一步推进新闻出版体制改革的指导意见》，支持民营出版工作室发展，后者还提出“非公有出版工作室”的概念，在政策层面肯定了民营出版机构的实践探索。2015年5月11日，国家新闻出版广电总局印发《关于同意北京联合出版有限公司与北京时代华语图书股份有限公司联合设立有限责任公司方案的批复》，原则同意北京联合出版有限公司以拥有管理股为前提，开展北京时代华语图书股份有限公司参与对外专项出版业务试点，给予新设立公司从事对外出版的专项出版权。2015年8月6日，国家新闻出版广电总局正式发文同意双方共同出资设立北京华语联合出版有限责任公司，主管单位为北京市新闻出版广电局。这开创了授予民营出版机构正式出版权的先河，对于我国的出版体制改革而言意义重大。值得注意的是，该授权为专项出版权，只允许非中文图书出版、国外发行。

我国对民营出版机构的管理思路，表现出分步、渐进、稳妥、有序的特征。“以商业诉求为主旨的民营书业在国家权力渗透过程中，也同时改变着国有书业的现状，并逼促着国有书业的改变，进行着制度性的建设，并推动着中国出版业的变革。”[①] 总体而言，当前的民营出版机构在市场经济中的发展，已经找到其自身的产业和市场定位，较为妥善地嵌入了我国现有出版体系。这也就意味着，民营出版机构在出版产品的导向性方面，经由公有制出版机构的过滤和把关，在生产逻辑和制度建设方面已经较为成熟。在面临技术、市场、商业模式等快速变化的外部环境时，政府主管部门及民营出版机构自身都应进一步发挥成功经验，站在市场经济体制改革及文化体制改革的高度，有序发展民营出版机构的平台化出版，促进一

① 刘浩冰．改革开放以来民营书业的发展变迁研究：以传播政治经济学为视角的分析［D］．北京：中国传媒大学，2018：Ⅳ．

个健康、平衡、高效的出版生态的形成。

四、公共服务：政府与行业组织

我国是“大政府”模式，在公共管理事务中具有明显优越性。基于我国对出版的定位，政府以特定形式介入，在关键环节提供公共服务，对于实现平台化出版又好、又快、又稳的发展具有积极作用。同时，行业组织也应积极履行自我管理、相互扶助的行业职能。

（一）政府与行业组织的生态位

在平台化出版主体生态中，以“入场参与”为前提，政府与行业组织的定位并不是监督和管理，而是提供公共服务。我国政府以为人民服务为宗旨，党的十九大报告提出，要“转变政府职能，深化简政放权，创新监管方式，增强政府公信力和执行力，建设人民满意的服务型政府”。在为行业发展提供支持方面，行业组织的功能与政府的服务职能高度契合。2017年，中共中央办公厅、国务院办公厅印发《关于加强文化领域行业组织建设的指导意见》，强调要推进国家治理体系和治理能力现代化，需要创新行业组织管理体制和运行机制，提高文化管理效能。①

政府与行业组织作为提供公共服务的平台化出版主体，其构建的平台实体面向两个群体提供公共服务：其一是平台化出版主体生态中的其他主体，包括公有制出版机构、互联网平台型企业和民营出版机构；其二是社会大众。前者具有一定的平台治理意义，与作为“公共部门联结生态系统中的多边群体，在开放共享的基础上，通过网络效应提供互动机制以实现

① 中共中央办公厅，国务院办公厅印发《关于加强文化领域行业组织建设的指导意见》[EB/OL].（2017-05-11）[2021-12-28]. https://www.gov.cn/gongbao/content/2017/content_5197005.htm.

群体间相互满足的一种治理支撑体系”[①]的多边公共平台较为契合；后者以提供公共产品和服务为主，通常依托于一定的国家政策且为免费性质，如各级政府响应“全民阅读”，以公共图书馆为实践主体，构建全国性的或区域性的、全门类的或专题性的数字阅读平台。

（二）基于既有组织形式向公共平台转向

当前的出版管理体制机制基本是按照媒介产品形态划分的，在媒介融合大潮下，继续机械地沿用这种条块分割的管理体制，显然已滞后于实践的发展，寻求摆脱制度惯性的有效路径成为当务之急。这内在决定了政府的角色不再是经营或者监督公共产品的垄断供应商，相反，它打破了这些垄断以增加竞争，同时放弃现代基础设施理想所隐含的许多责任。[②]同时，对于行业组织而言，不论其运行基于政府主管部门授权，抑或纯粹的行业自治，均以促进行业发展为价值旨归。在操作层面，依托于既有组织体系中的制度资源与机构资源构建面向行业与公众的公共服务平台，更加符合资源集约、便捷高效的社会发展理念。

国家新闻出版署公布的《出版业“十四五”时期发展规划》提出，要“推动国家出版发行信息公共服务平台的应用”。据此，可以考虑对中国版本图书馆（中央宣传部出版物数据中心）数据平台进行升级，在汇聚图书信息的基础上，进一步向网络出版物领域拓展，为出版平台提供更具针对性和指导性的数据信息。另外，还可以基于特定地区、特定空间的产业基地进行规划升级，例如位于上海市的首个国家级数字出版基地“张江国家数字出版基地”，其以数字出版、网络游戏、动漫、新媒体为核心业态，提供场地、法律、财税、人力资源等方面的公共服务，到2019年7月已累

---

① 刘家明．多边公共平台：概念的提出与诠释［J］．开发研究，2018（2）：98-102.

② PLANTIN J C，LAGOZE C，EDWARDS P N，SANDVIG C.Infrastructure studies meet platform studies in the age of Google and Facebook［J］. New media & society，2018，20（1）：293-310.

计孵化超过200个项目；又如位于北京市的首个国家级综合性出版创意园区“北京出版创意产业园区”，每年通过园区出版的图书品种在2000种左右[①]。对于这类政策性的产业集群，应以管委会为核心，积极推进相关服务的数字化，将相关职能转移到平台上，提升办事效率；同时探索平台功能的多元化，在基本服务的基础上，实现集群内企业之间、集群与政府及市场之间的连接，提升总体竞争力。行业组织则可以依托专业领域，构建相对细分的公共服务平台，例如中国出版协会牵头构建与行业自律、人员培训等相关的服务平台；中国文字著作权协会在版权登记平台的基础上，拓展版权贸易、版权纠纷处理类平台服务；等等。

① 姜威，荣学良．出版产业园区可持续创新发展研究：以中国北京出版创意产业园区为例［J］．现代出版，2020（1）：81-84.

结　语

一、研究结论

本书提出了一种新的研究对象——平台化出版。“平台化出版”在修辞层面尽量避免概念化，意在凸显其过程性内涵，但这并不说明本书否认了“平台化出版”的概念可能性。随着相关产业实践的进一步发展与成熟，“平台型出版”“平台出版”等可能会逐渐为产业界和学术界所接受。

本书将出版业在平台化转型过程中的两种主要路径——平台出版化与出版平台化——纳入统一框架之中，作为解释互联网环境下涌现的以平台为主要样态的新出版模式，以及探讨这种现象对于出版业转型之功能与价值的抓手。作为对象的平台化出版既具有一定的产业价值，也具有一定的学术研究意义。

回归本书关注的核心问题：如何理解和定义平台化出版？平台化出版之于出版的地位、意义和影响如何？平台化出版的逻辑是怎样的？有哪些实践主体参与其中，各自的实践路径、运营模式和发展问题如何？在此基础上，平台化能否成为出版业实现转型发展的可行路径？根源于出版业高度语境化的特性，中国应如何引导、如何构建平台化出版的生态格局？通过广泛借鉴经济学、管理学、社会学、新闻传播学等跨学科资源，经理论分析、历史梳理、案例研讨等，本书认为：第一，数字技术、信息中介、关系整合、商业模式是理解平台的四个重要维度，平台具有双边性、生态性和外部性三个基本特征，由此出发，可以判定许多“平台”本质上是面向单边市场的产品，是对“平台”的泛化使用。在狭义“平台”的基础上，平台化出版指基于互联网平台构建的，由硬件、软件、交互界面等构成的，用于出版生产及传播的一套基础架构及相应的规则体系。对应于出版的知识生产与传播的核心功能，平台化出版的本质指向一种新型的内容生产中介和新型内容交易/传播市集。这里将“知识”转化为“内容”，意在避免个体表达的解放与信息生产的分散化的形势，导致平台化出版在信息质量及价值层面引发“知识争议”。“内容”则更为中性、意义范畴更广。

第二，根据实践演化情况，构建“数字出版—网络出版—平台（化）出版”的概念体系，似乎能够作为理解平台化出版的一个具有较强逻辑推进性的框架。在重构作为传统产业的出版业方面，平台模式较一般以产品为核心的数字出版模式更加有效，平台化出版使得出版业加速向服务业转型，从小、散、弱的产业格局向范围经济和规模经济转型。

第三，平台与出版的关系映射出平台化出版的逻辑，即平台与出版在结构与规则两个层面实现了深度互嵌。其中，平台与出版的结构互嵌具体表现在功能互嵌与流程互嵌两个层面；规则互嵌表现为平台化出版对作者和读者不同的中介化偏向——对作者具有弱中介价值而对读者具有强中介价值，规则互嵌的另一种表现是大众传播与网络传播两种范式的整合。平台与出版之间的张力定义了平台化出版的逻辑。在平台化出版中，出版并不可能完全坚持传统逻辑，出版之能力与意义在于努力保持某些价值观层面的美德、规范，以帮助人们对抗碎片化、无意义与被稀释的权威；平台也不可能无视出版的传统，以一种摧枯拉朽的方式完全重构出版，而只能选择以一种中和的方式参与出版产业和出版活动。资本逻辑客观上具有提升社会生产力、促进社会发展进步的文明效应，但同时也具有追求价值增值、获取巨额利润的野蛮效应。正是这种野蛮效应的存在，才需要以出版追求保持价值意义的工具逻辑去与之互构。出版主体的工具逻辑与平台主体的资本逻辑的相遇，只有选择以一种相互接受、适度改造的原则运行，在行业规范、价值引领、生产效率、经济回报之间寻求平衡，两种逻辑的有机整合才能促进平台化出版的健康发展。平台与出版的内生性发展动力是弥合逻辑撕裂的黏合剂，这种内生性动力根源于不同主体追求长期发展的现实需求，构建了平台化出版的自发秩序。自发秩序可以理解为平台化出版系统内部自组织的产物，其不是由外部理性——例如由政府直接介入制定具体的运行规则——设计或规定的。

第四，互联网平台型企业和传统出版机构是平台化出版的主要参与主体，其中前者的路径为平台出版化，商业逻辑起到了决定性作用；后者的路径为出版平台化，媒介环境的变革、产业效率的提升、经济效益的追求、发展战略的考量，都成为重要动因。在现实中，平台出版化与出版平台化的商业模式并不是泾渭分明的，这在西方语境下表现更为突出。较之于传统出版，平台化出版呈现出重运营、轻资产的发展趋势，反映出平台逻辑对出版业的嵌入和影响。当然，这并不意味着淡化或者否认版权、作者等核心资源之于出版业的重要意义。

第五，在组织和构建出版活动、促进出版的社会效益与经济效益转化方面，平台体现出相比于传统出版甚至是一般数字出版模式的更大的优越性。就此而言，应该积极顺应、鼓励平台化出版的发展。当前，国内外已经涌现出了许多新型平台化出版商业模式，对传统出版业形成了较大冲击，出版业应考虑加快平台化转型探索。对于传统出版机构而言，应结合自己的资源优势、资金能力等，灵活选择不同的平台商业模式，或者与既有平台达成合作。

第六，不同权力系统对于出版实行不同的管理体制，使得出版成为一个高度语境化的产业类别。这引出了一个本土化问题，即中国应构建怎样的平台化生态，而问题的核心又落脚在主体选择上。中国实行公益优先的出版产业范式，从平台公共性与出版道德性出发，结合平台化出版主体角色的结构性变革，本书提出，我国应构建多元属性而区别定位的主体生态：以公有制出版机构为基础，主要承担价值担当功能；以互联网平台型企业为中坚，主要承担创新引领功能；以民营出版机构为补充，鼓励其积极参与；同时政府与行业组织亦参与其中，提供面向行业和面向社会的公共服务。

二、研究的不足与展望

（一）研究不足

由于笔者个人精力、能力有限，且近年来平台研究的相关成果迅速涌现，平台化出版的实践亦多元化发展，本书尚在三个方面有待提升：

其一，在对个案的挖掘与跟进方面，仍有较大的提升空间。本书中的案例资料来源主要基于三种方式，包括一手访谈资料、二手数据资料及参与式观察资料，其中部分案例来源于二手材料，不够鲜活，且数据方面有一定滞后性。另外，在平台出版化与出版平台化两个专章中，案例大多挖掘自中国市场，可能对案例自身的代表性和说服力产生一定影响。

其二，对平台的讨论主要集中于双边市场所产生的“作者—平台—读者”（“用户—平台—用户”）基本结构，对于平台生态系统中的其他利益相关者，虽然在必要时有所涉及，但未能对其功能、机制、价值、意义等展开集中、深入的讨论。进一步细化平台化出版所结构的新型行动者关系网络，是未来研究的重要抓手。

其三，虽然本书讨论了平台化出版框架下的平台出版化和出版平台化两条主要路径，但对于两条路径的互动关系——主要表现为互联网平台型企业与传统出版机构的互动关系，则未展开专门讨论。在当下的产业实践中，两条路径、两种主体已经在某些方面表现出既竞争又合作、相互融合、相互影响的关系；在可预期的未来，两者产生形式更丰富、程度更深的互动关系的可能性较大，值得引起关注。

（二）研究展望

关于平台化出版的研究，未来可以从以下五个方面进一步深入：

1. 探索从产品到平台的演化问题

当平台的发展超越某一临界点后，网络效应将促使双边用户共同增长，从而实现生产者、消费者和平台的总体效益提升。然而在平台发展的起步期，任何一方都不会在没有对方的情况下加入平台，这种困境需要平台考虑首先吸引哪一边用户，即鸡蛋相生问题（the chicken-or-egg problem）。[①]本书对平台的界定建立在双（多）边性的基础之上，因此排除了那些自行组织产品/服务生产与供给的“平台”，实践观照范围较窄。未来可以考虑将平台化出版研究延伸到前平台化阶段，考察从产品到平台的“势能转化”问题。

在实践中，首先通过为单边用户提供产品或服务，在形成一定的用户规模后，再尝试改变商业模式，以原有产品或服务为基础及核心，引入与原有用户构成价值交换关系的另一边用户，是一种风险较低、操作性较强的路径。在现实的出版市场中，数据库类产品、在线教育类产品广泛存在，其从产品到平台的演进值得关注。这与复杂科学中一个经典模型“起立鼓掌”具有一定的相似性：“是演出本身吸引了更多的观众引发了更多的掌声吗？怎样改变剧院的设计（比如增加包厢）来影响观众鼓掌？如果你想诱发一次鼓掌，在哪儿安置你的‘托儿’会比较合适？如果观众倾向

① CAILLAUD B，JULLIEN B. Chicken & egg：competition among intermediation service providers［J］. The RAND journal of economics，2003，34（2）：309-328.

于根据对演出的偏好来选择座次——比如过道的左右两侧，或前排更贵的座位——那么鼓掌的表现模式是否会有所不同？”[①]这对于深刻理解和把握“产品—平台演化”问题，尤其是在平台起步期的具体策略层面，具有较强的启发性——产品或者服务本身是平台能否成功的一个方面，其他多元的异质性因素同样可能产生全局性影响。通过将产业实践现象问题化、概念化、理论化，引入多元学科视野与方法，发掘出版研究新的增长点。

2.关注中小型出版机构的平台化转型问题

在传统出版模式下，出版机构之间的竞争主要表现为产品竞争，由于文化接受具有多样性的特征，竞争格局总体呈现出差异化特征，造成了出版业“同行非冤家”的特殊景观。对于所有出版机构而言，选择发展路径——自建平台还是依附平台，综合性平台还是专业性平台，独家平台还是聚合平台——在一定程度上将决定其发展的规模和质量。一些出版社要成为平台创业者，另一些则要成为平台上的创业者。在平台化出版背景下，随着大型综合平台和各领域内专业平台的发展，根据各类型平台的发展史推断，市场格局在激烈竞争之后将极可能表现出“马太效应”，即严重的两极分化。出版平台化路径较之于平台出版化路径，本身存在一定的竞争劣势；而大型出版机构依托于自身更为可观的资源能力，在进行平台化转型过程中有更大的可能空间。相比之下，中小型出版机构可以选择依附于外界平台，如要自主进行平台化转型，还面临着多重困境。这将带来两方面不容忽视的问题：第一，在未来，不同规模、不同类型的出版机构将结构出何种产业格局，又将给行政管理和产业政策带来哪些影响和挑战？第二，是否应引导和推动中小型出版社建设自有平台？如果是，引导和推动这一过程的主体及其他参与者是谁，策略和路径如何？出版机构之

① 米勒，佩奇．复杂适应系统：社会生活计算模型导论［M］．隆云滔，译．上海：上海人民出版社，2020：16.

间实现从平行到依附的关系转型，新型的竞合关系将如何重组出版业？林毅夫提出，“从规模经济角度看，中小企业想要自己掌握这些技术的投入较高，因此要帮助中小企业利用数字化改造提升竞争力，需要一些平台公司开发专门的技术来帮助中小企业，政府也要给予一定鼓励”[①]。这或许能为回答以上问题提供一些参考。本质上，这类问题应该回归到管理学中的关于生态参与者与平台企业的关系研究，而生态参与者如何处理与平台企业的关系恰是已有研究的重要缺口[②]。

在平台化转型过程中，平台经济的吸引从主观层面反映了出版转型的内在动力，但不可否认的是，其中也需要企业家精神的驱动。并不是所有出版企业都有魄力进行转型，一些出版社仍然主要依靠传统出版的观念和模式维持生存，改革精神、创新精神需要有担当、想作为的企业家。此外，体制机制问题、人才问题等都对中小型出版社的平台化转型具有至关重要的影响，都是细分研究领域中不容忽视的重要方面。

3. 在社群、用户、运营等微观层面展开研究

本书主要在平台化出版的背景、概念、逻辑等层面展开理论的、宏观的考察，以及在模式、路径、政策等层面展开产业的、中观的考察，未来可以聚焦平台化出版构建的新型生态，更多关注其中的用户（既包括内容的供给者，也包括内容的消费者），从用户体验、互动机制、行为分析、价值流转、数字劳动等不同角度切入，例如关注出版平台中的单边效应，结合出版提供精神产品的特殊属性，应有较大的学理开掘空间。单边效应是指在一个双边市场中，网络效应因一边市场的用户对同边市场的其他用户产生的影响。同边影响既可以是积极的也可以是消极的，这取决于系统

① 黄鑫. 以数字经济推动高质量发展：访北京大学新结构经济学研究院院长林毅夫［N］. 经济日报，2021-12-19.

② 陈威如，王节祥. 依附式升级：平台生态系统中参与者的数字化转型战略［J］. 管理世界，2021，37（10）：195-214.

的设计和实施的规则。[①]

在操作层面，要综合运用参与式观察、访谈、数据分析等研究方法，同时注意参考和借鉴产业经济学、文化社会学、新闻传播学、心理学等不同学科的研究成果，一方面将平台化出版研究向纵深方向推进，另一方面扩大平台化出版研究的现实观照范畴。

4. 加强平台治理研究

治理是手段而非目的，追求的是平台利益与公共利益的平衡，以促进“又好又快”的发展。平台治理是一个笼统的范畴，既有“对平台的治理”，又有“基于平台的治理”或“平台参与治理”；既有“平台内部的治理”，又有“与平台有关的治理”。在第三章中，笔者基于平台型媒体的实践经验，讨论过平台出版化路径下防范网络负外部性的基础对策框架，但对于快速发展的实践而言仍显不足。

当前，传统出版机构与新型平台出版商的商业模式不断融合，两者的身份与界限正在模糊；内容生产效率的提升，以及大型综合性内容平台的诞生，使得新闻与出版变得不再容易区分。这些都形塑了以平台为中心的多元、复杂的新型出版场域，给出版管理工作带来了全新的挑战。这也就意味着，之前基于印刷出版的管理体系已经无法完全适应新的平台化出版对象，新闻管理要不要融入出版管理体系，如何融入以及在多大范围、何种层面融入，如何建立两种管理体系的联动机制等，对决策者而言都是十分考验智慧与能力的。而基于出版的特殊属性，中西方关于超级平台反垄断的治理经验，是否能够给出版平台治理带来有价值的经验与启示，同样是一个值得思考的课题。

5. 跳出出版、平台的视野局限，拓展平台化出版的意义空间

“数字出版—网络出版—平台化出版”的概念体系，对平台化出版研

① 帕克，范·埃尔斯泰恩，邱达利．平台革命：改变世界的商业模式［M］．志鹏，译．北京：机械工业出版社，2017：289.

究的内涵和外延都做出了某种限定，这一方面能够使研究更为聚焦，另一方面也树立了思维藩篱。数字出版偏向于强调技术性特征，网络出版偏向于强调连接性，平台化出版则将连接性推向了新的高度，偏向于强调关系性特征。这种关系性特征借由内容生产者、内容消费者、平台，以及依托于平台生态的各利益相关者的双边、多边关系体现出来，形成复杂的关系网络，同时也成为平台化出版研究的核心问题域。

然而，如果平台化出版研究局限在当下的框架之内，而不寻求新的理论增长点，将可能导致追求对象开放、理论包容的出版研究走向其追求的反面。平台化出版是一座有待开发的学术研究富矿。事实上，笔者做了初步尝试，但囿于个体视野的局限，必然挂一漏万。未来的研究应既在纵向上尝试融入知识史研究，在更为宏大的历史脉络中寻求平台化出版的科学意义、社会意义、心灵意义；又在横向上勾连人类社会的普遍性问题，探讨文化体制改革、文化传播、思想交流等，以此构建出守正、创新、深度、前沿的平台化出版研究景观。

参考文献

专　著

［1］BOLTER J D. Writing space：computers，hypertext，and the remediation of print［M］. Mahwah，NJ：Lawrence Erlbaum，2001.

［2］CUSUMANO M A，GAWER A，YOFFIE D B. The business of platforms：strategy in the age of digital competition，innovation，and power［M］. New York：Harper Business，2019.

［3］EVNS D S，HAGIU A，SCHMALENSEE R. Invisible engines：how software platforms drive innovation and transform industries［M］. Cambridge：MIT Press，2006.

［4］EVNS D S，SCHMALENSEE R. Catalyst Code：the strategies behind the world's most dynamic companies［R］. Boston：Harvard Business School Press，2007.

［5］FATH B D. Encyclopedia of Ecology［M］. Amsterdam：Elsevier Science，2008.

［6］GIDDENS A，SUTTON P W. Essential concepts in sociology［M］. Cambridge：Polity Press，2017.

［7］VAN DIJCK J，POELL T，DE WAAL M. The platform society：

public values in a connective world［M］. Oxford：Oxford university press，2018.

［8］SRNICEK N. Platform capitalism［M］. Cambridge：Polity press，2016.

［9］STEINBERG M. The platform economy：how Japan transformed the consumer internet［M］. Minneapolis，MN：University Of Minnesota Press，2019.

［10］ZUKIN S，DIMAGGIO P J. Structures of capital：the social organization of the economy［M］. Cambridge：Cambridge University Press，1990.

［11］爱泼斯坦 . 图书业［M］. 杨贵山，译 . 北京：中国人民大学出版社，2006.

［12］埃文斯，施马兰奇 . 连接：多边平台经济学［M］. 张昕，黄勇，张艳华，译 . 北京：中信出版社，2018.

［13］昂温 . 出版概论［M］. 谢琬若，吴仁勇，译 . 北京：中国书籍出版社，1989.

［14］巴斯卡尔 . 内容之王：出版业的颠覆与重生［M］. 赵丹，梁嘉馨，译 . 北京：机械工业出版社，2017.

［15］鲍德里亚 . 消费社会［M］. 刘成富，全志钢，译 . 南京：南京大学出版社，2014.

［16］彼得斯 . 对空言说：传播的观念史［M］. 邓建国，译 . 上海：上海译文出版社，2017.

［17］波兰尼 . 大转型：我们时代的政治与经济起源［M］. 冯钢，刘阳，译 . 北京：当代世界出版社，2020.

［18］波斯曼 . 技术垄断：文明向技术投降［M］. 何道宽，译 . 北京：中信出版社，2019.

［19］伯克．知识社会史（上卷）：从古登堡到狄德罗［M］．陈志宏，王婉旎，译．杭州：浙江大学出版社，2016.

［20］布罗克曼．文化：关于社会、艺术、权利和技术的新科学［M］．侯新智，许云萍，盛杨燕，译．杭州：浙江人民出版社，2019.

［21］常江，邓树明．从经典到前沿：欧美传播学大师访谈录［M］．北京：北京大学出版社，2020.

［22］陈嘉明．现代性与后现代性十五讲［M］．北京：北京大学出版社，2006.

［23］陈威如，王诗一．平台转型：企业再创巅峰的自我革命［M］．北京：中信出版社，2016.

［24］陈威如，余卓轩．平台战略：正在席卷全球的商业模式革命［M］．北京：中信出版社，2013.

［25］陈应龙．双边市场中平台企业的商业模式研究［M］．杭州：浙江大学出版社，2016.

［26］德布雷．媒介学宣言［M］．黄春柳，译．南京：南京大学出版社，2016.

［27］德布雷．普通媒介学教程［M］．陈卫星，王杨，译．北京：清华大学出版社，2014.

［28］邓华，等．平台型企业商业模式创新研究［M］．成都：四川大学出版社，2019.

［29］蒂瓦纳．平台生态系统：架构策划、治理与策略［M］．侯赟慧，赵驰，译．北京：北京大学出版社，2018.

［30］彼得斯．奇云：媒介即存有［M］．邓建国，译．上海：复旦大学出版社，2020.

［31］方军，程明霞，徐思彦．平台时代［M］．北京：机械工业出版社，2018.

［32］费弗尔，马丁．书籍的历史：从手抄本到印刷书［M］．和灿欣，译．北京：中国友谊出版公司，2019.

［33］芬克尔斯坦，麦克利里．书史导论［M］．何朝晖，译．北京：商务印书馆，2012.

［34］盖恩，比尔．新媒介：关键概念［M］．刘君，周竞男，译．上海：复旦大学出版社，2015.

［35］耿相新．出版的边界［M］．北京：中国传媒大学出版社，2020.

［36］官建文．中国移动互联网发展报告 2015［M］．北京：社会科学文献出版社，2015.

［37］哈桑．注意力分散时代：高速网络经济中的阅读、书写与政治［M］．张宁，译．上海：复旦大学出版社，2021.

［38］贺宏朝．平台：培育未来竞争力的必然选择［M］．北京：机械工业出版社，2004.

［39］黄佳佳，等．“互联网 +”下的信息、系统、平台与创新［M］．上海：同济大学出版社，2019.

［40］霍华德．卡斯特论媒介［M］．殷晓蓉，译．北京：中国传媒大学出版社，2019.

［41］金奇尔，佩伊万．订阅：数字时代的商业变现路径［M］．关嘉伟，译．北京：中信出版社，2018.

［42］卡热．媒体的未来：数字时代的困境与重生［M］．洪晖，申华明，译．北京：中信出版社，2018.

［43］卡斯特．网络社会的崛起［M］．夏铸九，王志弘，等译．北京：社会科学文献出版社，2001.

［44］柯林斯，马科夫斯基．发现社会［M］．李霞，译．北京：商务印书馆，2014.

［45］莱文森．新新媒介：第 2 版［M］．何道宽，译．上海：复旦大学

出版社，2014.

［46］李建华 . 知识生产论：知识生产的经济分析框架［M］. 北京：中国社会科学出版社，2008.

［47］李苓 . 数字出版学概论［M］. 成都：四川大学出版社，2017.

［48］李频 . 期刊：连续出版的逻辑［M］. 北京：中国传媒大学出版社，2020.

［49］里德利 . 创新的起源：一部科学技术进步史［M］. 王大鹏，张智慧，译 . 北京：机械工业出版社，2021.

［50］利奥塔尔 . 后现代状态：关于知识的报告［M］. 车槿山，译 . 北京：生活·读书·新知三联书店，1997.

［51］林文刚 . 媒介环境学：思想沿革与多维视野［M］. 何道宽，译 . 北京：北京大学出版社，2007.

［52］刘大年 . 中国出版产业政策研究：社会转型与价值观建构［M］. 北京：中国传媒大学出版社，2016.

［53］刘家明 . 多边公共平台战略模式研究［M］. 北京：中国社会科学出版社，2018.

［54］刘学 . 重构平台与生态：谁能掌控未来［M］. 北京：北京大学出版社，2017.

［55］罗杰斯 . 创新的扩散［M］. 辛欣，译 . 北京：中央编译出版社，2002.

［56］麦克卢汉 . 理解媒介：论人的延伸：55 周年增订本［M］. 何道宽，译 . 南京：译林出版社，2019.

［57］曼昆 . 经济学原理：宏观经济学分册［M］. 梁小民，梁砾，译 . 8 版 . 北京：北京大学出版社，2020.

［58］曼昆 . 经济学原理：微观经济学分册［M］. 梁小民，梁砾，译 . 8 版 . 北京：北京大学出版社，2020.

［59］梅罗维茨 . 消失的地域：电子媒介对社会行为的影响［M］. 肖志军 . 译 . 北京：清华大学出版社，2002.

［60］米勒，佩奇 . 复杂适应系统：社会生活计算模型导论［M］. 隆云滔，译 . 上海：上海人民出版社，2020.

［61］纳尔森 . 经济增长的源泉［M］. 汤光华，译 . 北京：中国经济出版社，2001.

［62］尼葛洛庞帝 . 数字化生存［M］. 胡泳，范海燕，译 . 海口：海南出版社，1997.

［63］帕克，范·埃尔斯泰恩，邱达利 . 平台革命：改变世界的商业模式［M］. 志鹏，译 . 北京：机械工业出版社，2017.

［64］罗珉，彭毫 . 平台生态：价值创造与价值获取［M］. 北京：北京燕山出版社，2020.

［65］彭正银，等 . 中国网络平台治理研究报告 2018［M］. 北京：经济科学出版社，2019.

［66］芮明杰，等 . 平台经济：趋势与战略［M］. 上海：上海财经大学出版社，2018.

［67］佘江涛 . 走向未来的出版［M］. 南京：南京大学出版社，2021.

［68］沈小峰，等 . 自组织的哲学：一种新的自然观和科学观［M］. 北京：中共中央党校出版社，1993.

［69］师曾志 . 现代出版学［M］. 北京：北京大学出版社，2006.

［70］斯尔尼塞克 . 平台资本主义［M］. 程水英，译 . 广州：广东人民出版社，2018.

［71］斯特拉特 . 麦克卢汉与媒介生态学［M］. 胡菊兰，译 . 郑州：河南大学出版社，2016.

［72］孙菁，王京 . 网络平台的资产性质及其价值创造研究［M］. 北京：经济科学出版社，2018.

［73］谭天 . 媒介平台论［M］. 北京：中国人民大学出版社，2016.

［74］托夫勒 . 第三次浪潮［M］. 朱志焱，潘琪，张焱，译 . 北京：生活·读书·新知三联书店，1984.

［75］万安伦 . 数字出版研究：运行模式与发展趋势［M］. 北京：中国传媒大学出版社，2017.

［76］汪存富 . 开放创新和平台经济：IT 及互联网产业商业模式创新之道［M］. 北京：电子工业出版社，2021.

［77］王坚 . 在线［M］. 北京：中信出版社，2016.

［78］王勇，戎珂 . 平台治理：在线市场的设计、运营与监管［M］. 北京：中信出版社，2018.

［79］王志毅 . 文化生意：印刷与出版史札记［M］. 杭州：浙江大学出版社，2015.

［80］韦伯 . 社会科学方法论［M］. 韩水法，莫茜，译 . 北京：商务印书馆，2013.

［81］温伯格 . 混沌：技术、复杂性和互联网的未来［M］. 刘丽艳，译 . 北京：中信出版社，2022.

［82］温伯格 . 万物皆无序［M］. 李燕鸣，译 . 太原：山西人民出版社，2019.

［83］温伯格 . 知识的边界［M］. 胡泳，高美，译 . 太原：山西人民出版社，2014.

［84］吴义爽，王节祥 . 平台组织、战略与产业发展［M］. 北京：经济管理出版社，2017.

［85］夏德元 . 电子媒介人的崛起：社会的媒介化与媒介关系的嬗变［M］. 上海：复旦大学出版社，2011.

［86］夏瓦 . 文化与社会的媒介化［M］. 刘君，李鑫，漆俊邑，译 . 上海：复旦大学出版社，2020.

［87］夏宜君．平台经济：文学平台行业繁荣的解释［M］．北京：中国财富出版社，2019.

［88］休斯敦．书的大历史：六千年的演化与变迁［M］．伊玉岩，邵慧敏，译．北京：生活·读书·新知三联书店，2020.

［89］徐贲．人文的互联网：数码时代的读写与知识［M］．北京：北京大学出版社，2019.

［90］延森．媒介融合：网络传播、大众传播和人际出版的三重维度［M］．刘君，译．上海：复旦大学出版社，2016.

［91］杨耕．书缘人生：行走在哲学与出版的路途上［M］．成都：四川人民出版社，2022.

［92］叶秀敏．平台经济理论与实践［M］．北京：中国社会科学出版社，2018.

［93］伊尼斯．传播的偏向［M］．何道宽，译．北京：中国传媒大学出版社，2015.

［94］易图强．出版学概论［M］．长沙：湖南师范大学出版社，2008.

［95］于殿利．出版是什么［M］．北京：中国传媒大学出版社，2018.

［96］于凤霞．平台经济：新商业 新动能 新监管［M］．北京：电子工业出版社，2020.

［97］于雯雯．在线知识付费平台商业模式创新研究［M］．北京：北京工业大学出版社，2021.

［98］扎拉奇，斯图克．算法的陷阱：超级平台、算法垄断与场景欺骗［M］．余潇，译．北京：中信出版社，2018.

［99］张立，等．智能技术驱动传媒业变革：设计即服务，设计即营销［M］．北京：社会科学文献出版社，2021.

［100］张新华．数字出版商业模式创新研究：以北京地区为例［M］．北京：中国书籍出版社，2021.

［101］赵昌文，等．平台经济的发展与规制研究［M］．北京：中国发展出版社，2019.

［102］周蔚华，等．数字传播与出版转型［M］．北京：北京大学出版社，2011.

［103］邹韬奋．韬奋 我的出版主张［M］．南宁：广西教育出版社，1999.

［104］祖克曼．超级连接者［M］．林玮，张晨，译．杭州：浙江人民出版社，2018.

期刊文章

［1］ARMSTRONG M. Competition in two-sided markets［J］. The RAND Journal of Economics，2006，37（3）：668-691.

［2］BAVERSTOCK A. Why self-publishing needs to be taken seriously［J］. Logos，2012，23（4）：41-46.

［3］BROUSSEAU E，PÉNARD T. The Economics of Digital Business Models：a Framework for Analyzing the Economics of Platforms［J］. Review of network economics，2007，6（2）：81-114.

［4］CAILLAUD B，JULLIEN B. Chicken & egg：competition among intermediation service providers［J］. The RAND journal of economics，2003，34（2）：309-328.

［5］CASTELLS M. Materials for an exploratory theory of the network society［J］. The british journal of sociology，2000，51（1）：5-24.

［6］COHEN J E. A right to read anonymously：a closer look at ‘copyright management’ in cyberspace［J］. Georgetown university law center，1996（28）：981-1039.

[7] EISENMANN T R，PARKER G G，VAN ALSTYNE M W. Platform envelopment [J]. Strategic management journal，2011，32 (12)：1270-1285.

[8] EISENMANN T R，PARKER G G，VAN ALSTYNE M W. Strategies for two-sided markets [J]. Harvard business review，2006，84 (10)：92-100，149.

[9] FINCK M. Digital co-regulation：designing a supranational legal framework for the platform economy [J]. European law review，2018，43 (1)：47-68.

[10] FRATTINI F，BIANCHI M，De MASSIS A，et al. The role of early adopters in the diffusion of new products：differences between platform and nonplatform innovations [J]. Journal of product innovation management，2014，31 (3)：466-488.

[11] GRANOVETTER M. Economic action and social structure：the problem of embeddedness [J]. The American journal of sociology，1985，91 (3)：481-510.

[12] HAGEDOORN J. Understanding the cross-level embeddedness of interfirm partnership formation [J]. Academy of management review，2006，31 (3)：670-680.

[13] HVIID M，IZQUIERDO-SANCHEZ S，JACQUES S. From publishers to self-publishing：disruptive effects in the book industry [J]. International journal of the economics of business，2019，26 (3)：355-381.

[14] JOHNSON M J. The rise of the citizen author：writing within social media [J]. Publishing research quarterly，2017，33 (2)：131-146.

[15] KENNEY M，ZYSMAN J. The rise of the platform economy [J]. Issues in science and technology，2016 (3)：61-69.

[16] KOVAČ M, VAN DER WEEL A. Reading in a post-textual era [J]. First Monday, 2018, 23 (10).

[17] LI L, SU F, ZHANG W, et al. Digital transformation by SME entrepreneurs: a capability perspective [J]. Information Systems Journal, 2018, 28 (6): 1129-1157.

[18] LIGHT B, BURGESS J, DUGUAY S. The walkthrough method: an approach to the study of apps [J]. New media & society, 2018, 20 (3): 881-900.

[19] MANCHA R, GORDON S. Multi-sided platform strategies for organizations: transforming the business model [J]. Journal of business strategy, 2021, 43 (2): 175-183.

[20] VAN ALSTYNE M W, PARKER G G, CHOUDARY S P. Pipelines, platforms, and the new rules of strategy [J]. Harvard business review, 2016 (4): 54-60, 62.

[21] CARLSON M. Confronting Measurable Journalism [J]. Digital journalism, 2018, 6 (4): 406-417.

[22] PLANTIN J C, LAGOZE C, EDWARDS P N, et al. Infrastructure studies meet platform studies in the age of Google and Facebook [J]. New media & society, 2018, 20 (1): 293-310.

[23] PORTER M E. Towards a dynamic theory of strategy [J]. Strategic management journal, 1991, 12 (S2): 95-117.

[24] ROCHET J C, TIROLE J. Platform competition in two-sided markets [J]. Journal of the European economic association, 2003, 1 (4): 990-1029.

[25] ROGERSON K S. Addressing the negative consequences of the information age lessons from Karl Polanyi and the industrial revolution: a note

on the politics of theorizing technology [J] . Information，communication & society，2003，6（1）：105-124.

[26] SCHOLTEN S，SCHOLTEN U. Platform-based innovation management：directing external innovational efforts in platform ecosystems [J] . Journal of the knowledge economy，2012，3（2）：164-184.

[27] SINGER L M，ALEXANDER P A. Reading on paper and digitally：what the past decades of empirical research reveal [J] . Review of educational research，2017，87（6）：1007-1041.

[28] TANNER M J. Digital vs. print：reading comprehension and the future of the book [J] . School of information student research journal，2014，4（2）.

[29] TÄUSCHER K，LAUDIEN S M. Understanding platform business models：a mixed methods study of marketplaces [J] . European management journal，2018，36（3）：319-329.

[30] VADDE A. Amateur creativity：contemporary literature and the digital publishing scene [J] . New literary history，2017，48（1）：27-51.

[31] 白红义 . 重构传播的权力：平台新闻业的崛起、挑战与省思 [J] . 南京社会科学，2018（2）：95-104.

[32] 蔡雯，葛书润 . 协同与博弈：媒体型平台上的外部内容创作者：基于澎湃号、新京号与南方号的考察 [J] . 新闻记者，2021（2）：3-13.

[33] 曾白凌 . 媒介权力：论平台在算法中的媒体责任 [J] . 现代传播（中国传媒大学学报），2021，43（10）：31-38.

[34] 常江，刘璇 . 平台型媒体与数字新闻的价值引领 [J] . 青年记者，2021（3）：12-15.

[35] 常江，朱思垒 . 架构、生态与普惠：一个数字出版的阐释框架 [J] . 现代出版，2022（1）：30-38.

［36］常江，朱思垒 . 作为知识生产的数字出版：媒介逻辑与文化生态［J］. 现代出版，2021（5）：19-24.

［37］陈少华 . Internet 网上电子出版及其技术平台［J］. 科技与出版，1997（2）：19-21.

［38］陈威如，王节祥 . 依附式升级：平台生态系统中参与者的数字化转型战略［J］. 管理世界，2021，37（10）：195-214.

［39］崔保国，刘金河 . 论网络空间中的平台治理［J］. 全球传媒学刊，2020，7（1）：86-101.

［40］崔恒勇 . 全媒体出版平台的理想型建构［J］. 中国出版，2014（21）：34-36.

［41］丁一玮 . 从有限到无限：平台型媒体界定与信息监管困境［J］. 传媒，2020（16）：94-96.

［42］樊希安，张弘 . 出版业两个属性与产业化发展［J］. 中国出版，1998（2）：25-26.

［43］范·迪克 . 平台化逻辑与平台社会：对话前荷兰皇家艺术和科学院主席何塞·范·迪克［J］. 孙少晶，陶禹舟，译 . 国际新闻界，2021，43（9）：49-59.

［44］范家巧 . 高校图书馆学术出版服务研究［J］. 现代出版，2019（1）：34-37.

［45］范如国 . 平台技术赋能、公共博弈与复杂适应性治理［J］. 中国社会科学，2021（12）：131-152，202.

［46］方卿 . 产品或服务：出版人的一个选择题［J］. 现代出版，2018（1）：18-21.

［47］方兴东，钟祥铭 . 互联网平台反垄断的本质与对策［J］. 现代出版，2021（2）：37-45.

［48］高全喜 . 思想史中的“斯密问题”［J］. 读书，2022（4）：40-48.

［49］耿相新．论平台型出版［J］．出版科学，2018，26（1）：9-13.

［50］管泽旭，张琳．阿里巴巴的进化史与小资本主义的平台化：对本土语境平台化的考察［J］．国际新闻界，2020，42（2）：28-49.

［51］郭小平，杨洁茹．传播在云端：平台媒体化与基础设施化的风险及其治理［J］．现代出版，2021（6）：30-37.

［52］国秋华，武艳婷．平台化生存：微博用户可持续运营的未来——以“微博搞笑排行榜”为例［J］．新闻知识，2020（8）：49-54.

［53］韩丽雯，张养志．马克思主义新闻出版思想及其当代价值［J］．北京印刷学院学报，2018，26（12）：4-8，84.

［54］韩文龙．平台经济全球化的资本逻辑及其批判与超越［J］．马克思主义研究，2021（6）：134-145.

［55］胡泳．书的未来：重定义与再想象［J］．现代出版，2021（3）：26-35.

［56］胡志田．人工智能时代出版行业的变革探究［J］．新闻研究导刊，2019，10（11）：181-182.

［57］姬德强，朱泓宇．传播与媒体研究的平台化转向：概念基础、理论路径与动力机制［J］．现代传播（中国传媒大学学报），2021，43（11）：33-38.

［58］江小涓．疫情时代下的数字经济［J］．清华金融评论，2020（6）：18-20.

［59］杰罗姆．平台型新媒体（Platisher）是有效的商业模式吗？［J］．钛媒体，译．中国传媒科技，2014（Z1）：71-75.

［60］金雪涛，刘家璐．平台化战略：传统媒体融合之路［C］// 中国传媒大学广播电视研究中心．2015 中国传播论坛：“现代传播体系建设：融合与秩序”论文汇编．重庆：中国传媒大学广播电视研究中心，2015：48-55.

［61］李良荣，辛艳艳．论互联网平台公司的双重属性［J］．新闻大学，2021（10）：1-15，117.

［62］李凌凌．社会化传播背景下舆论场的重构［J］．中州学刊，2016（9）：160-163.

［63］李明霞，段嘉乐．平台经济视角下网络文学出版平台“异化”现象研究［J］．中国编辑，2020（11）：85-89.

［64］李艳红．生成创新：制度嵌入如何塑造新闻创新差异——对三家媒体数据新闻实践的比较［J］．新闻与传播研究，2021，28（12）：38-57，126-127.

［65］廖祥忠．从媒体融合到融合媒体：电视人的抉择与进路［J］．现代传播（中国传媒大学学报），2020，42（1）：1-7.

［66］林穗芳．互联网络与出版业的新发展［J］．编辑之友，1996（2）：15-17.

［67］刘邦凡，栗俊杰，陈朋伟，等．全流时代的共享经济平台运营模式构建［J］．中国人民大学学报，2020，34（5）：79-88.

［68］刘大年．当代西方出版产业政策：变迁与趋势［J］．现代出版，2015（4）：10-13.

［69］刘枫．5G 出版业的革新路径：从知识传播中介到智能匹配平台［J］．编辑之友，2019（7）：28-33.

［70］刘杲．出版：文化是目的　经济是手段——两位出版人的一次对话［J］．中国编辑，2003（6）：4-8.

［71］刘广东，刘大年．论传统出版转型的三维动因［J］．现代出版，2022（1）：92-101.

［72］刘海龙．作为知识的传播：传播研究的知识之维刍议［J］．现代出版，2020（4）：23-31.

［73］刘家明．多边公共平台：概念的提出与诠释［J］．开发研究，

2018（2）：98-102.

［74］刘建华．新时代党的新闻出版理论创新成果的结构体系、产生背景与重要意义［J］．现代传播（中国传媒大学学报），2020，42（9）：42-45.

［75］刘建华．中国新闻传媒业融合发展问题与抓手［J］．中国出版，2020（2）：10-17.

［76］刘金河．权力流散：平台崛起与社会权力结构变迁［J］．探索与争鸣，2022（2）：118-132，179.

［77］刘蒙之，刘乔．“二战”期间美国战时图书委员会的出版活动与历史影响审视［J］．现代出版，2018（4）：69-72.

［78］刘蒙之．美国图书出版业“自出版”现象初探［J］．编辑之友，2012（7）：123-125.

［79］刘燕南，姚远．融合视角下的出版概念辨析与展望［J］．现代出版，2017（6）：10-14.

［80］刘影．转型和转场：范式转换视角下传统出版社数字化发展策略［J］．现代出版，2019（6）：41-46.

［81］刘越飞，曹国东．从媒体到平台：主流媒体平台化的媒介逻辑分析［J］．新闻论坛，2020，34（6）：7-10.

［82］刘志杰．算法把关失灵与编辑价值重塑［J］．中国编辑，2020（5）：18-22.

［83］龙小农，陈林茜．媒体融合的本质与驱动范式的选择［J］．现代出版，2021（4）：39-47.

［84］陆朦朦．数字空间中的阅读痕迹：类型、意义与影响［J］．中国编辑，2021（9）：87-91.

［85］罗昕，肖恬．范式转型：算法时代把关理论的结构性考察［J］．新闻界，2019（3）：10-19.

［86］孟盈．论媒介与社会关系在发展中的交互促进［J］．复旦学报（社会科学版），2010（4）：136-140.

［87］彭兰．“液态”“半液态”“气态”：网络共同体的“三态”［J］．国际新闻界，2020，42（10）：31-47.

［88］祁涛，黄达．报业数字化转型的逻辑缺陷及其修补：写在互联网进入中国25年与报业消亡论争15年之际［J］．新闻爱好者，2019（11）：65-69.

［89］邱然．出版业大数据应用策略探究［J］．科技与出版，2021（10）：79-83.

［90］权玺．平台媒体：构建平台化的自组织在线社会信息传播系统［J］．当代传播，2017（6）：90-93.

［91］权玺．生态化协同治理：媒体深度融合发展的逻辑取向与创新应变［J］．编辑之友，2021（10）：43-48.

［92］全燕．算法驱策下平台文化生产的资本逻辑与价值危机［J］．现代传播（中国传媒大学学报），2021，43（3）：141-146.

［93］任翔．后数字时代的颠覆与融合：2019年欧美数字出版评述及展望［J］．出版广角，2020（5）：10-14.

［94］邵凯．从融合出版视角探析跨媒体出版运营策略：以浙版数媒“BookDNA”出版服务平台为例［J］．传播与版权，2018（11）：134-135，144.

［95］佘延峰，王影．数字剑桥十八载：世界引领型出版社的数字转型战略研究［J］．出版科学，2021，29（2）：99-110.

［96］申金霞，张佳迎．国外平台型媒体虚假信息的技术治理措施及启发［J］．中国传媒科技，2021（8）：7-12.

［97］束开荣．知识基础设施视角下的学术期刊数字出版：网络化的知识生产及其传播实践［J］．编辑之友，2022（3）：40-47.

［98］宋常云．“再部落化”时代基于感知的广播价值回归［J］．编辑之友，2021（9）：41-46.

［99］宋石猛．连接、匹配与价值交互：县级融媒体中心的平台化［J］．青年记者，2021（14）：99-100.

［100］孙健，李玲．习近平关于新闻出版重要论述的科学构成［J］．集美大学学报（哲学社会科学版），2020，23（2）：7-11，33.

［101］孙玮，李梦颖．数字出版：超文本与交互性的知识生产新形态［J］．现代出版，2021（3）：11-16.

［102］孙玮．论数字技术的出版风暴：一种技术哲学的视域［J］．现代出版，2022（1）：19-29.

［103］谭天，张子俊．我国社交媒体的现状、发展与趋势［J］．编辑之友，2017（1）：20-25.

［104］谭天．新媒体经济是一种关系经济［J］．现代传播（中国传媒大学学报），2017，39（6）：121-125.

［105］谭小荷．从 Platisher 到“平台型媒体”：一个概念的溯源与省思［J］．新闻记者，2019（4）：28-37.

［106］谭准．平台包络战略的机理与理论构建：以乐视网为解释性案例［J］．经营与管理，2018（11）：59-64.

［107］陶喜红，周也馨．生态位理论视角下平台型媒体价值链生成逻辑［J］．中国编辑，2021（7）：64-68，73.

［108］王峰松．互联网络将电子出版引向新纪元［J］．电子出版，1996（8）：12-14.

［109］王辉．“来出书”自助出版平台模式浅析［J］．出版发行研究，2019（9）：36-38.

［110］王节祥，陈威如，江诗松，等．平台生态系统中的参与者战略：互补与依赖关系的解耦［J］．管理世界，2021，37（2）：126-147，10.

［111］王娟娟．我国有声书发展的现状、困境与破局［J］．科技与出版，2021（12）：63-67.

［112］王君超，刘婧婷．平台型媒体、“中央厨房”与深度融合：兼论《赫芬顿邮报》的衰变［J］．新闻界，2019（12）：17-26.

［113］王蕾，张志强．互联网络（Internet）与传统出版［J］．编辑之友，1997（4）：12-13.

［114］王枢，徐建勋．论传统媒体的平台化转型［J］．新闻爱好者，2019（7）：51-55.

［115］王维佳，周弘．规制与扩张的“双向运动”：中国平台经济的演进历程［J］．新闻与传播研究，2021，28（S1）：76-90，127.

［116］王晓乐，刘青，林子瑶．书媒广告的市场憧憬与现实悖论［J］．现代出版，2016（5）：26-29.

［117］王炎龙．马克思主义出版观的演进发展研究［J］．编辑之友，2021（6）：26-33.

［118］王勇，陈美瑛．平台经济治理中的私人监管和规制［J］．经济社会体制比较，2020（4）：62-68.

［119］魏玉山，黄晓新，刘建华，等．十八大以来党的新闻出版理论十大创新成果［J］．传媒，2017（19）：20-25.

［120］武云．简论社会化媒体对出版价值链的重构［J］．出版参考，2016（6）：24-25.

［121］肖超．英国大学出版社数字学术出版转型探析［J］．出版科学，2019，27（1）：99-105.

［122］肖红军，阳镇，姜倍宁．平台型企业发展：“十三五”回顾与“十四五”展望［J］．中共中央党校（国家行政学院）学报，2020，24（6）：112-123.

［123］谢珺．国内传统出版业的平台化转型研究［J］．编辑之友，

2018（2）：37-43.

［124］新闻创新实验室研究团队，王辰瑶，刘天宇 . 2021 年全球新闻创新报告［J］. 新闻记者，2022（1）：37-56.

［125］许同文 . 媒体平台与平台型媒体：移动互联网时代媒体转型的进路［J］. 新闻界，2015（13）：47-52.

［126］许志强，哈宏疆 . 全媒体出版平台建构与创新服务模式研究［J］. 中国出版，2016（24）：26-31.

［127］许子明，田杨锋 . 云计算的发展历史及其应用［J］. 信息记录材料，2018，19（8）：66-67.

［128］严庆 ."互嵌"的机理与路径［J］. 民族论坛，2015（11）：10-13.

［129］杨仁忠 . 论大众传媒时代公共领域的"衰落"机制［J］. 学习论坛，2011，27（10）：48-51.

［130］杨扬，张学骞 . 大数据时代国际出版业的创新实践［J］. 编辑之友，2018（12）：5-9，19.

［131］杨玉波，李备友，李守伟 . 嵌入性理论研究综述：基于普遍联系的视角［J］. 山东社会科学，2014（3）：172-176.

［132］易华勇，吕立志 . 马克思主义新闻出版观的当代实践［J］. 中国出版，2019（11）：42-45.

［133］于成，王琳 . 剑桥大学出版社数字出版转型之路：Cambridge Core，整合式出版平台的一种范式［J］. 出版发行研究，2018（11）：85-89.

［134］于殿利 . 论媒体融合与出版的关系［J］. 现代出版，2020（2）：59-65.

［135］于殿利 . 作为商品的图书的道德性［J］. 现代出版，2019（4）：14-21，27.

［136］于瀛，秦艺丹，方惠，等．2019 年中国的传播学研究［J］．国际新闻界，2020，42（1）：23-42.

［137］喻国明，耿晓梦．算法即媒介：算法范式对媒介逻辑的重构［J］．编辑之友，2020（7）：45-51.

［138］喻国明，何健，叶子．平台型媒体的生成路径与发展战略：基于 Web3.0 逻辑视角的分析与考察［J］．新闻与写作，2016（4）：19-23.

［139］喻国明，焦建，张鑫．“平台型媒体”的缘起、理论与操作关键［J］．中国人民大学学报，2015，29（6）：120-127.

［140］喻国明，李彪．互联网平台的特性、本质、价值与“越界”的社会治理［J］．全球传媒学刊，2021，8（4）：3-18.

［141］喻国明，张珂嘉．论作为关系表达的传播内容范式［J］．武汉大学学报（哲学社会科学版），2020，73（4）：66-73.

［142］喻国明．“破圈”：未来社会发展中至为关键的重大命题［J］．新闻与写作，2021（6）：3.

［143］喻国明．互联网是一种“高维”媒介：兼论“平台型媒体”是未来媒介发展的主流模式［J］．新闻与写作，2015（2）：41-44.

［144］喻国明．新型主流媒体：不做平台型媒体做什么？——关于媒体融合实践中一个顶级问题的探讨［J］．编辑之友，2021（5）：5-11.

［145］岳丽君．网络互动的社会功能分析［J］．学术交流，2004（4）：113-116.

［146］臧娜．后现代视域下的出版转型思考［J］．中国图书评论，2010（6）：30-34.

［147］张大伟．5G 时代出版业的发展趋势及制度创新：技术与制度互动的视角［J］．编辑学刊，2020（1）：6-11.

［148］张大伟．数字时代中国出版业“生存战略”的双重误区［J］．编辑学刊，2018（2）：6-11.

[149] 张美娟，于千雯，李昂．第三方数字出版平台：内涵、模式与优化 [J]．出版科学，2020，28（6）：12-18.

[150] 张岩，韩复龄．基于自组织理论的网络社群知识传播研究 [J]．情报科学，2018，36（7）：98-103.

[151] 张耀钟．作为媒介权力的平台：一种批判的视角 [J]．传媒观察，2018（10）.

[152] 张志安，曾励．媒体融合再观察：媒体平台化和平台媒体化 [J]．新闻与写作，2018（8）：86-89.

[153] 张志安，李霭莹．变迁与挑战：媒体平台化与平台媒体化——2018 中国新闻业年度观察报告 [J]．新闻界，2019（1）：4-13.

[154] 张志安，冉桢．国家介入、平台依赖与新闻业可持续发展：欧盟与澳大利亚平台监管政策的比较及其启示 [J]. 新闻与写作，2021（12）：64-70.

[155] 张志安，冉桢．互联网平台的运作机制及其对新闻业的影响 [J]．新闻与写作，2020（3）：66-74.

[156] 张志安，谭晓倩．互联网平台公共性的构成维度及现实挑战 [J]．新闻与写作，2020（5）：74-81.

[157] 张智伟．平台型媒体崛起：国际传播的机遇与挑战 [J]．青年记者，2019（17）：106-107.

[158] 赵丽华，张湘悦．理性认识大学出版与知识付费 [J]．现代出版，2018（4）：23-26.

[159] 郑甜．共享平台型经济模式在出版行业中的应用及前景 [J]．中国出版，2017（1）：47-49.

[160] 钟祥铭，方兴东．“围墙花园”破拆：互联网平台治理的一个关键问题 [J]．现代出版，2021（5）：62-67.

[161] 周琼．网络社群自组织传播的分享特性对社会资本的影响 [J].

现代传播（中国传媒大学学报），2019，41（9）：157-160.

［162］周蔚华．改革开放40年来出版体制改革着力解决的四大问题［J］．中国人民大学学报，2018，32（6）：22-32.

［163］周蔚华．中国特色出版学理论体系建设论纲［J］．现代出版，2022（1）：5-18，101.

［164］周翔，罗顺均，苏郁锋．从产品到平台：企业的平台化之路——探索平台战略的多案例研究［J］．管理学季刊，2016，1（3）：102-127，146.

［165］朱斌．新闻媒体与新闻聚合平台的竞合博弈［J］．中国出版，2020（22）：36-39.

［166］朱江丽．数字出版平台完善要素参与分配机制：现实性与实施路径［J］．出版科学，2020，28（4）：88-94.

学位论文

［1］董江原．平台型企业商业模式创新路径及驱动因素研究［D］．重庆：重庆理工大学，2018.

［2］高坚．数字出版生态系统演化与构建研究［D］．北京：中国传媒大学，2020.

［3］黄亚妮．消费时代的网络文学研究：以“腾讯文学”为中心的考察［D］．兰州：兰州大学，2015.

［4］李昆丽．喜马拉雅FM知识付费运营研究［D］．开封：河南大学，2019.

［5］李倩．产业链整合、市场渠道变革与电商平台企业的成长机理［D］．海口：海南大学，2018.

［6］刘浩冰．改革开放以来民营书业的发展变迁研究：以传播政治经

济学为视角的分析［D］. 北京：中国传媒大学，2018.

［7］刘云飞 . 媒介平台的类型与需求响应：新媒体的经济学考察［D］. 广州：暨南大学，2013.

［8］王安雅 . 平台型媒体的把关机制研究：以脸谱公司为例［D］. 上海：上海交通大学，2019.

［9］姚娟 . 中美数字出版商业模式比较研究：以电子书为例［D］. 湘潭：湘潭大学，2011.

［10］赵庆文 . 数字出版平台发展特征与趋势研究［D］. 昆明：云南大学，2016.

［11］郑爽 . 媒介平台理论初探：一种新媒介组织的思考［D］. 广州：暨南大学，2011.

报纸文章

［1］STONE B. Amazon erases orwell books from kindle［N］. New York Times，2009-07-17.

［2］陈香 . 杨耕：复盘“京师系”变革时刻［N］. 中华读书报，2015-03-04.

［3］黄鑫 . 以数字经济推动高质量发展：访北京大学新结构经济学研究院院长林毅夫［N］. 经济日报，2021-12-19.

［4］穆宏志 . 我国数字出版产业年收入超万亿元［N］. 中国出版传媒商报，2021-10-29.

［5］孙兆 . 平台经济发展要平衡好监管和“活力”［N］. 中国经济时报，2021-03-21.

［6］赵李红，蒋泥 . 无书不畅销“金黎组合”有秘密［N］. 中华读书报，2009-04-01.

报　告

［1］Web of Science Group. 2019 journal citation report full journal list［R/OL］.［2022-01-31］. https://kemgmu.ru/science/authors/databases/files/JCR_Full_Journal_list_14.06.19.pdf.

［2］艾媒咨询. 2020 年中国有声书行业发展趋势研究报告［R］. 北京：艾媒大文娱产业研究中心，2020.

［3］北京开卷信息技术有限公司. 2021 图书零售市场报告［R/OL］.（2022-01-06）［2022-01-31］. https://mp.weixin.qq.com/s/av5qnT6exm_OH3JYBT3FOQ.

［4］联合国贸易和发展会议. 数字经济报告 2021［R/OL］.（2021-12-01）［2022-01-31］. https://unctad.org/system/files/official-document/der2021_overview_ch.pdf.

［5］头豹研究院. 2021 年中国阅文集团企业报告：IP 生态逐步完善，免费模式持续发力［R］. 南京：头豹研究院，2021.

［6］中信证券，王冠然. 传媒互联网行业 2021 年投资策略：面向 Z 世代的新文娱消费［R］. 北京：中信证券，2021.